CFO, 가치 경영자

CFO와 재무조직은 어떻게 비즈니스를 혁신할 것인가?

CFO와 재무조직은
어떻게 비즈니스를 혁신할 것인가?

The New CFOs:
How Financial Teams and their Leaders Can Revolutionize Modern Business

CFO, 가치 경영자

리즈 멜런 Liz Mellon · 데이비드 네이글 David C. Nagel · 로버트 리퍼트 Robert Lippert · 나이절 슬랙 Nigel Slack 지음

최준걸 · 송준달 · 최승옥 · 김유나 옮김

SEOUL

서울엠

일러두기

- 원서의 주석은 본문 마지막에 미주로, 옮긴이 주는 본문 하단에 ●표시로 처리했습니다.
- 제7장 「디지털 전환 리더가 되라」는 원저자의 허락 아래 번역자들이 추가한 것입니다.
- 제8장 「진단하고 질문하라」 중 "디지털 전환 리더가 되라"의 내용은 원저자의 허락 아래 번역자들이 추가한 것입니다.

목차

제3장 프로세스 관점으로 관리하라

제4장 통제 기능을 견고하게 구축하고 유지하라

제5장 리스크 관리를 심화하고 확산하라

제6장 투자를 통해 가치가 성장하게 하라

제7장 디지털 전환 리더가 되라

제8장 진단하고 질문하라

서문

이 책의 서문을 쓸 수 있어 매우 기쁘다. 저자들이 책을 쓸 때 마치 내 마음을 읽고 있었던 것 같다. 나는 진심으로 CFO들이 완전한 리더십 잠재력을 실현할 때가 왔다고 믿는다.

그렇다면, 무엇이 뛰어난 CFO를 만드는가? 단지 좋은 CFO가 아니라 뛰어난 CFO를?

경험상 그 대답은 아주 단순하면서도 매우 복잡하다. 물론 여러분은 매우 뛰어난 재무 역량과 함께, 광범위한 비즈니스 상황과 환경에서 그 기술들을 활용해 성공적으로 일할 수 있도록 폭넓은 경험을 가지고 시작해야 한다. 제1장을 읽고, 여러분 각자가 가지고 있는 재무 역량을 다소 부담스럽긴 하지만 정확하다 할 수 있는 부록 페이지의 역량 목록과 비교하여 점검해 보라. 그러나 이러한 역량들은 단지 기초에 해당할 뿐이라는 것도 기억하라. 그것들은 파티 초대장을 우리에게 가져다줄 수는 있지만, '파티를 활기차게 만드는party swing' 리더 역할을 수행하고자 한다면 비재무 기술도 폭넓게 사용할 수 있어야 한다. 그렇지 않으면 파티에서 벽에 꽂혀 있는 꽃과 같이, CFO로서 여러분은 계산만 할 줄 아는 외톨이 신세가 되고 말 것이다.

뛰어난 CFO가 되기 위해서는 세 가지 기술이 더 필요하다. 이 세 가지는 모두 필요하고, 또 서로 연관이 있기 때문에 특별한 순서가 있는 것은 아니다. 첫째, 억누를 수 없는 호기심curiosity이다. 여러분이 처음으로 이사회의 CFO직을 맡았을 때, 회사에서 자신의 역할을 이해하려는 열정뿐만 아니라 이사회의 다른 모든 사람이 수행하는 역할을 제대로 이해하려는 호기심도 가지고 있어야 한다. 호기심의 목표는 그들의 입장에 서서, 그들의 관점에서 사업을 보고, 그들이 겪는 압박감을 느끼며, 그들의 성공을 자랑스럽게 여기고 그들의 실패를 이해하는 것이다.

둘째, 사람들과 관계를 맺을 수 있어야 한다. 그렇다고 이사회의 다른 모든 사람을 가장 친한 친구로 만들어야 한다는 뜻은 아니다. 이는 상호 신뢰를 바탕으로 다른 이사회 구성원들과 강력하고 협력적인 관계를 맺을 수 있는 능력을 의미한다. CFO들이 난감하고 어려운 뉴스를 이사회 구성원들에게 전혀 전하지 않는 것은 곧 자신의 일을 제대로 수행하지 않는다는 것인데, CFO가 까다로운 소식을 전해야 할 때 신뢰할 수 있는 관계의 맥락에서 그 소식을 제시하고 발표할 수 있다면 큰 도움이 될 것이다.

때로는 CFO로서 여러분의 핵심 청중이 이사회 전체가 되기도 할 것이다. 그러나 핵심 청중이 단 한 사람, CEO일 때도 있다. 흔히 CEO의 개인적인 최고경영자를 CFO라 하는데, 경험을 통해 보면 이는 상당 부분 사실이다. 그러나 관계는 그 이상이다. 나는 CFO는 CEO의 가장 큰 지지자일 뿐만 아니라, 적어도 개인적으로는 CEO의 가장 뛰어난 비평가가 되어야 한다는 아이디어가 마음에 든다. 이 둘의 관계에서 균형을 바르게 잡는 것은 까다로운 일일 것이다! 다시 한 번 말하지만, 그것은 상호 신뢰를 바탕으로 강력한 관계를 구축함으로써 이루어진다.

우리는 재무 구성원들의 영향력과 의사소통 능력을 높이기 위해 열심히 일하고 있다. BBC의 핵심 사업은 시청자들에게 스토리를 전달하는 것이며, 이는 조직에서 사용하는 공통 통화다. 이러한 스토리텔러 중 많은 이들이 세계적인 수준이며, BBC CFO로서 여러분이 자신의 숫자를 설득력 있는 이야기로 바꿀 수 없다면 청중의 관심을 끌고 사로잡지 못할 것이다. 우리 모두가 이해하는 것처럼 말이다.

마지막으로, 개인적 특성의 힘이 필요하다. 집단 사고에 저항하고, 말하기 어려운 것이라도 필요하다면 발언을 할 수 있는 힘 있는 개인적 특성을 갖고 있어야 한다. 이사회 테이블을 둘러싸고 열기가 급격히 상승하더라도 차분하고 냉정하며 단호하게 방어할 수 있어야 한다. 감사인의 DNA 중 하나인 타고난 합리적 의심sceptism 능력으로 이러한 문제에 접근하는 것이 도움이 된다. 그리고 이러한 순간에도 여러분의 넘치는 호기심과 강력한 지지 관계를 구축하는 능력을 통해 시간이 지남에도 이사회의 존경과 신뢰를 얻었다면 훨씬 더 도움이 될 것이다. 어떻게 이러한 리더십 기술을 개발하고 CEO와 중요한 관계를 구축할 것인지 그 방법은 제2장에서 확인할 수 있다.

물론 여러분이 해결책도 제시해야 한다면, 말하기 어려운 것을 말하는 일은 항상 훨씬 더 기분 좋을 것이다. 그리고 끊임없는 호기심을 통해 사람, 운영 프로세스, 고객과 시장 같은 비즈니스의 모든 측면을 제대로 이해한다면, 여러분은 올바른 해결책을 얻을 가능성이 훨씬 더 높다. CFO에게는 변화를 억제하는 일이 쉬운 것이지만, 비즈니스 전체에 대한 깊은 지식을 활용해 문제를 바라보는 새로운 방법을 제안함으로써 변화를 주도하는 것이 훨씬 더 가치 있고 만족스러운 일이다. 그런 의미에서 뛰어난 CFO는 틀림없이 뛰어난 총괄 경영자와 많은 공통점을 가지고 있을 것이다. 그러나 사업의 근간이 되는 운영 프로세스를 올바르게 수행하는 것이 중요하다는 것을 간과해서는 안 된다. 이것은 CFO가 지닌 무기 중에서 무시되는 부분인데, 제3장에 자세히 설명되어 있다.

내가 경험한 예를 들어보겠다. 나는 최근 몇 년 동안 뉴스를 수집하고 제작하는 일에 효율성을 높일 수 있는 잠재력이 있는지 그 가능성을 이해하고 탐색하기 위해 BBC 뉴스의 동료들과 긴밀히 협력했다. 최신 디지털 기술과 새로운 작업 방식을 적용함으로써 품질, 즉 세계적으로 유명한 BBC 뉴스의 품질에 영향을 주지 않으면서도 상당한 비용절감 효과를 얻을 수 있었다. 물론 절감된 돈의 상당 부분은 BBC 뉴스에 재투자되었다. 이것이 BBC 뉴스 웹사이트가 현재 세계적으로 성공한 이유 중 하나다. 이런 종류의 재투자는 효율성 향상 프로그램을 크게 동기부여하는 요인이 된다. 이는 비용절감과 예기치 못한 사고를 막는 업무를 뛰어넘어 더 큰 가치를 회사와 사업에 더하고자 하는 CFO의 역할 중 일부이며, 제6장에서 자세히 설명하고 있다.

공공 부문과 민간 부문 사이에 차이가 있을까? 나는 두 분야 모두에서 일을 해왔는데, 경험상 근본적인 수준에서는 두 부문 모두 재무 역량과 비즈니스 및 개인적인 능력과 기술의 조합이 동일하게 필요하다. 그러나 BBC와 같은 민간 부문이 아닌 곳에서도 CFO들은 이사회가 성과를 측정하고, 주가나 전통적인 이익에 대한 규율이나 초점 없이 운영하는 사업을 개선하기 위해 자극하는 혁신적인 방법을 개발할 수 있도록 도와야 할 수도 있다. 이는 이사회가 측정 가능한 가치가 어떤 조직에 있는지 파악할 수 있도록 지원하는 문제라 할 수 있다. 이것을 올바로 하면 최고재무책임자CFO: chief financial officer가 최고성과책임자CPO: chief performance officer로 변모하기 시작한다.

이 책에는 재직 중인 CFO들이 기업에서 어떻게 가치를 창출하고 있는지에 대한 최신 스토리가 풍부하다. BBC에서는 시청자들이 우리의 주주이며, 주주들에게 방송 수신료licence fee에 대한 대가로 가치를 제공하는 것이 사업의 '핵심bottom line'•이다. 우리는 최근 몇 년간 RQIV라는 성과지표matrix를 개발했는데, 이는 도달 범위reach, 품질quality, 영향력impact 및 가치value로 구성되어 있다. 도달 범위는 영국의 모든 사람이 콘텐츠를 보편적으로 이용할 수 있도록 하는 우리의 노력을 측정하는 것이다. 따라서 청중의 일부가 아니라 우리의 콘텐츠와 서비스를 통해 우리가 할 수 있는 모든 사람에게 다가가고 도달하는 것이 목표다. 품질 지표는 탁월성, 독특성, 독창성 및 혁

• 기업 경영에서 bottom line은 손익계산서의 맨 아래에 표시되는 당기순이익을 의미하며, 여기에서는 수신료를 지불하는 방송 시청자들에게 가치를 제공하는 것이 BBC의 본업임을 표현한 것이다.

신이며, 이는 청중의 지지와 구매, 평가 등급, 설문조사 및 수상을 통해 측정한다. 영향력은 콘텐츠가 BBC의 목적에 호응해 기억에 남고, 도전적이며, 관심을 끌고, 지지하는 내용인지에 대한 척도이다. 가치는 업계 벤치마크에 대한 성과를 포함해 라이선스 요금 지불자(예: 이용자가 지불하는 시간당 비용) 대신 공공 가치를 제공하는 데 대해 얼마나 효율적이고 효과적인지를 측정한 척도이다. RQIV의 장점은, 예를 들어 특정 디지털 채널에서 방송되는 어려운 주제를 '엣지 있는' 드라마처럼 제작하여 고품질의 틈새시장 청중을 대상으로 제공하는 특별한 프로그램이, 토요일 저녁에 방송되는 BBC ONE의 대규모 청중을 대상으로 하는 예능 프로그램만큼 높은 점수를 얻을 수 있다는 것이다. RQIV를 통해 우리는 근본적으로 다른 종류의 창작물이 만들어내는 가치를 비교하고, 미래의 투자가 어디에서 균형을 이루어야 하는지 합리적이고 객관적으로 판단할 수 있다.

그리고 RQIV는 BBC의 핵심인 문화와 함께 일한다. 성과지표가 순전히 재무지표들로만 구성된 것을 견디지 못하는 창의적인 프로그램 제작자들은 RQIV를 존중하는 법을 배웠고, 품질을 효율성만큼이나 높게 평가한다. 또 가장 높은 수준의 품질과 효율성을 원하는 라이선스 요금 지불자들은 RQIV의 효과를 확신한다. 돈에 대한 측정 가능한 가치를 달성하는 것이 우리가 정말로 심각하게 받아들이는 것이라고 RQIV가 말해주기 때문이다. 그러므로 CFO로서 우리는 효과를 발휘하기 위해 회사와 문화, 고객과 협력해야 한다.

마지막으로, 이 책의 핵심인 미래의 뛰어난 CFO를 어떻게 만들어갈 것인가라는 주제로 마무리하려 한다. 뛰어난 CFO는 준비된 상태로 오는 것이 아니라 만들어가는 것이다. 그래서 나는 재무 인력을 채용할 때 재능aptitude만큼이나 태도attitude를 살핀다. 이 사람이 '우리처럼 이 사업에 대해 열정적인가? 미래 지향적인 통찰을 제공하는가? 강한 영향력 있는 능력을 갖고 있는가? 접근 방식에서 협력적인가? 다른 사람들에게 건전한 조언을 하고, 그들이 그것을 실행에 옮기도록 돕는가? 조직의 문화 및 구성원들과 어울리는가? 올바른 회계 역량뿐만 아니라 올바른 비즈니스 역량을 가지고 있는가? 그들이 [사람들을 이끌] 차례가 되었을 때, 미래의 인재들을 개발하는 데 도움이 될 것인가?'라고 나 자신에게 묻는다.

BBC에서는 3~4년마다 재무 구성원을 순환근무시킨다. 대략 3분의 1은 BBC 내에서 새로운 경험을 쌓기 위해 이동하고, 3분의 1은 다른 곳에서 경력을 쌓기 위해 BBC를 떠난다. 그리고 이렇게 BBC 외부로 떠나 3분의 1만큼 생겨난 공간에 새로운 생각과 다른 경험을 조직에 불어넣을 수 있는 사람들이 외부에서 들어온다. 이러한 방식으로, 우리는 재무 구성원에게 도전하고 배우고 성장할 수 있는 새로운 기회를 제공한다.

결론은 뛰어난 CFO가 되는 것은 단순히 숫자를 다루는 능력이 훌륭하다는 의미 그 이상이라는 것이다. 숫자는 CFO의 기초. 그러나 그것은 여정의 시작에 불과하다. 이 책이 출간되어 기쁘다. 이 책은 CFO로서 그 여정을 좀 더 쉽게 만들기 위해 우리가 알아야 할 몇 가지 비밀을 풀어주고, 우리의 전문 지식을 조직에 가치를 전달하는 행동으로 옮기는 방법을 탐구한다. 또한, 뛰어난 CFO를 만드는 데 필요한 사항들을 놀랍도록 명확하고 매력적이고 통찰력 있게 설명하고 있으며, CFO가 살아남고 번창할 수 있도록 도와주는 실질적인 조언으로 가득 차 있다.

BBC CFO 자린 파텔Zarin Patel

자린 파텔은 회계사이며 KPMG에서 경력을 시작했다. 자린의 초기 고객으로는 향수 제조기업인 파버지(Fabergé), 경매기업 크리스티(Christie's), 트랙터 제조사 매시퍼거슨(Massey-Ferguson) 등이 있었다. 자린은 1997년 부실 건설회사를 회생시키기 위해 파견되었는데, 그 회사는 지금 다시 번창하고 있다. 자린은 BBC에 1998년 입사해 다양한 재무 분야에서 일했으며, 영업과 마케팅에 관여할 뿐만 아니라 대규모 고객 서비스 운영을 관리하는 등 TV 라이선싱 업무를 이끌었다. 자린은 2004년에 BBC CFO가 되었고, 약 35억 파운드의 예산을 책임지고 있다. 자린은 자신이 조직을 위해 얼마나 많은 가치를 창출하는지 스스로 판단하면서, BBC의 변화를 주도해 상당한 비용을 절감했으며, 그것을 미래에 재투자하는 데 핵심적인 역할을 해왔다.

INTRODUCTION

왜 재무가 중요한가

재무는 뉴스거리가 된다. 대부분의 회사 기능과 마찬가지로 재무는 고개를 숙이고 좋은 일을 하는 데 집중한다. 그래서 재무 이슈가 헤드라인을 장식할 때, 여러분은 그것이 나쁜 이유 때문에 일어났음을 확신할 수 있다. 이어지는 스캔들은 사업을 뒤흔들었다. 우리는 그 이면에 숨어 있는 진실 한 가지를 잘 알고 있다. 모든 부패와 탐욕, 사기에는 재무 분야에 있는 누군가의 일처리 실패가 있다. 그 누군가는 잘못을 밝히는 데 너무 늦어버렸다. 그래서 지금 우리 모두가 곤경에 처해 있는 것이다.

재무 전문가로서 우리는 두 가지 어려움에 직면해 있다. 첫째, 나쁜 사과[1]가 수많은 입법과 규제를 불러일으켜 바쁜 하루 일과를 더욱 바쁘게 만들었다. 둘째, 현재 우리가 가지고 있는 광범위한 책임을 어떻게 따라가고 감당할 수 있을지 알기 어려울 정도로 우리의 역할에 대한 기대치가 높아졌다(이것에 관한 목록은 부록을 참조하라).

이 책은 모든 재무 전문가들이 자신의 기술, 능력과 개인적 영향력을 훨씬 더 높은 수준으로 끌어올려야 한다고 촉구하고 있다.

세상은 더 이상 단순해지지 않는다

중국의 악담[2]이 말하듯이, '아마도 여러분은 흥미로운 시대에 살 것이다'. 그리고 우리는 확실히 그렇다. 영란은행Bank of England 총재인 머빈 킹Mervyn

King은 2011년 10월 7일 스카이뉴스Sky News와의 인터뷰에서 "상황은 1930년대의 대공황보다 더 나쁠 수 있다"라고 말했다.

새 천년의 첫 11년 동안의 실적 기록이 그것을 말해준다. 총주주수익률 TSR: total shareholder return로 측정했을 때 이 기간 동안 가치창출은 본질적으로 정체된 상태다. 닷컴 버블의 폭발과 엔론Enron 및 월드컴WorldCom의 붕괴에 대한 기업과 정부의 대응은 서브프라임 시장의 투기 과잉을 막는 데 거의 아무런 효과도 없었다. 2008년 초 유동성이 완전히 고갈되었을 때, 그 누구도, 심지어 골드만삭스Goldman Sachs조차도 무슨 일이 일어나고 있는지 알지 못했다. 그리고 이런 불확실성은 우리의 일상이 되었다.

우리는 모든 것이 국가 및 글로벌 경제 문제로 정의되는 시대에 살고 있다. 개인 수준에서는, 전 세계의 젊은이들이 첫 직장을 얻는 것이 어렵다는 사실을 발견한다. 일하고 있는 사람들은 지출을 관리하는 데 어려움을 겪는다. 은퇴한 많은 사람들은 죽는 것에 대한 걱정보다 저축해 놓은 재산에 비해 더 오래 사는 데 대한 걱정을 많이 한다. 인구통계적으로 보면, 많은 국가가 쇠퇴해 가고 있어 퇴직자와 퇴직자의 연금에 대한 지원 부담이 견딜 수 없을 정도로 커지고 있다. 그리고 만성 질환은 질병에서 사람들의 건강에 가장 치명적인 위협으로 자리 잡고 있다.

글로벌 수준에서는, 중국이나 인도와 같은 개발도상국의 경제 성장은 저임금 노동력을 활용해 생산량을 늘리면서 선진국들이 서로 치열하게 경쟁하도록 부추기고 있다. 또한 경제 성장은 그들의 산업용 기계와 성장하는 인프라에 원자재를 공급하기 위해 원자재 가격을 상승시키는 압력으로 작용하고 있다. 또 다른 국가들은 침체된 경제 상황과 예산 결정의 어려움에 직면해 있다. 이를 완화하고 해결할 방법은 없는 것인가?

새로운 CFO

이것이 '새로운 CFOnew CFO'가 되는 것과 무슨 관련이 있는가? CFO가 비즈니스에 대한 건전한 조언자이자 유능한 가치창출자가 되기 위해서는 이러한 광범위한 사회적·정치적 변화를 이해하고 있어야 하고, 그에 대한 관점도 가지고 있어야 하기 때문이다. 가치창출은 사회와 개인의 경제적 요구를 해결하는 엔진이다. 이는 원자재, 자본, 인간의 생산성, 기술과 혁신을 함께 모아 잘 운영되는 수많은 비즈니스의 집단적인 성공에서 비롯된다. 기업은 더 많은 양질의 일자리와 이익을 창출하는 공급망의 원동력이다. 이익은 사업에 재투자하고, 투자자에게 보상하며, 과세를 통해 국가 우선순위에 기여할 수 있다. 나쁜 사업이 두려움과 부패, 탐욕을 불러일으키듯이 좋은 사업은 사회에 좋은 엔진이 된다. 좋은 사업에는 좋은 관리 및 감독이 필요하다. 그것이 CFO의 역할이다.

　따라서 CFO로서의 사명은 기업이 즉각적으로 도달할 수 있는 범위를 초월하여 글로벌 거시경제에 영향을 미칠 수 있는 최고의 수준까지 도달하게 하는 것이라 할 수 있다. 재무 건전성 및 투명성이 지금보다 더 중요했던 때가 없었으며, CFO의 직무가 또 이렇게 광범위하거나 복잡했던 때도 없었다. 이 책은 여러분이 이제까지 생각했던 것보다 훨씬 더 커진 CFO의 바로 그 일을 어떻게 실행하느냐에 관한 것이다.

누구를 위한 책인가?

여러분이 CFO라면, 이 책은 일상적이고 장기적인 적용뿐만 아니라 조직을 발전시킬 수 있는 통찰을 제공할 수 있도록 도와줄 것이다. 여러분이 확장된 재무조직의 리더십 구성원이라면, 이 책은 지금까지 경력을 쌓고 추구했을 수 있는 꼭 맞는 기능적 역할 그 너머를 볼 수 있도록 도움을 줄 것이다. 여러분이 이미 5~10년 정도의 탄탄한 경력을 가진 촉망받는 신진 재무 전문가라면, 당신이 선택할 이 책은 앞으로의 흥미진진한 길에 대한 인식을 높이는 데 도움이 될 것이다.

『CFO, 가치 경영자』는 앞으로 다가올 10년 동안 기업의 재무조직이 성공하기 위해 필요한 통합 프레임워크를 제공해 줄 최초의 책이다. 여러분의 재무 능력과 리더십 스타일, 프로세스 능력 등이 재무조직에 대한 새로운 요구를 충족하고 있는가? CFO로서, 이것은 마치 경주용 자동차의 운전석에 앉는 것과 같다. 어떻게 코스를 읽을지, 언제 움직일지, 어떻게 도전자를 막을지, 언제 연료 주입 구역에 들어갈지를 재빨리 결정하는 것이다. 하지만 여러분의 마음속으로는 타이어나 브레이크가 괜찮은지, 엔진 오일이 올바른지, 피트크루pit crew*가 잘 훈련되었는지, 또는 자동차가 얼마나 제대로 설계되고 만들어졌으며 잘 유지·관리되었는지와 같은, 보다 근본적인 질문을 고려해야 한다는 사실을 알고 있다. 해야 할 일은 너무나 많다.

어떤 책인가?

이 책은 재무 전문가로서, 또 새로운 CFO가 되기 위해 필요한 여정을 다룬 가이드다. 우리의 목적은 여러분과 여러분의 팀이 직면한 도전과 기회에 대한 인식을 높이고, 여러분이 회사 가치에 더 크고 더 나은 영향을 미칠 수 있도록 지원하는 광범위한 프레임워크를 제공하는 것이다. 우리의 목표는 광범위한 연구와 경험 그리고 관찰을 바탕으로 CFO로서 여러분의 성과를

---

* 드라이버의 피트에서 정비를 하는 사람.

향상시킬 수 있는 실용적인 몇 가지를 조언하는 것이다. 우리는 여러분에게 운전하는 법을 가르치려는 것이 아니라, 여러분의 랩타임에서 중요한 몇 초를 단축할 수 있도록 도우려는 것이다. 더 나아간다면 아마 차량도 업그레이드할 수 있을 것이다.

무엇을 하지 않는가?

이 책은 재무에 관한 특정 주제를 여러분에게 가르쳐주지 않는다. 이 책은 교과서가 아니다. 우리가 이야기하는 주제 중 하나를 살펴보고 더 많은 것을 배워야 함을 깨달은 경우, 참조할 수 있는 자료의 원천을 추천한다. 이는 여러분이 알아야 할 사항에 대한 로드맵이며, 여러분이 감당해야 할 새로운 책임의 확장 범위에 대한 개요라 할 수 있다. 전문가와 함께하는 것만으로는 충분하지 않다. 올바른 탐색 질문을 할 수 없다면, 여러분은 조직에 위험을 초래할 것이다.

핵심 제안

이 책은 '대화'다. 먼저, 오늘날의 CFO가 당면한 과제와 기회를 파악하는 것부터 시작한다. 이는 어쩌면 여러분이 해야 하는 일에 관한 현대적인 직무기술서가 될 것이다. 업무 수행에서 탁월해지기 위해 리더로서 해야 할, 또 프로세스 관리를 위해 구축해야 할 핵심역량을 살펴본다. 그런 다음 이 세 가지를 모두 연결해 어떻게 통제하고 위험을 관리하며 투자를 관리할지와 같은 여러분의 가장 큰 과제를 살펴본다. 그리고 우리는 투자에 대해 이야기할 텐데, 이는 여러분이 어떤 투자를 추진하고 실행할지 결정할 때 비즈니스를 지원하는 방식, 즉 여러분의 사업을 어떻게 지원할 것인지를 의미한다. 이는 다른 한편으로는 어떻게 하면 재무를 사업처럼 운영하고, 재무 기능에 대해 투자를 증가시킨 사례를 제공하여 재무 기능이 비즈니스를 전반적으로 개선할 수 있는지를 의미한다. 끝으로, 우리는 여러분이 현재 어느 수준에 있고, 발전이 필요한 목표 영역을 어떻게 발견해 어떻게 공략할 수 있는지 평가하는 일을 도울 것이다.

우리가 보기에, 다음 10년의 승자는 기본을 바로잡고 리더십 개발에 투자해 최고의 성과를 지속하도록 제도적 역량을 내재화할 수 있는 CFO가 될 것이다.

제1장

가치 경영자가 되라

그 어느 때보다 어렵다

서문에서 CFO의 역할이 그 어느 때보다 복잡해졌다고 했다. 오늘날의 회사는 사업운영에서 전략 수립과 실행에 이르기까지 그 어느 때보다 더 광범위한 과제들을 수행하기 위해 재무 기능에 의존한다. 이 책은 이와 같은 매우 어려운 환경 속에서 잠시 한 걸음 물러서서 여러분의 재무 직무와 기능에 어떤 의미가 있는지 살펴볼 기회를 준다.

제1장에서는 새로운 CFO로서 역할을 수행하기 위해 필요한 여러분의 직무기술서 범위를 자세히 살펴보고, 이미 상당히 넓어진 전통적 CFO의 직무 범위와 대조해 볼 것이다. 앞으로의 10년은 여러분에게 도전일 뿐만 아니라 평생의 기회가 될 것이다. 우리는 여러분이 중요한 사명, 즉 회사의 가치가 지속되고 성장할 수 있도록 지켜주는 것을 추구할 때는 다르게 생각하고 행동해야 한다고 믿는다. 우리는 이 새로운 사고방식이 어떻게 구성되어 있는지뿐만 아니라, 여러분이 어떻게 하면 확대된 재무조직을 새로운 방식으로 생각하고 행동할 수 있도록 발전시킬 수 있는지도 다룰 것이다.

그런 다음, 훨씬 더 높은 직책에서 실행하는 데 도움이 되는 새로운 아이디어를 제안한다. 제2장에서는 리더십에 대해 다룬다. 일부 아이디어는 여러분에게 친숙할 수 있고, 일부는 새로울 것이다. 우리는 리더십을 '알고 있기'는 하지만, 리더십을 올바른 방식으로 '수행하는' 것은 종종 잊어버린다. 그래서 재무에서 리더십의 가장 중요한 측면에 대해 반복해서 이야기하고 실행해 보는 것은 언제나 유용하다. 제3장에서는 프로세스 관리를 이야기하며, 프로세스 효율성과 관련해 '재무공장finance factory'이라는 아이디어를 붙잡고 씨름할 것이다. 재무공장은 분명히 새롭고 논쟁적인 아이디어다. 마음을 열라. 그러면 여러분은 현재 수행하고 있는 모든 일들의 균형을 맞추는 데 매우 유용한 몇 가지 새로운 기술들을 찾을 수 있을 것이다.

이어지는 세 개 장에서는 이러한 새로운 아이디어가 통제, 위험 관리 및 투자를 통한 가치창출과 같은 재무의 임무를 수행하는 데 어떻게 도움이 되는지 자세히 설명한다.* 마지막으로, 자신의 성과 수준과 개선해야 할 영역을 판단할 수 있는 '자기평가self-assessment 도구'를 설명하고 마무리한다.

책 표지에서 알 수 있듯이, 마치 여러분은 리프트나 엘리베이터를 탄 것과 같다. 그래서 질문은 이렇다. 첫째, 여러분은 어느 층에 있는가? 둘째, 여러분은 올라가고 있는가 아니면 내려가고 있는가? 여러분의 가치에 대한 태도와 접근 방식은 여러분의 경력과 회사에 영향을 미칠 것이다. 먼저 여러분의 재무적 배경이 가져다주는 장점과 단점에 대해 생각해 보자. 여러분은 어떤 유형의 CFO인가?

도전의 유형과 규모, 그리고 그것들을 전통적 CFO 역할로는 왜 해결할 수 없는지 그 이유부터 살펴보자.

CFO에 대한 도전

CFO의 두 가지 유형

언스트앤영Ernst & Young의 파트너인 앨리스터 윌슨Allister Wilson은 많은 CFO를 만나고 있다. CFO와의 만남은 그의 일이며, 사려 깊게 일한다. 그는 『국제 회계기준 적용 실무International: Generally Accepted Accounting Practice under International Financial Reporting Standards』[1]를 포함해 기업의 보고에 관한 여러 책을 공

• 그리고 역자가 추가한 제7장에서는 디지털 시대에 CFO조직이 디지털 전환 리더로서 알아야 할 사항들에 대해서 설명한다.

동 집필했다. 앨리스터는 2008년 금융위기가 일어나기 직전 일부 은행에서는 CFO가 통제력을 상실했을 수 있다고 생각하는데, 그 이유는 발생하는 거래가 엄청나게 복잡하고 시장의 압력은 거셌으며 적절한 거버넌스와 책임은 부족했기 때문이었다. 그는 CFO가 다시 책임을 지고 시장이 효과적으로 기능하는 데 기여할 수 있는 이보다 더 중요한 시간은 없다고 생각한다.

FTSEFinancial Times Stock Exchange●에는 두 가지 유형의 CFO가 있다. 바로 재무CFOfinancial CFO와 운영CFOoperational CFO다. 재무CFO는 주로 재무 통제, 리스크 관리 및 보고에 중점을 둔다. 재무CFO는 주요 이사로서 이사회 구성원에 포함되지 못하고, 본질적인 뛰어난 재무 컨트롤러 역할로 밀려나며, 사업에 대한 필요한 이의를 독립적으로 제기하지 못할 수도 있다. 반면 운영CFO는 최고운영책임자COO: chief operating officer에 가깝고, 최고경영진top management team에 더 깊이 녹아 있으며, 비즈니스 운영에서 최고경영자CEO: chief executive officer를 지원하는 데 전념하고 있다. 운영CFO는 제조와 같은 사업운영 분야의 업무 배경을 지녔으며 이러한 중요 영역에서 효과적인 지원을 받기 위해 휘하에 있는 강력한 재무 통제 및 리스크 관리 그룹을 두고 그에 의존한다. 어떤 CFO는 둘 다 되려고 노력하기도 한다. 그러나 그런 재능이 있는 사람은 많지 않다.

앨리스터는 대부분의 CFO가 강력한 재무 배경을 갖고 있거나 강력한 운영 배경을 가지고 있으며, 두 모델 모두 단점이 있다는 데 동의한다. 업무배경이 운영 담당이었든 재무 담당이었든 관계없이 CFO로서 부족한 점은 고쳐야 한다. 그러므로 새로운 CFO는 재무를 깊이 이해하면서 자신의 영역

● 영국증권거래소(LSE: London Stock Exchange)가 소유하고 있으며 주가 지수 및 관련 데이터 서비스 제공자인 FTSE International Limited가 제공하는 글로벌 대표 지수.

에서 비즈니스에 도전할 수 있어야 한다.

• •

[사례연구] 자기평가를 해보자

래리Larry는 혼란스럽다. 그는 회계법인의 파트너를 그만두고, 꽤 괜찮은 규모의 제조 기업 CFO로서의 첫 주를 막 마무리했다. 래리가 CFO로 승진한 것은 다소 예상 밖이었다. 그가 새로 시작한 회사에는 원래 두 사람의 내부 경쟁자가 있었으며, 그들은 각각 재무 분야 중 회계와 투자라는 매우 다른 영역에서 경력을 쌓았다. 래리는 이들 조직이 그 안에서 독특한 충성심을 유지시킨다는 것을 알게 되었다. CPA들은 MBA들과 마찬가지로 자신들의 리더를 응원했다.[2]

그러나 회사의 두 리더는 결국 모두 경쟁에서 탈락했다. 한 사람은 의심할 여지 없이 비즈니스 지성이 더 예리했지만 그 예리함 때문에 말투까지 날카로워져서 오퍼레이션 부문의 임원들은 그와 함께 일하는 것을 썩 좋아하지 않았다. 다른 한 사람은 그보다는 훨씬 더 호감이 갔지만, 보안 사항인 컨설팅 정보를 사적인 주식 거래에 사용한 것으로 추정된다는 폭로에 휘말렸다. 그래서 래리는 그 회사에 빠르게 채용되었던 것이다.

얼마나 눈이 번쩍 뜨이는 첫 주였던가. 사업부에 있는 재무 리더들은 사업부 경영진에게 보고를 올리면서 자신들의 승진 경로가 재무 기능이 아닌 사업부 경영진에 의해 결정되는 것을 알게 되었다. 근무 첫 주 동안 래리는 이러한 중간급 재무 임원들을 많이 만났다. 래리는 CFO로서 거둔 자신의 성공 중 상당 부분이 자신의 확장된 재무조직의 두 상위 부류, 즉 본사부문과 사업부문의 경영진이 무엇을 하느냐에 달려 있다는 것을 알았다. 한편으로, 래리는 자신이 사업에 대해 잘 모르고 있다고 경영진이 불쾌해한다는 것을 볼 수 있었다. 그리고 그가 MBA와 CPA 같은 재무 전문가들 모두를 하나의 글로벌 재무 기능으로 통합해 기술과 지식 그리고 경험을 서로 배우고 다듬게 하겠다고 이야기했을 때, 경영진의 시선이 부정적으로 변하는 것을 알게 되었다.

래리는 첫 주를 회계, 세무 및 자금 부서장들과 함께 보내면서 회사의 재무 상황이 어떤지 배웠다. 외부 감사인들은 주요 외국 경쟁업체를 인수해 사업의 글로벌 범위를 확장하면서 회사가 장부에 반영했던 영업권 설정액에 대해 시비를 걸고 있었다. 이 영업권을 제거하면 향후 3년간 보고 이익이 감소할 것이다. 이 외에도, 이 회사는 전 세계에 걸쳐 여러 가지 악의적인 세금 분쟁에 연루되어 있었다. 또한 걱정스럽게도 부채 수준이 점점 높아지고 있었고, 신용평가 기관들은 현재 회사의 장부에 반영되어 있지 않은 자회사들과 관련된 대출에 대해 질문을 더 많이 하기 시작했다.

그리고 사업 자체의 문제도 있었다. 래리는 회사가 재무적으로 어떤 상태인지 어느 정도는 짐작했지만, 기획부서장을 만나고 나서야 투자자들이 왜 감명을 받지 못하는지 그 이유를 깨달았다. 대부분의 지표가 잘못된 방향을 가리키고 있었다. 생산량과 매출은 시장 성장 속도를 따라가지 못했고, 운영비는 인플레이션보다 빠르게 상승했으며, 너무 많은 신규 건설 프로젝트의 일정은 예정보다 지연되고 있었고 지출은 예산을 초과했다.

오늘 래리는 경영진과의 첫 번째 회의에 참석했다. 그는 각 사업부장이 그들이 가지고 있는 성공과 돌파구에 대해 자랑할 때 참을성 있게 귀를 기울였다. 차례가 되자 래리는 외부 감사인, 세무당국, 신용평가 기관에 대한 그의 우려사항들을 개략적으로 빠르게 설명했다. COO는 그에게 활짝 웃으며, "그래서 우리가 당신을 새로운 '빈카운터bean counter'로 데려온 거지!"라고 빈정거렸다.

그러나 래리가 경영 실적operating performance과 함께 동종 업체들보다 빈약한 재무 건전성에 대한 우려를 공유하기 시작하자 COO의 얼굴에서는 미소가 사라졌다. 마지막으로, CEO가 래리에게 팔을 두르며 어색한 정적을 깨고, "래리, 당신이 돈을 책임지게. 우리는 사업을 책임지겠네"라고 말했다.

아직도 그 말이 귓가에 맴도는 와중에, 래리는 주말에 읽을 책들을 서류 가방에

넣고 집으로 향했다.

● ●

여러분은 고유의 역할을 가지고 있다

이 책에 있는 모든 이야기와 마찬가지로, 이것은 실제 이야기다. 이 사례에서 래리는 실명이 아닌 익명으로 표현된 것뿐이다. CFO로서 래리는 스스로가 인식하는 자신의 역할과 경영위원회 동료들이 그에게 요구하는 역할이 상당히 불일치하는 상황에 직면하고 있다. KPMG 인터내셔널KPMG International과 CFO 리서치 서비스CFO Research Services의 최근 연구에 따르면, 서베이 응답자의 거의 절반이 자신의 부서가 5년 전보다 현재 회사의 전략적 의사결정에서 더 큰 역할을 하고 있다고 답했다. 응답자의 62%는 그 역할이 더 증가할 것으로 예상했다. 많은 응답자들은 자신이 과거보다 훨씬 더 복잡한 기능을 수행하고 있으며, 자신의 업무에서 중요한 부분은 이와 같은 새로운 복잡성이 회사의 수익성에 미치는 의미와 영향을 고위 경영진이 이해하도록 돕는 것이라고 했다.

　그렇기 때문에 여러분과 재무 동료들은 CFO로서 전략적 자문가 역할을 맡는 것에 대해 래리가 그랬던 것과 같은 동일한 반발에 직면하지는 않을 것이다. 하지만 경영진이 여러분이 그들의 일을 대신하고 있다고 생각하지 않게 하려면 상당한 기술이 필요하다. CEO는 이사회 및 경영진과 협력해 주요 비즈니스 전략에 동의하고 실행하고, 회사의 장기적 평판을 보호하며, 외부를 향한 회사의 주요 얼굴로 대중 앞에 선다. COO와 그 부서장들은 회사 사업부문의 운영·관리를 안전하고 신뢰할 수 있게 보호한다. 인적자원관리, 공공 및 정부 관련 업무, 보건안전환경HSE: health and safety and environment 등의 기능부문장은 기업의 사업 성공을 지원하고, 필요한 경우 기업의 더 큰 이익를 위해 리스크 관리에 개입할 수 있도록 적절한 인력과 구조를 갖추게 해준다.

여러분의 일은 각 조직들 사이에서 움직이면서 CEO를 지원해 회사의 가치가 훼손되지 않도록 하는 것이다. 각 조직들은 각자의 세계에서는 의미가 있지만 회사 전체로는 의미가 없을 수도 있는 활동들을 추구하기 때문이다. 이 책은 여러분이 이러한 역할을 성공적으로 성취하도록 안내할 것이다.

전통적 CFO의 역할

생명보험 회사인 리버티아프리카Liberty Africa의 CEO 버나드 카톰파Bernard Katompa는 이에 대해 누구보다 잘 알고 있다. 그는 금융업에서 CEO 역할을 하기 전에는 글로벌 광산회사의 부사장 겸 CFO였으며, 이러한 관계를 양측에서 보았다. 그는 다음과 같이 말한다.

> CFO는 조직의 두뇌가 되어야 하며, 신체의 다른 부분이 건강을 지키고 성장할 수 있게 해야 한다. CEO는 머리이고 머리에는 두뇌가 필요하다. CEO로서, 나는 CFO의 말을 듣는다. 두뇌를 고용했기 때문이다. 내가 CFO였을 때는 CEO에게 [마음의] 문을 열어두었었다. 우리는 매일 이야기했고, 나는 비즈니스에 영향을 미칠 수 있는 모든 것을 그에게 알렸다.

버나드는 CFO로서 CEO와 얼마나 긴밀하게 협력해야 하는지 설명하기 위해 이와 같은 기발한 비유를 사용하고 있다. 글로벌 라이브 미디어 및 커뮤니케이션 회사인 UBM의 CFO 밥 그레이Bob Gray는 이 아이디어를 지지한다. "나는 CFO 역할을 하는 CEO가 되고 싶지는 않지만, 비즈니스의 진정한 가치 동인에 도달하기 위해 CEO와 협력해서 숫자를 더 세게 밀어붙이고 싶다." 제2장에서 살펴보겠지만, CEO에 이어 2인자로서 강한 경영진이 되는 것은 가치창출 면에서 여러분의 성공에 매우 중요하다. 그러나 CEO보다 앞서지는 말라. 경영진으로서의 경력이 짧아지거나 제한될 수 있다.

전통적인 CFO의 역할은 이미 광범위하다

CFO로서 요구되는 기본적 역량이 여러분에게 부담스럽다는 데는 이견이 없다. CFO는 월별·분기별 재무 데이터 관리, 기능비용 절감, 사업에 필요한 자금조달과 세금 관리, 감독기관 규제 사항 준수 및 조회 사항 대응, CEO에 대한 조언자 역할과 적절한 균형추 역할 같은 많은 사항들을 수행하도록 요구받고 있다. 재무보고의 정확성, 세부 수준 및 적시성과 관련해 이사회, 주주, 감독당국, 과세당국 및 기타 이해관계자들이 재무 기능에 요구하는 사항은 크게 증가했다. 그리고 이러한 요구 사항은 CFO로서 사용할 수 있는 자원이 줄어들고 있는 상황에서 종종 증가하며, 기업들이 경제 상황의 어려움 속에서 매출 성장을 달성하기가 더 힘들어짐에 따라 예산이 제약되기 때문에 발생한다. 글로벌 은행인 HSBC의 전 CFO이자 현재 회장인 더글러스 플린트Douglas Flint는 이를 다음과 같이 설명한다.

재무는 흔히 경기순환에 역행한다. 비즈니스 비용을 절감해야 할 때, 오히려 이익을 추적하고 위험을 관리하기 위해 회계와 통제에 더 많은 비용을 지출해야 할 수도 있다. 기업은 종종 매출이 위험에 처할 때 가장 많은 비용절감을 해야 한다. 이러한 때, CFO는 그 자리에서 일어나 재무상태가 현실적이고 지속 가능해지는 데 필요한 재무적 방어 체계를 구축해야 한다고 주장할 수 있어야 한다.

그래서 여러분은 멘털이 강해야 하고, 설득력이 있어야 하며, 당연히 일상 업무도 잘해야 한다.

CFO로서 여러분은 이미 광범위한 재무책임 스펙트럼spectrum of financial responsibilities을 맡고 있다. 여기에는 최소한 재무 데이터 관리의 아웃소싱, 분기별 보고, 회계정책 수립, 보험 관리, 세금 계획과 보고, 자금조달과 관리, 경영정보 제공, 투자자 관계 관리가 포함된다. 오늘날 CFO 역할에 필수적이라고 생각하는 확장된 직무를 포함해, CFO 역할이 담당해야 할 책임의 가능한 범위와 관련된 전체 목록은 부록에 있는 내용을 참조하라.

그럼에도, 재무 분야는 새로운 도전에 직면해 있다

CFO는 새롭고 도전적인 외부 압력의 영향을 받는다. 재무 기능의 범위에 포함되는 전통적 책임과 활동은 비즈니스 세계에 영향을 미치는 수많은 변화의 중심에 있다. 서론에서 알 수 있듯이, 거시 재무환경과 고객 선호에 변화가 일어나고 있고, 기술과 그것이 가져오는 기회에도 변화가 있으며, 점점 더 공황 상태에 빠져들고 있는 정부가 제정하는 입법 체계에도 변화가 있고, 비즈니스 성과뿐만 아니라 사회와 환경 성과를 강조하는 방향으로 기업 경영의 문화 전반이 변화하고 있다. 여러분의 회사는 기존 시장과 신흥 시장에서 기업들과 치열하게 경쟁해야만 하는 '글로벌 경쟁'에 직면할 가능성이 높다. 따라서 관리하는 일이 더 복잡해졌을 뿐만 아니라, 그것을 관리할 시간도 줄어들었다. 인터넷과 이동 통신 사용은 폭발적으로 증가했고, 재무 관련 미디어들은 더 많은 사이트로 파편화되어 독자의 관심을 끌기 위해 경쟁하기 때문에 누구나 필요한 정보에 즉시 접근할 수 있다.

역할은 전환 중이거나 혹은 전환되어야 한다

기업의 재무 분석과 대응 중 많은 부분이 여태까지 단편적이고 수동적이었다고 생각한다. 그러나 오늘날 CFO가 직면한 도전은 단지 경력 전반에 걸쳐 직면했던 이전의 도전보다 강력한 버전일 뿐이라는 주장도 있다. 그들은 기업의 장단기 건전성을 향상시키는 방식으로 비용을 절감하고, 생산성을 향상시키며, 규제에 대응하고, 자원을 배분할 필요가 언제나 있었다고 주장한다. 그 과정에서 리엔지니어링, 아웃소싱, 시스템 투자, 새로운 계획 프로세스와 지표, 인수와 매각 등 수많은 수단이 동원되었으며 앞으로도 계속 필요할 것이다. 그러므로 여러분에게는 여전히 기본적인 기술들이 필요하다는 데 동의한다. 그러나 도전의 규모 또한 확대되었다.

CFO와 기업 재무조직은 앞에서 이야기한 그 모든 노력을 통해 당면해 있는 과제들의 복잡성이 끊임없이 증가하는 것에 대처할 새로운 역량을 개발했어야 한다. 그러나 필자의 실제 경험으로는 그렇지 않은 것처럼 보인다. 종종 단기적인 문제 해결은 더 강조하고, 지속가능한 가치창출은 덜 강조한다. 현재 직면해 있는 변화의 범위를 감안할 때, 이는 능동적이기보다는 수동적인 대응이며, 전적으로 인간적인 대응이었다. 그리고 이는 여전히 불길한 조짐을 남긴다.[3] 지속가능한 가치를 창출하는 데는 리스크를 식별하고 관리하는 것과 함께 견고한 통제와 같은 재무의 기본 사항들이 필요하다. 그뿐만 아니라 리스크 마인드 강화, 가치의 유지 및 창출에 필요한 투자를 적절히 감독하기 위해 CEO와 경영위원회 간 파트너십 또한 필요하다.

여러분이 재무 역량의 기본이 확실히 갖춰지도록 열심히 노력해야 한다는 데 전적으로 동의한다. 만약 여러분에게 부족한 몇몇 주요 영역이 존재한다면 그것들을 반드시 향상시켜야 한다. 하지만 그중 많은 부분이 속담에 나오듯 '제방dyke에 난 구멍에 손가락을 넣는 것과 같다'는 사실을 알아두라.

시간을 벌어주기는 하지만, 영구적인 해결책이 되지는 못한다. 이를 완전하게 해결하기 위해서는 생각과 행동을 더 높은 수준으로 끌어올려야 한다. 이것이 어떤 모습일지 생각해 보자.

새로운 CFO의 역할

좁은 역할 정의에 안주하지 말라

새로운 CFO로서 여러분의 일은 가치를 유지하는 것뿐만 아니라 가치를 증가시키는 것이다. CFO는 이러한 일이 일어나도록 어떻게 관여할 것인지 결정해야 한다. 수치가 정확하고 부서별 지출이 예산 범위 내에 있으며 보고서가 제때 공시되고 있다면, 확실히 기본 사항은 다루고 있는 것이다. 하지만 이것만으로는 충분하지 않다. 뛰어난 CFO는 이 모든 것을 하면서도, 강력한 리더십을 발휘해 재무조직과 회사 전체의 성과를 높이는 다음 단계로 나아간다. 그는 재무 프로세스를 지속적으로 개선하고, 회사가 전략적 목표와 열망을 달성하도록 지원하며, 업계와 전반적인 비즈니스 환경에서 무슨 일이 일어나고 있는지 알고 있고, 주요 이해관계자들이 회사를 어떻게 보고 있는지 이해한다.

CFO의 확장된 역할

따라서 회계, 현금흐름, 보험과 같이 순전히 회사의 재무적 측면을 관리해야 하는 일에 대한 부담이 커짐에 따라 오히려 CFO와 재무 기능은 점점 더 비즈니스의 전략적 파트너가 되어야 한다고 기대되고 있다. FTSE 500 기업의 한 임원은 이를 다음과 같이 설명한다.

왜 자동차에 브레이크가 있을까? 당연히 브레이크는 자동차를 멈출 수 있게 한다. 그러나 본질적으로 브레이크는 자동차를 더 빨리 달릴 수 있게 한다. CFO도 마찬가지다. CFO는 비즈니스를 멈추게 하기 위해서가 아니라 더 빠르고 안전하게 진행할 수 있도록 하는 브레이크다. 경찰 역할로서 진행을 반대하는 사람이 아니라 기업이 지속가능한 가치를 창출하도록 돕는 조언자다.

성장을 위한 전략적 리더십을 제공하는 동시에 비즈니스를 모니터링하는 새로운 CFO의 이중적 역할에 대한 훌륭한 비유다.

따라서 새로운 CFO는 매우 뚜렷하게 구별되는 두 가지 역할에서 탁월해야 한다는 요구를 점점 더 많이 받고 있다. 첫째, 조직의 재무상태와 성과를 높은 무결성integrity으로 모니터링하고 측정해 제공하며, 둘째, 지속가능한 성장과 수익성을 추진할 수 있도록 비즈니스의 신뢰할 수 있는 조언자이자 전략적 비즈니스 파트너 역할을 해야 한다.

이러한 역할들 외에도, 많은 조직의 인수합병M&A: mergers and acquisitions 팀들이, 심지어 투자은행의 집중적인 지원을 받고 있음에도 불구하고, CFO를 통해서 보고하고 있다. 이는 사업 개발과 협상도 재무 스펙트럼finance spectrum에 속할 수 있음을 의미한다. 서비스 제공자와 합작투자JV: joint venture 파트너 사이의 계약과 같이, CFO가 관리해야 할 다른 전략적 거래들도 있다. 사업부나 거래의 후견인들이 객관성을 유지하기 어려운 경우도 많은데, 이런 때 CFO는 적절하게 조언해 줄 수 있다. 결과적으로, 새로운 CFO는 경영위원회의 핵심 구성원이 되어 조직이 더 크게 성공할 수 있도록 선도적으로 사람들을 이끌고 동기부여를 한다. 이런 광범위한 역할은 언젠가 CEO가 되는 데 여러분이 적합한 이가 되게 해줄 것이다.[4] 미국과 영국 모두에서 CEO

의 가장 일반적인 배경은 재무 분야였다. 중부 유럽과 동부 유럽 같은 다른 지역들에서도 이제 이런 선례를 따르고 있다. 하지만 여러분은 먼저 '새로운 CFO'가 되어야 한다.

새로운 CFO인가?

여러분은 경영위원회 테이블에 앉아서 들을 수 있는 권리를 얻어야 한다. 지금도 모든 FTSE 100 기업이 경영위원회에 CFO를 두고 있는 것은 아니다. (경영위원회에 CFO를 두고 있지 않은 이 모델에서 CEO와 COO는 회사를 운영하고, CFO는 숫자만을 다루는, 정확히 '빈카운터' 영역에 있다.) 그러므로 한 걸음 물러서서 스스로에게 물어보라. 과연 나는 새로운 CFO인가? 이미 막중한 임무에다 전략적 조언자 역할을 추가해야 하는 도전에 직면해 있는가? 제8장의 자기평가 설문지가 이 질문에 대해 판단하고 결정하는 데 도움이 될 것이다. 이를 통해 새로운 CFO로서 또는 해당 역할을 향해 나아가면서 다음 단계를 파악할 수 있다.

그러나 CFO 역할의 원활한 승계를 위해서는 재무조직 구성원들을 조기에 개발해 그들이 CFO의 확장된 역할을 향해 성장할 수 있도록 해야 한다.

재무 구성원들의 역량 또한 개발하라

이는 여러분뿐만 아니라 여러분과 함께하는 사람들에 관한 것이기도 하다. 그들은 충분히 폭넓게 개발되지 못한 경우가 많다. 여러분을 대체할 수 있도록 그들의 역량을 넓혀주고 있는가? HSBC 회장인 더글러스 플린트는 이에 대해 다음과 같이 더 많은 조언을 해준다.

CFO로 일한 15년 동안, 조직을 떠난 사람들은 소수에 불과하다. 회장이 되었을 때는 이전에 맡았던 CFO의 역할과 책임에 대한 승계 계획이 순조롭게 실행되었다. 회장으로 승진하기 5년 전에 내 뒤를 이을 후임자와 함께 차기 리스크 관리 책임자를 채용했다. KPMG에 있을 때 농담조로 성공은 여러분보다 똑똑한 사람들과 함께 일하고, 그들이 하는 모든 일에 대해 신뢰하는 데서 온다고 말하곤 했던 멘토가 있었다! 나는 그에게서 사람들에게 책임감을 주고, 그들이 경험을 쌓아 언젠가는 여러분 자신의 위치에 설 준비가 되도록 하는 것이 중요하다는 것을 생생하게 배웠다.

여러분이 재무조직을 강화하려고 할 때 직면하는 몇 가지 구체적인 리더십 과제가 있다. 하나는 대부분의 재무 전문가들이 경력 개발 범위가 상대적으로 좁기 때문에 이러한 폭넓은 재무 리더가 되기 어렵다는 것이다. 다른 하나는 비즈니스 성장에 따라 확장된 재무조직이 글로벌하게 분산되어 있다는 전형적인 특성이다. 재무 탁월성 문화를 구축하고 전 세계에 퍼져 있는 사람들을 개발하는 것은 그렇지 않은 경우보다 항상 더 어렵기 마련이다. 오늘날 재무 기능이 직면하고 있는 더 심각한 과제와 요구 사항을 여러분이 잘 이해하고 있다 하더라도, 과연 여러분의 재무조직 구성원들도 여러분과 마찬가지로 잘 이해하고 있겠는가? 여러분은 재무 활동을 통해 더 효율적이고 효과적인 성과를 산출하면서 동시에 비즈니스를 향상시키는 데도 도움이 되는 상생 관계를 이해할 수 있다. 하지만 그들 또한 그럴까? 어떻게 그들이 더 넓은 시야를 가지고 역할을 넓힐 수 있도록 도우며, 언제 전문가로서의 길을 따라 개발될 수 있도록 도울 것인가?

좁은 길을 가고 있다

기업에서 재무 전문가는 일반적으로 CPA/CA와 MBA라는 두 가지 주요 경력 경로 중 하나를 따라 채용되고 개발된다. CPA/CA는 일반적으로 뛰어난 회계 역량에 바탕을 둔, 직업적으로 인정되는 재무 역량 자격이다. CPA/CA와 회계 전문가는 일반적으로 과거 정보를 즉시 보고해야 하는 부서에 채용된다. 반면 MBA는 일반적으로 투자 사례 분석, 전략계획과 자금 관련 활동 같은 비즈니스의 미래지향적 부분을 관리하는 데 도움이 되는, 제너럴리스트generalist적 기술을 더 많이 사용하는 부서에 배치된다. 여기에 법조계나 공학계와 같은 다른 분야에서 경력을 쌓고, 보다 일반적인 재무 분야로 이동해 경력을 개발하고 확장하는 중간 경력의 '고액 연봉자high flyers'가 추가되었다. 그들의 교육 배경과 재무 영역이 갖고 있는 극단적으로 넓은 역할 범위 때문에, 재무 전문가들이 경력을 쌓으면서 상당히 좁은 경력 개발 경로를 갖는 것은 드문 일이 아니다. 그러므로 여러분은 CPA/CA와 MBA를 상호 융합하여 온전히 자립할 수 있는 CFO를 만들기 위해 재무 구성원의 경력 개발과 CFO로서 자신의 승계 계획을 적극적으로 관리하는 일에 대해 생각할 필요가 있다. 이는 더 높은 수준의 재무 기능 리더십뿐만 아니라 특정 사업부 수준의 CFO들에게도 해당한다. 이제 우리에게는 선도적인 CFO의 가치창출 마인드로 전체 재무 스펙트럼을 관리할 수 있는, 폭넓게 개발된 재무 전문가가 필요하다.

가상 재무조직은 이를 더욱 어렵게 만든다

위에서 강조한 두 번째 과제는 많은 사람들이 여러분의 확장된 재무조직의 리더십 팀과 물리적으로 떨어져 있다는 것이다. 직접 보고하고 물리적으로 함께 있는 사람들의 성과와 발전을 관리하는 것도 하나의 일이며, 전 세계에 흩어져 있는 재무조직을 이끌고 발전시키는 것도 또 하나의 일이다. 여러분의 재무조직 구성원들은 배치된 곳의 경영팀과 긴밀한 관계를 발전시키고 유지해야 할 뿐만 아니라 전문가로서 독립성과 재무 기능에 대한 헌신을 지켜가야 한다. 이러한 역할은 미묘한 균형 잡기다. 특히 자신이 담당하는 사업에 대해 깊은 전문 지식을 개발해야 하는 재무 전문가에게는 '사업 전문가'가 되고 싶은 유혹이 존재해서, 재무 문제를 전사 차원에서 일관되게 관리해야 한다는 더 큰 요구 사항을 놓칠 수 있다. 그러므로 전문가로서 강력한 정체성을 유지하기 위해 확장된 재무조직을 하나로 묶는 프로세스를 만들 필요가 있다.

여러분에게 직접 보고를 올리는 조직에 보고를 하는 확장된 재무조직의 재무 전문가는 훨씬 더 좁은 발전 단계에 있을 가능성이 높다. 통제, 회계, 감사, 영업, IT 같은 배경을 가진 이들은 다른 분야에 대한 이해가 제한적일 수 있다. 이러한 리더는 개념화와 의사소통 역량을 보여줌으로써 종종 성공하기도 하지만, 핵심 재무업무의 운영 역량은 덜 개발되었을 수 있다. 그들은 여전히 자신의 기술적 전문성에 의존할 수 있고, 모호하고 복잡한 일을 다루는 데는 어려움을 겪을 수 있다. 그들은 지식이나 경험, 서비스를 제공하는 데 더해서 개인적인 차이를 인정하는 것보다는 모든 것이 잘 통제되고 있다는 느낌을 전달하는 것이 더 낫다고 배웠을 것이다. 이러한 이유 때문에, 그들의 좁은 역량 범위와 리더십을 개발하기 위해 여러분이 적절한 조치를 취하는 것이 중요하다. 자신의 리더십 구성원을 교육하고 개발하는 데 관심을 기울이지 않는다고 해서 CFO의 승계 계획이 위험해지는 것은 아니다. 하지만 이는 회사 전체에 위험을 초래한다(이에 대해서는 제5장에서 자세히 논의할 것이다). 성과, 동기부여, 개발, 그리고 아마도 이것이 가장 중요할 텐데, 두 단계 아래에 있는 선임 구성원들에게 권한을 부여하는 것에 주의를 기울이라. 또한 이 사람들이 지속 가능하고 높은 성과를 내는 재무 기능을 만들기 위해 그들이 함께 일하고 있는 구성원들에 대해 기대치를 똑같은 수준으로 가질 수 있도록 기대해야 한다.

만약 여러분이 그들을 이끌지 않는다면, 재무 기능이 어떻게 재무적 혼란에서 질서를 이끌어낼 수 있겠는가?

새로운 CFO의 사고방식

재무 능력 못지않게 중요한 것은 사고방식이다. 그리고 이것이 CFO가 눈앞에서 마주하고 있는 도전의 핵심이다. 왜냐하면 오늘날 CFO가 성공하기 위해서는 이전과 다른 새로운 사고방식이 반드시 필요하다고 믿기 때문이다. 이 사고방식은 과거와의 근본적인 단절을 나타낸다.

새로운 CFO로서 올바른 질문을 할 수 있으려면 여러분은 재무 기능의 모든 스펙트럼에 걸쳐 충분한 통찰력을 가져야 한다. 이러한 역량이 없다면 재무조직은 도덕적 해이에 빠질 수 있다. 새로운 CFO가 하는 질문은 당면한 문제를 다루어야 할 뿐만 아니라 더 깊고 광범위해야 한다. 핵심 재무 분야 모두를 이해하는 것은 일상 업무 수준을 뛰어넘고 개별적인 주요 문제 영역을 초월할 수 있는 새로운 사고방식을 개발하는 첫 번째 단계이기도 하다.

이 새로운 사고방식은 여러분이 재무 전문가로서 자신의 직무를 어떻게 보는지에 관한 것이다. 그것은 여러분 자신을 진정한 가치 경영자로 보는 것이다. 그리고 우리는 모든 통제와 리스크 관리, 투자 관련 활동이 함께 협력함으로써 가치가 창출되고 또 유지된다고 믿는다. 우리가 제안하는 사고방식은 지적 구성이 아니라 자각 상태이다. 이러한 사고방식으로 무장하면 재무조직의 기능적 역량과 회사의 전략적 방향을 형성하는 데서 일상적인 수준을 넘어서는 영향을 미칠 수 있다. 이러한 높은 수준의 사고방식을 통해 CFO는 조직의 경계를 넘어 기업의 장기적 미래를 책임지는 중요한 경영자 대열에 합류할 수 있다.

가치 경영자의 사고방식

가치는 견고한 통제와 리스크 관리를 통해 현재의 비즈니스를 관리하는 동시에, 현명한 투자를 통해 미래의 비즈니스를 관리하는 데서 나온다. 〈그림 1-1〉에 이들 역량이 나타나 있으며, 통제와 리스크 관리 그리고 투자는 모두 가치창출에 동일한 역할을 한다. 이 정의에서 중요한 것은 재무가 '백미러를 보면서 운전한다'는 비난을 종종 받는다는 것이다. 물론 재무의 전통적 역할에서 중요한 부분은 과거를 돌아보면서 그 숫자를 대조하고 집계하는 것이다. 그러나 통제와 리스크 관리 활동을 통해 현재를 관리하는 것도 재무의 강력한 역할이다. 마지막으로, 미래를 내다보는 요소도 있어야 한다. 이는 재무가 투자를 지원하고 조언하는 것을 통해 전략적 조언자로서의 역할을 수행하는 것이다.

가치를 창출하기 위해 무엇을 해야 하는지가 명확해지면, '그 역할을 어떻게 수행할 것인가?'라는 질문이 자연스럽게 뒤따른다. 가치 경영자가 된다는 것은 그저 CFO로서 수행하는 수많은 활동에 관한 것만은 아니다. 중요한 것은 '어떻게 실행할 것인가?'다. 멜빈 사이 올리버Melvin 'Sy' Oliver와 제임스 트루미 영James 'Trummy' Young이 작곡한 노래처럼 '하는 일이 아니라, 그것을 하는 방식' 말이다.[5] 가치창출이라는 사명을 달성하기 위해서는 〈그림 1-1〉에 나타난 핵심 재무 역량이 리더십과 프로세스 관리 역량과 통합될 필요가 있다. 〈그림 1-2〉가 이를 보여준다.

시작하면서 이야기했듯이, 다음 장에서는 세계적 수준의 CFO가 되기 위

그림 1-1

가치창출에 필요한 재무역량

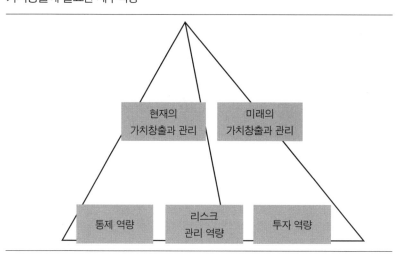

그림 1-2

가치창출을 실행하는 데 필요한 광범위한 역량들

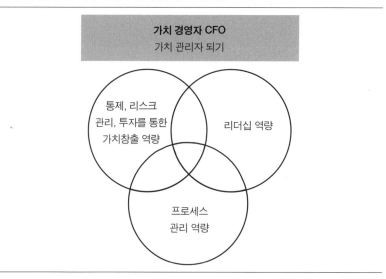

해 재무 역량에 정렬해야 하는 리더십과 프로세스 관리 역량에 대해 자세히 설명한다. 그런 다음 CFO가 기업에 제공해야 하는 전체 활동 스펙트럼에 걸쳐서 어떻게 가치를 창출하는지 보여주기 위해 이 역량을 적용할 것이다.

*　　*　　*

이 장에서 우리는 CFO나 야심찬 재무 전문가로서 직면하는 여러 가지 스트레스와 압력을 살펴보았다. 최고 수준에서 여러분의 열망을 충족시키기 위해 세 가지 핵심 재무 구성 요소인 통제와 리스크 그리고 투자에 대한 능숙함을 개발하는 것이 중요하다고도 제안했다. 또 이러한 기본 역량이 기업의 가치를 유지하고 창출하는 데 필수적이기는 하지만, 그것만으로는 충분하지 않다고 강조했다. 이러한 재무적 강점들은 강력한 리더십 그리고 프로세스 관리 역량과 결합되어야 한다.

간단히 말해서 재무는 세 가지의 서로 다른 기술이 겹치는 '클러스터'를 통해 비즈니스에 대한 새롭고 도전적인 압력에 대응해야 하며, 다음과 같이 재무 탁월성을 위한 새로운 영역에 초점을 맞춰야 한다.

① 핵심 재무 역량과 일관된 전략을 개발해, 급변하는 시기에 비즈니스가치를 보호할 수 있도록 한다.
② 리더십 스타일을 개발해 재무 기능을 이끌고 비즈니스 전체에 대한 공유된 리더십에 기여한다.
③ 프로세스 기반 접근법을 개발해 효과적이고 효율적인 재무 서비스를 창출한다.

우리는 이 세 가지, 즉 핵심 재무 구성 요소, 리더십, 프로세스 관리 영역을 통합하면 여러분과 여러분의 재무조직이 회사에 가해지는 수많은 외부 압력에 맞서 성공적으로 싸울 수 있을 것이라고 믿는다. 여러분은 회사의 단기 재무 목표를 달성하고, 회사에 강력한 유산을 만들어낸다는 두 가지 도전적인 목표 사이에서 성공적으로 균형을 잡을 수 있을 것이다.

카르페 디엠

의심할 여지없이, 이렇게 역량을 개발하는 것은 정말로 흥미진진한 시간들이다. 재무 전문가는 그 어느 때보다 다양한 방식으로 회사에 기여할 수 있는 기회가 있으며, 동시에 전문가로서 또 개인으로서 범위 제한 없이 무한하게 성장할 수 있다. 재무는 높은 수준의, 치열하게 발전하는 기술을 요구하는 어려운 직업 중 하나라고 생각한다. 또한 그에 주어지는 보상은 충분한 가치가 있다. 그리고 CFO가 CEO가 되는 경우도 자주 있음을 기억하라.

리더십: 지위 권한position power을 넘어서

다음 장에서는 여러분을 지원하기 위해 필요한 구체적인 리더십 역량을 살펴볼 것이다. 이것은 일반적인 리더십 원칙을 요약한 것이 아니다. CFO와 함께 일하면서 그들을 관찰한 결과, 포괄적인 리더십 아이디어가 분명히 도움이 된다는 것과, 그와 동시에 CFO로서 갖춰야 할 특정 리더십 역량이 존재한다는 결론을 내렸다. 우리는 강력한 재무 리더십을 달성하는 데 특히 적합한 역량을 확인했다.

일상적인 업무 관리, 최고경영진으로서의 리더십 문제, 자기계발과 같이 리더로서 여러분을 바쁘게 할 일들이 많다. 분명한 것은, CEO와 경영위원회는 여러분이 CFO로서 내릴 회사의 이익 및 외부 평판에 대해 단기적이고 가시적인 영향을 미치는 중요한 결정에서 성공하는지 아니면 실패하는지를 평가할 것이다. 그들은 여러분들이 이러한 결정들을 통해 데이터를 통합하고, 리스크를 판단하며, 대응 조치를 제안하고, 명확하게 의사소통하며 실행하는 능력을 테스트할 것이다.

이미 이야기했듯이 성공은 노력만으로는 오지 않는다. 개인의 역량은 그 범위가 제한되어 있다. 여러분은 CFO로서 전체 재무조직이 여러분의 노력을 지원해 주도록 이끌고 있다. 하지만 재무 기능에 관한 설문조사 결과를 보면, 많은 재무조직은 직면하고 있는 지금의 도전 과제에 대해 적합성을 갖출 수 있도록 조직의 활력을 되찾을 필요가 있다. 유능한 주장이라도 팀이 낙오자 팀이거나, 강력한 팀으로 묶어낼 수 없는 스타들의 단순한 집합체이거나, 수비와 같은 경기의 기본을 무시하면서 직업상의 평판을 쌓는 것에만 집중하려는 선수들로 구성되어 있다면 그들과는 우승을 만들어낼 수 없다.

지위 권한 그 이상이다

여러분은 이미 리더십에 대해 생각해 봤다고 확신한다. 그래서 이 책에서는 여러분이 간과했거나, 잊어버렸거나, 무시했을 수 있는 리더십 역량 몇 가지를 상기시키는 방식으로 접근한다. 많은 경영진이 리더십을 발휘하기 위해 무엇이 필요한지 찾고자 할 때 조직도를 작성하는 것부터 시작한다. 작성한 조직도 안에서 사람들을 이동시켜 100일 내에 영향력을 발휘하는 것이 그다음 단계다. 조직도가 여러분에게 보고하는 사람들을 설명해 주는 것은 맞다. 그러나 그것은 또한 채용, 해고, 보상, 승진과 같은 공식적인 권한을 가진 사람들에 대한 정적인 설명이기도 하다. 표준 조직도는 역할에 내재된 모순을 해결하거나 자신의 행동을 관리해 주변의 신뢰와 지원을 약화시키지 않도록 하는 데는 그렇게 큰 도움이 되지 않는다. 어떤 조직도도 동료 임원과 고위 재무 리더와의 신뢰를 구축하는 데 도움을 주지 못한다. 재무조직, 경영진, 외부의 중요한 이해관계자들에게 영향을 미치고 의사소통해야 하는 경우에도 조직도는 별 소용이 없다. 그리고 조직의 경계를 넘어 성과를 향상시키는 방식으로 외부와의 관계를 유지하는 방법을 알려줄 수 있는 단일 조직도는 세계 어디에도 없다고 확신한다.

스스로를 관리하고, 조직에 실질적인 영향을 미치며, 외부와 관계를 맺는 것은 CFO의 성공에 필요하다고 생각하는 리더십의 핵심 요소다. 제2장에서는 이러한 주제를 더 자세히 살펴본다.

제2장

전략적 리더십을 발휘하라

CFO가 잘해야만 하는 7가지 _____

우리는 리더leader가 기본적으로 갖춰야 할 몇 가지 중요한 사항과, 그들이 관리자managers와는 어떻게 다른지 알고 있다. 여러분도 당연히 이것들을 알고 있다. 리더는 변화를 만든다. 리더는 미래를 생각하고 그 미래를 창조하기 위해 노력한다. 리더는 사람들과 정서적 유대감을 형성해 그들이 재량권을 행사할 수 있게 한다. 사람들은 자신의 영향력 때문에 조직에 남거나 떠난다.[1] 리더는 긍정적이든 부정적이든 자신을 둘러싼 분위기를 조성한다. 그래서 리더십이 중요하다. 그러니 그것을 직시하자. 우리 모두 그렇게 한다고 생각한다. 그렇지 않은가? 그것에 대해 알고 있기 때문에 그것을 해야만 한다. 그렇지 않은가? 하지만 정말로 자신에게 정직한 경우라면 리더로서 어떻게 보이는지에 대해서 언제나 충분할 만큼 집중하고 있지는 않으며, 그렇게 하려고 의식적으로 노력하고 있지도 않는다는 것을 인정할 수밖에 없을 것이다. 그것이 얼마나 중요한지 알면서도 말이다.

'리더로서의 CFO'는 이미 비즈니스 리더와 함께 리더십을 발휘하고 있다. 여기서는 여러분의 성공과 재무조직의 성공에 중요한, 7가지 구체적인 리더로서의 CFO 역할 측면을 강조하고 싶다. 우리는 여러분이 이것들을 매우 잘할 필요가 있다고 생각한다.

첫째, 재무 전문가로서가 아니라 리더로서 신뢰할 수 있어야 한다. 숫자를 잘 다루는 것은 사람들이 여러분에게 기대하는 것이며, 그것은 신뢰의 근간이다. 그 토대를 쌓으려면 동료들이 사실을 직시하기 어려운 상황을 지적할 수 있는 인격과 용기가 필요하다. 기능적 전문성이나 직책보다 더 넓은 '리더십'이라는 플랫폼에서 움직여야 한다.

둘째, 의사소통에 탁월해야 한다. 숫자를 속속들이 알고 있다 하더라도, 어떻게 그 정보를 쉽게 이해하면서도 설득력 있는 방식으로 제시할 수 있는가? 이는 재무 언어finance language가 아닌 비즈니스 언어business language로 더 잘 설명할 필요가 있다.

셋째, 효과적인 의사소통 역량과 긴밀하게 연결시키기 위해서는 다른 사람에게 좋은 영향을 미칠 필요가 있다. 기업이나 애널리스트analysts 모두 전문가인 여러분의 조언을 액면 그대로 받아들이지 않을 것이다. 여러분이 옳다는 것을 그들에게 설득할 필요가 있다. 글로벌 금융위기global financial services' crisis는 그 숫자가 옳다거나 정확한 가정에 근거한다는 것을 받아들이는 데 더 조심스럽도록 만들었다.

넷째, 명백히 반대되는 두 가지 아이디어를 조화시키고 함께 실행할 수 있는 역량을 개발할 필요가 있다. 찰스 햄튼-터너Charles Hampden-Turner는 이 딜레마를 '해결하는 것'이라 부른다.[2] 여러분은 어떻게 원가에 대응해 비용 지출을 할당하고, 어떻게 데이터를 기반으로 찬반 결정을 내릴지에 사용하는 이분법적 사고에 대해 교육을 받았다. 초급 재무 전문가 시절에는 그것이 바로 여러분에게 필요한 기술이었고, 여러분은 그것을 잘 연마했다. 그러나 재무 리더로서 여러분은 '예, 그리고yes, and' 사고방식을 개발하고, 이를 통해 여러분과 다른 사람들 사이에서 발생할 수 있는 불확실성을 관리할 필요가 있다. 스콧 피츠제럴드F. Scott Fitzgerald는 이를 "최고의 지능에 대한 시금석은 두 개의 상반된 아이디어를 동시에 염두에 두면서도 여전히 그 기능이 작동하도록 유지할 수 있는 능력이다"라고 재치 있게 표현했다.

다섯째, 실패로부터 배울 수 있어야 한다. 이는 리더십과 마찬가지로 말은 쉽지만 실행하기는 매우 어려운 것이다. 우리는 재무 기능의 실패를 좋아하지 않는다. 재무 기능의 실패는 숫자들이 잘못되었고, 따라서 공시를 다시 해야 한다는 것, 또 그에 따라 주가가 하락한다는 것을 의미하기 때문이다. 그러나 최선의 의지를 갖고 실행하더라도 실수는 여전히 발생할 수 있다. 이때 그 실수들을 덮어버리거나 '블랙스완Black Swan'• 사건으로 간주해 버린다면, 실수로부터 배워야 할 필요와 기회를 스스로 차단해 버리는 셈이 된다. 이러한 행동은 같은 실수가 다시 발생할 수 있음을 의미하기 때문에 위험하다. 잘된 것뿐만 아니라 잘못된 것으로부터도 배워야 하며, 그렇게 하지 않고서는 지속적인 향상을 이루어갈 수 없다.

여섯째, 올바른 길에서 벗어나지 않아야 한다. 전문가들은 경영진이 그들이 갖고 있는 시간의 50% 이상을 다른 일들을 하느라 소비하기 때문에 스스로의 잠재력을 최대한 발휘하지 못한다고 이야기한다.[3] 이는 '경영진을 엄청나게 낭비'하는 것이나 마찬가지다. 그리고 CFO로서 여러분을 올바른 길에서 일반 경영진보다 더 잘 벗어나게 하는 특정한 이탈 요인derailers도 확인되었다.

일곱째, 회사 외부와 산업 밖에서 네트워크를 광범위하게 구축할 필요가 있다. 우리 모두는 특히 재무 분야에서 매우 내부지향적일 수 있는데, 이는 경영정보를 더 많이 요구하는 상황이 끊이지 않는 와중에도 중요한 수치를 제시간에 보고해야 하기 때문이다. 하지만 그렇게 내부에만 집중하는 것은 우리를 근시안으로 만들 가능성이 있다. 우리가 직면하는 문제에 대한 답은 종종 이미 나와 있는 경우가 많다. 그러므로 우리는 그저 찾기만 하면 된다.

자, 생각해 볼 7가지 중 리더로서의 개인적 신뢰부터 시작해 보자.

• 절대 일어날 것 같지 않았던 일이 일어나는 것, 극단적으로 예외적이어서 발생 가능성이 없어 보이지만 일단 발생하면 엄청난 충격과 파급효과를 가져오는 사건을 가리키는 용어다. 유럽인들은 1697년 오스트레일리아 대륙에서 검은색 백조(흑고니)를 처음 발견하기 전까지는 모든 백조가 흰색이라고 인식했다. 그때까지 인류가 발견한 백조는 모두 흰색이었기 때문이다. 2007년 미국 월가의 투자전문가인 나심 니콜라스 탈레브(Nassim Nicholas Taleb)가 저서 『블랙스완(The Black Swan)』을 통해 서브프라임 모기지 사태를 예언한 이후, 이 용어는 다양한 분야에서 사용되고 있다.

[사례 연구] CFO 리더십

헤지펀드 매니저들과의 회의에서도 여느 때와 마찬가지로 긴장감이 감돌았다. 시장에는 많은 불확실성과 혼란이 있었고, 변동성으로 인해 모두의 신경이 곤두섰다. 기업가치 평가에 합의조차 하기 어려운 지경에 이르렀고, 블랙－솔스 모형 Black-Scholes model[4]은 신뢰성 있게 작동하는 것을 멈춰버린 듯했다.

사이먼Simon은 해결책을 내놓아야 한다는 압박에 시달렸으나, 실은 해결책이 없었다. 그는 무엇을 해야 할지 결정해야 했다. 그는 CFO로서 자신의 신뢰가 위태롭다는 것을 뼈저리게 의식하고 있었다. 비록 그것에 대해 신경 쓰지 않더라도(실제로 그렇게 했다), 사이먼은 자신의 모든 말이 기록되고 회사에 불리한 증거로 사용될 수 있음을 알고 있었다. 사이먼은 이 회사에서 15년 동안 일했고 매우 충성스러웠다. 물론 사이먼은 기업으로서 이 회사가 다소 답답하고 구식이라는 평판이 있다는 것을 알고 있었다. 그러나 사이먼의 회사는 여전히 건재한 반면, 몇몇 중요한 경쟁자들은 최근의 경기 침체를 견디는 것이 불가능하다는 것이 드러났다. 사이먼은 겉으로는 웃으면서도 속으로는 한숨을 쉬었다. 한 가지 방법밖에 없었다. 진실을 말하는 것이다. 그것은 자신이 무엇을 말했는지 나중에 기억할 수 있는 유일한 방법이었다.

"네, 올해 10% 성장을 계획했습니다. 그러나 솔직히 지금 상황은 어렵습니다. 물론 최선을 다할 것이지만, 시장의 변동성이 매우 큽니다. CFO로서 제 직무는 여러분에게 가능한 한 정직하고 솔직하게 이야기하는 것입니다. 달성할 수 있을 것으로 예상하지 않았다면 10%라는 수치를 제시하지 않았을 것입니다. 하지만 지금과 같은 이런 시장 상황에서 그것을 장담할 수 있을까요? 아닙니다. 우리는 할 수 있는 한 계속해서 열심히 일할 것입니다. 10% 성장이 지나치게 야심찬 목표는 아니며, 이는 뜬금없는 수치도 아니고, 이 수치를 공개했다고 해서 그에 맞춰 일하고 있는 것 또한 아닙니다. 이것은 우리가 정말로 가능하다고 믿었던 것입니다. 하지만 시장 상황으로 볼 때, 이것이 말 그대로 달성될 것이라고 지금 여러분에게 이야기하는 것은 어리석은 일입니다. 솔직히, 다음에 무슨 일이 일어날지 모르겠지만……."

그렇게 회의는 계속되었다. 누군가의 예측이 다른 사람의 예측과 별 차이가 없을 때 그곳에서 해결책과 단서를 찾아내는 것은 모두에게 힘든 일이었다. 드디어 막바지에 이르렀다. 한 펀드 매니저가 예상치 못한 말을 했다. "사이먼, 당신이 회의실에 들어와서 우리와 이야기하는 것을 좋아한답니다. 우리는 다른 누구보다 당신과 회의하면서 더 많은 것을 얻었어요." 사이먼은 놀란 표정을 감출 수 없었다. "하지만 다음 시간에 무슨 일이 일어날지 전혀 모른다고 말하면서 지금 막 한 시간을 보내버렸어요!" 그가 외쳤다. 그리고 그에게서 "네"라는 말이 들려왔다. "또 신선하기도 하네요. 왜냐면 나도 그렇게는 못하기 때문이에요."

● ●

신뢰할 수 있는 리더가 되라

여러분이 재무 전문가로서 존중받는 것은 분명하다. 직급이 높아질수록 더 존중받는다. 일선 경영자는 경영정보에 대한 요청에 여러분이 응하거나 아니면 더 많은 데이터가 필요하다는 것에 대해 합리적인 방식으로 거부할 것임을 알고 있다. 여러분은 정확한 시간에 숫자를 제공하는 것으로 정평이 나 있다. 여러분은 리스크에 대해 체크박스 방식으로 생각하는 것이 아니라 선제적으로 생각한다. 이렇게 여러분이 재무적 기초를 잘 다루고 있는데도 불구하고, 왜 일선 경영자들은 더 많은 것을 요구할까?

CFO로서 여러분은 단순한 수치 기록원score keeper이 아니기 때문이다. 여러분은 경영위원회에 참여할 뿐만 아니라 신뢰할 만한 발언을 하는 사람으로 간주된다. 비즈니스에 대해 확고한 견해를 가지고 있으며 조언은 가치가 있다. 전문성과 직함을 뛰어넘는 리더로서의 평판을 가지고 있다. 익명의 이야기 속에 실존하는 사이먼처럼, 경영진과 애널리스트들은 여러분의 객관적인 전문성과 건전한 판단이 중요하기 때문에 여러분의 생각을 알고 싶어 한다.

모든 CFO가 리더로서의 역할에 주의를 기울인다고 말할 수 있으면 좋겠다. 그런데 사실은 그렇지 못하다. 일부는 다소 경멸적으로 불리는 '빈카운터'란 꼬리표를 결코 벗어나지 못한다. 여러분은 어떤가? 리더로서의 폭넓은 신뢰를 뒷받침하는 두 가지 요소는 여러분의 '특성character'과 '용기courage'다.

특성

물, 투자 자본, 에너지, 식량, 시간과 같은 충분하지 않은 중요 자원들로 인해 점점 더 어려움을 겪고 있는 상황에서, 리더로서의 CFO는 의사결정의 핵심으로 인식되기 시작했다. 리더의 역할은 숫자를 산출하고 그 결과를 확인하는 행위 이상의 것이다. 사업을 진행하기에는 불충분한 자원에 마주해 어려운 결정을 내리고, 상업적 요구 사항을 능가해 윤리적 결정을 하며, 몇 가지 단기적인 이익을 포기하고 장기적인 생존과 번영을 보장하는 것과 관련되어 있다. 가장 기본적인 수준에서 보자면, 이는 의심할 여지없이 여러분의 무결성과 정직성에 관한 것이다. 숫자를 신뢰할 수 없다면 우리는 의사결정에서 기본이 되는 중요한 토대를 잃는다. 또한 이것은 숫자 그 이상에 관한 것이다. 이제까지 겪어본 것 중 가장 힘든 몇몇 시기를 통해 배운 스튜어드십stewardship에 관한 것이다.

여러분이 그 직무를 수행할 수 있는 능력을 입증한다면 신뢰를 얻을 것이다. 우리가 '여러분이 한 일의 결과를 신뢰할 수 있다'고 알 수 있다면 우리는 '여러분을 신뢰할 수 있을 것'이다. 그리고 의사결정에 대해 다른 사람의 이야기를 들을 수 있는 겸손과 열린 마음이 있다면, 또 여러분의 필요에 더해 우리의 필요를 이해할 수 있을 만큼 충분히 우리와 가까이 있을 수 있다면 여러분은 영향력을 발휘할 수 있을 것이다. HSBC의 더글러스 플린트 회장은 이에 대해 이렇게 말한다.

경영진 자리에 앉을 수 있는 권리는 건전하고 반박하기 어려운, 신뢰할 수 있는 품질의 숫자를 산출하는 데서 비롯된다. 이 숫자는 경영진이 자신의 목표와 열망을 얼마나 면밀히 추적하고 있는지 알려주는 수치이기 때문이다. 따라서 여러분은 정말로 그 숫자들을 자세하게 이해해야 한다. 전문적 역량을 토대로 무결성을 확립한 후에야 보다 일반적인 통찰력이 가치를 갖는다. 회계담당자 accountant에서 CFO로의 승진은 상당한 단계를 올라가는 것인데, 이는 그들이 비즈니스 조언자가 되고 싶어 하기 때문이다. 재무 전문 지식을 갖춘 비즈니스 경영자가 되고자 하는 것이다. 일부 CFO는 비즈니스 조언자 역할에 지나치게 집중한 나머지 자신을 경영진에 참여할 수 있도록 권리를 준 것이 무엇인지 잊어버려 실패한다. 예를 들어, 여러분은 '숫자가 아직 준비되지 않았다. 재무 구성원들과 이야기해야겠다'라고 주장할 수는 없다. 신뢰를 상실하기 때문이다. 그러므로 여러분은 무엇인가 잘못되고 있을 때 그것을 파악할 수 있는 재무 대시보드를 관리해야 한다.

더글러스는 '비즈니스를 잘 이해하는 재무 전문가'에서 '재무에 대해 이해가 깊은 비즈니스 경영자'로의 커다란 전환에 대해 설명하고 있다. 또한 비즈니스 조언자 역할에 과도하게 치우치지 말라고 경고한다. CEO가 전략적 결정을 내리는 데 도움이 될 수 있도록 숫자를 물어보는 것은 괜찮다. 그러나 CFO는 그렇지 않다. CFO가 숫자를 아는 것은 신뢰의 토대, 즉 직무를 수행하기 위한 자격이다. 기본에서 벗어나지 않는 것이 중요하다. 또, 전문 교육을 거쳐야 객관적이고 냉철한 분석을 할 수 있다. 그러한 전문성을 기업의 이익을 위해 적용하면 여러분의 위상은 의심의 여지없이 탄탄해질 것이다.

용기

신뢰의 일부는 여러분이 숫자를 보면 그것에 대해 물어볼 것이라고 알고 있는 동료들로부터도 온다. 진짜 대화를 하려면 공손히 주변을 맴도는 것보다 용기와 객관적인 자세가 필요하다. 교육 훈련은 적어도 '객관성' 부분 중 절반 이상에 도움을 준다. 여러분은 객관적이어야 하고 그 숫자들이 회사의 상황을 이야기하도록 만들어야 한다. 용기는 다르다. 어떤 면에서는, 훈련은 여기서 불리하게 작용한다. 여러분은 전통적으로 비즈니스에 대한 봉사 업무라고 간주되어 온 재무라는 직무에 종사하고 있다. 특히 직급이 낮을 경우, 데이터를 제시해 달라고 요청 받은 후 자료를 제공하고 나면, 비즈니스에 대해 논의할 때는 대부분 침묵하고 있어야 하는 상황에 익숙할 것이다. 그러니 여러분이 재무 리더가 되는 것은 비즈니스에 대해 조언하는 역할에서 도전하는 역할로 상당히 올라간 셈이다. 아직 여러분이 리더가 아닐 때는 비즈니스에 대해 신뢰할 수 있는 누군가가 이끄는 강력한 재무 기능의 일부가 되는 것이 중요할 것이다. 비즈니스에서 원하는 것이 무엇이든, 기업은 숙련된 재무 리더가 적절한 도전과 과제를 제안할 수 있을 것으로 기대한다. 또 여러분 스스로에게도 그것을 기대해야 한다.

여기 코끼리 있어요?

도전 과제 중 일부는 여러분의 데이터 수집과 집계 방법이 얼마나 강력한지 아니면 엉성한지를 정확히 알고 있는 재무조직 외부의 비즈니스 동료와 함께 일하고 있다는 사실에 관한 것이다. 그들은 재무 기능에 얼마나 많은 사람들이 고용되어 있는지(일반적으로 숫자에 대한 견해는 '너무 많을 것'이다)와 여러분이 끌어들이는 구성원의 역량calibre이 어느 정도인지도 알고 있다. 여러분이 그들과 수년 동안 함께 일했다면, 그들도 여러분에 대해 회사의 동료로서 제대로 평가할 수 있는 관점을 가지고 있다. 그리고 그런 동료들은 여러분에게 가장 엄격하며, 그들은 여러분이 직접 보고하는 사람이나 직속 상사보다 대하기가 훨씬 어렵다.

이런 배경 때문에, 기업의 재무 건전성을 보호하기 위해서는 상당히 강한 주장을 제기하기도 하고, 상대의 주장을 받아들이는가 하면 그 주장에 대해 이길 수도 있어야 한다.

가장 어려운 일은 아마도 여러분이 취하는 관례와 행동, 태도에 이름을 붙이고 망신을 주는 것일 텐데, 여러분이 그 방식에 너무 깊이 배어 있는 탓에 아무도 그것에 대해 논의하고 싶어 하지 않는다. '방에 있는 코끼리에 라벨을 붙'이고, '무스를 테이블 위에 올려놓'는다. 이는 여러분이 상황 그 자체를 묘사하기 위해 사용하는 문구다. 여러분이 해야 할 다른 어려운 대화도 있을 것이다. 여러분은 리더십 팀이 원하지 않는 조치를 제시하며 그들과 맞서야 할 수도 있다. 아마도 리더십 팀이 제 기능을 못하고 있기 때문에 이 문제를 제기하고, 논의하고, 해결해야 할 필요가 있을 것이다. 아무도 듣고 싶어 하지 않는 숫자에 대해 리더십 팀에게 나쁜 소식을 전해야 할 수도 있다. 여러분은 윤리적인 문제에 대해, 혹은 지식이 부족해 이루어지는 잠재적으로 위험하거나 해로운 결정에 대해 CEO와 맞서야 할 수도 있다. 여러분은 스스로와 맞서야 할 수도 있다. 재무조직을 실망시켰을지도 모르는 것에 대해, 재무 구성원들은 알아야 한다.

엘리너 루스벨트Eleanor Roosevelt가 말했듯이, "여러분은 두려움을 직시하기 위해 그 자리에 멈춰 섰던 모든 경험을 통해서 힘과 용기와 자신감을 얻는다. 할 수 없다고 생각하는 바로 그 일을 해야 한다". 문제를 제기하는 것이 문제 해결의 첫 번째 단계다. 다만 요점을 전달하기 위해서는 좋은 커뮤니케이션 능력도 필요할 것이다.

커뮤니케이션 능력에서 뛰어나라 _____

뛰어난 커뮤니케이션 기술이 필요한 분야는 크게 두 가지다. 하나는 동료와 상사를 설득하는 것이고, 또 하나는 시장을 설득하는 것이다.

런던비즈니스스쿨London Business School의 학장인 앤드류 리키어먼Andrew Likierman 경은 고위 경영진으로 인정받는 데는 훌륭한 커뮤니케이션 능력이 핵심이라고 확신한다. 그는 이에 대해 이렇게 말한다.

재무, 마케팅, 인적자원이나 다른 분야의 모든 전문가는 자신이 하는 일의 내용을 좋아하기 때문에 자기만의 길을 간다. 리더십 팀의 일원이 되는 것은 그들의 우선순위에서는 높지 않다. 하지만 CFO가 명확하게 커뮤니케이션을 할 수 없다면, 이는 비즈니스에 큰 위험을 초래할 수 있다. 아무리 가치 있는 분석이라도 실제로 무슨 일이 일어나고 있는지 사람들에게 경각심을 줄 수 있도록 이해가 가능해야 한다. 너무 치밀하거나 지루한 재무보고서는 무시되거나 간과될 수 있다. 그런 보고서는 경영진이 필요한 결정을 충분히, 그리고 빠르게 내리지 못하게 하거나 올바르게 내리지 못하게 하기 때문에 위험하다.

앤드류는 숫자를 제공하는 것만으로는 충분하지 않다는 점을 지적한다. 실제로 무슨 일이 일어나고 있는지에 대해 적절한 이야기를 들려줄 필요가 있다. 빠르게 움직이는 비즈니스 속도를 감안할 때, 분석하는 데 시간이 걸리는 데이터를 공유하는 것만으로는 충분하지 않다. 뛰어난 CFO는 데이터에 생명을 불어넣고, 바쁜 일선 경영진에게 의미가 있는 명확한 메시지를 공유해야 한다.

좋은 이야기를 들려주라

우리 삶에서 스토리텔링의 역할을 생각해 보면, 그 영향력은 엄청나다. 부모는 자녀들에게 비유를 통해서 삶을 가르친다. 『빨간 망토Little Red Riding Hood』*는 낯선 사람들과는 이야기하지 말라고 한다. 『피터팬Peter Pan』은 어린애 같은 것을 뒤로하고 어른으로서의 역할을 받아들여야 한다고 상기시킨다. 가네샤Ganesha 이야기는 어머니의 사랑이 어떻게 어떤 역경도 이겨낼 수 있는지 설명한다. 일화와 이야기는 세대를 거쳐 본능적이고 의미 있는 방식으로 지식을 전달한다. 우리는 그것들을 다른 커뮤니케이션 방법보다 훨씬 더 잘 기억한다.[5] 이것이 다음에 나오는 투자자 설명회에서 이야기를 들려주는 것이 왜 좋은지에 대한 이유다.

로널드 레이건Ronald Reagan에게는 지지파와 반대파가 있었지만, 그의 삶의 한 측면에 대해서는 우리 모두가 일치했다. 레이건은 배우로서 받았던 훈련을 통해 생생하고도 오래가는 이미지를 마음속에 남기는 방식으로 우리와 소통할 수 있었다.[6] 미국의 부채가 엠파이어스테이트 빌딩만큼 높다

---

* 프랑스의 동화작가 샤를 페로(Charles Perrault)가 1697년에 발표한 동화집 『옛날 이야기(Histoires ou Contes du Temps Passé)』에 수록된 작품.

는 레이건의 설명을 누가 잊을 수 있겠는가? 오늘날에는 그다지 심하지 않은 수준으로 보이는 부채 규모를 이야기하는 '0'의 개수는 대부분의 사람들에게는 의미가 없었다. 하지만 달러 지폐가 다른 건물 꼭대기만큼 쌓여 있고, 뉴욕에서 가장 높은 건물 중 하나의 꼭대기에 이를 만큼 쌓여 있는 이미지는 어떤가? 이제 그것은 의미를 가졌다. 그러니 여러분의 이야기를 매력적인 이미지로 꾸며보라.[7]

비언어적 표현을 올바르게 사용하라

오늘날 시장은 점점 더 재무 전문가의 의견을 듣고 싶어 한다. 금융 위기가 남긴 것 가운데 실질적인 유산은 '아무도 숫자를 액면 그대로 받아들이지 않는다'는 것이다. 애널리스트, 언론인, 투자자는 실제로 숫자를 종합하는 사람의 말을 듣고 싶어 한다. 재무적으로 빈틈없고 통찰력 있는 CEO는 여전히 그들만의 위치와 존재감을 갖고 있다. 그렇지만 여러분에 대한 수요도 있다.

이는 여러분이 발사대firing line에 있음을 의미한다. 여러분이 말하려고 일어서면, 그들은 여러분이 말하는 내용뿐만 아니라 그것을 어떻게 이야기하는지도 살펴본다. 놀랍게도 커뮤니케이션의 최대 93%가 비언어적이다.[8] 그래서 사람들은 커뮤니케이션의 내용뿐만 아니라 여러분이 어떻게 보이고 목소리 톤이 어떤지에도 많은 관심을 기울이고 있다. 믿기 어렵지 않은가? 여러분은 정확한 숫자를 얻기 위해 진땀을 흘리며 시스템과 씨름했는데, 그들은 여러분이 그 숫자에 확신을 갖고 있는지 또 완벽한 재무 전문가처럼 보이는지를 확인하고 있다는 것이다.

이것은 여러분이 세상에서 가장 정확한 숫자를 가지고 있으면서도 앞에서 중얼거리기만 한다면, 여러분이 그 숫자에 대해 70% 정도의 신뢰도를 갖고 있으면서도 똑바로 서서 듣는 사람을 직시하며 이야기하는 경우보다도 신뢰받지 못할 것이라는 뜻이다. 이상적으로는, CFO가 정확한 숫자와 매력적인 프레젠테이션 스타일을 모두 갖추어야 한다는 이야기다.

연기 수업

연기자는 수업에서 지위감status과 존재감presence을 배운다. 어떤 장면에서든, 등장인물 중 한 명은 다른 등장인물들보다 더 많은 지위감을 가지며(배우가 이를 잘하지 못하면 더 큰 존재감이 필요한 사람을 무대에 올린다), 이야기가 진행됨에 따라 지위감은 그에 맞게 변경된다. 연기자들은 얼굴 표정과 적절한 어조를 조화시키는 법을 배운다. (우리의 어조를 표정이나 태도demeanour와 일치시키지 못하면 우리는 CFO로서 신뢰를 받지 못하게 된다.) 연기자들은 자신이 연기하는 등장인물의 분위기를 '기품 있는ethos' 분위기에서 '비애가 가득한pathos' 분위기로 바꿀 수 있다.* 연기 수업은 보다 영향력 있는 소통가가 되기 위해 여러분이 시도해 볼 수 있는 좋은 투자가 될 것이다.

리더들은 당연히 자신의 진정성authenticity에 대해 걱정한다. 사람들이 리더로서 여러분을 신뢰하는 이유는 여러분이 누구인지를 알고 있고, 또 여러분이 굳이 다른 사람이 되려고 애쓰지 않는다는 데 있다. 그런데 문제는 많은 리더들이 이것을 너무 문자 그대로 해석한다는 것이다. 이것은 자기 자신이 되기 위한 자격이라고 여겨진다.

진정성은 자신이 되는 것과 동일하지 않다.[9] 진정성은 어떤 상황에서도 최선을 다하는 것이다. 여러분이 가능한 한 최고의 리더가 되는 것이다. 우

---

* ethos와 pathos를 연기에 적용했을 때의 의미로, 철학적 개념과는 조금 다르다.

리 모두는 가능한 한 최고의 리더가 되기 위해 연기 수업이든 프레젠테이션 기술 수업이든 도움이 되는 코칭을 활용해 볼 수 있다.

엘리베이터 스피치를 준비하라

때로 커뮤니케이션은 단순히 그 내용을 기억하는 것에 불과할 때가 있다. 사람들과 이야기하지 않는다는 뜻은 아니다. 당연히 이야기를 한다. 그런데 여기에 일관된 메시지가 있는가? 이 메시지를 다양한 채널을 사용해 전달하고 있는가? '엘리베이터 스피치elevator speech*'는 준비했는가? (비유로 돌아가 보자. 엘리베이터 스피치는 엘리베이터를 타고 짧은 거리를 이동하는 사람들과 공유할 수 있는 몇 가지 간결한 메시지로 구성되어 있다.)

UBM의 CFO인 밥 그레이는 2010년 7월 UBM에 합류한 것을 기념해 재무조직에 뉴스레터를 보내기 시작했다. 뉴스레터에서 그레이는 재무 기능이 비즈니스를 어떻게 지원해야 하는지를 정책 형태로 설명했다. 이는 회사 내부에서 사용하는 협업 도구인 위키wiki**에 공개되어 있어 재무조직 전체가 읽을 수 있다. 변화가 있는 것은 아니지만, 그 내용은 경영진과의 대화와 이메일 메시지를 통해, 또 크고 작은 회의에서 강조된다. UBM의 구성원들은 재무가 무엇을 의미하는지, 또 비즈니스를 위해 무엇을 달성하려고 하는

- 엘리베이터 스피치는 엘리베이터를 타고서부터 내릴 때까지 약 60초 이내의 짧은 시간 안에 투자자 같은 설득 대상자의 마음을 사로잡을 수 있어야 함을 가리키는 말로, 할리우드 영화 감독들 사이에서 비롯됐다.
- •• 여러 사람이 함께 글을 쓰고 수정하면서 콘텐츠를 지속적으로 만들어가는 웹서비스 방식으로, 게시자만 콘텐츠를 수정할 수 있는 블로그나 게시판 등과 구분된다. 워드 커닝엄(Ward Cunningham)이 1995년에 '포틀랜드패턴리포지터리(Portland Pattern Repository)'라는 최초의 위키 사이트를 만들었으며, 오픈 백과사전인 위키피디아(www.wikipedia.org)가 대표적인 위키 서비스로 꼽힌다. '위키위키(wikiwiki)'는 하와이 말로 '빨리빨리'라는 뜻이다.

지 알고 있다.

숫자에서 가장 뛰어난 것만으로는 충분하지 않으며, CFO가 그 숫자를 이해하기 쉽고 설득력 있는 이야기로 제시할 수 있어야 한다는 점을 우리는 강조했다. 그러나 영향력을 효과적으로 행사하기 위해서는 좋은 이야기를 하는 것 이상의 무언가가 필요하다. 이제 CFO 리더십 역량의 세 번째 영역을 살펴보자.

말이 아닌 영향을 미치라

영향을 미친다는 것은 누군가가 우리의 관점을 보고 그에 따라 행동하도록 돕는 것이다. 하지만 이상하게도, 영향력을 행사하는 가장 좋은 방법 중 하나는 여러분이 스스로에게 영향을 미칠 수 있음을 보여주는 것이다. 여러분이 너무 엄격하고 확고하다면, 다른 사람들에게도 자기 입장을 굽히지 말고 고수하라고 북돋는 셈이 된다. 그러니 기꺼이 주고받는다는 것을 보여주라.

좋은 영향을 미치는 능력의 두 번째 측면은 모든 사회적 관계의 기초와 동일하다. 이해하기 위해서는 잘 들을 필요가 있고, 다른 사람이 왜 당신과 의견이 다른지 진정으로 이해하기 위해서는 질문할 필요가 있다.[10] 그러나 압박을 받고 스트레스를 느낄 때(논의하기 어려운 것을 이야기하기 위해 용기를 내는 것은 스트레스를 일으킨다)는 정확히 그리고 제대로 듣지 못한다. 스트레스 수준이 높을수록 뇌의 이성 영역이 멈추고 감정 영역이 압도한다.[11] 하지만 다른 사람들이 왜 그들이 하는 행동을 믿는지 이해할 수 있다면, 새로운 데이터와 아이디어를 제시하고 그들이 의견을 바꾸도록 격려하는 것이 가장 좋다. 그들을 밀어내는 것이 아니라 부드럽게 끌어당기는 것이다.

다른 사람의 관점을 이해하기 위해 질문하는 것은 단순히 그들의 입장에서 사실을 듣는 것만을 뜻하지 않는다. 질문을 통해 사실에 깔려 있는 가정과 경험 그리고 편견을 이해할 수 있게 된다. 여러분 자신을 위해 다른 사람들이 제공하는 사실을 거부한다면, 요점을 놓치는 것이다. 그들이 나름대로의 관점을 믿는 데는 이유가 있다. 그 이유를 이해할 수 있다면, 여러분은 그들의 의견을 이해하는 한편 그들이 여러분의 의견을 이해하도록 도울 수 있다. 대화에서 우리는 상대방의 말을 듣고 있는 것처럼 보이지만 실제로는 상대방에게 말할 준비를 하고 있는 경우가 너무 많다. '궁금해, 왜 그걸 믿지?'가 아니라 '난센스야, 이제 내가 말해야 할 것은……'이라고 생각이 꼬리를 물고 흐른다. 만약 여러분이 현재에 집중해 듣고 있는 것에 호기심을 가질 수 있다면, 뒤이어서 무엇을 말할지 계획하는 것보다 더 효과적으로 영향력을 발휘하게 될 것이다.

간접적으로 영향력 발휘하기

더 크고 복잡한 글로벌 조직 중 하나에서 일한다면, 여러분과 관련된 상황에 직접적으로 영향을 미칠 수 있는 위치에 항상 있을 것 같지는 않다. 대화 도중에 직접적으로 문제를 제기할 것이 아니라, 다른 사람들과 일을 하면서 그들이 여러분과 같은 수준의 관심을 느끼도록 격려해야 한다. 어느 그룹의 CFO는 이와 관련한 이야기를 다음과 같이 설명했다.

우리에게 전략적으로 중요한 비즈니스 중 하나를 담당하고 있는 CEO는 비용 관리를 잘하지 못한다. 그는 기본적으로 비즈니스를 재배치하기 위해 투자하고 있는 동안에는 비용을 관리할 수 없다고 믿는다. 나는 그가 틀렸다고 생각한다. 매출은 증가하지만 수익성이 하락함에 따라 이익이 나빠지는 것을 그룹이 어느 정도 견뎌낼 수 있는지를 고려해야 한다. 나는 그룹 CFO로서 별도의 채널을 통해 대화하면서 신임이지만 비즈니스의 경험이 풍부한 CFO를 지원한다. 때로는 해당 비즈니스의 CEO와 직접 이야기하기도 하지만, CEO는 자신의 CFO와 주된 관계를 갖고 있기 때문이다. 솔직히 말해서, 그룹의 이익을 위해서 이 CEO에게는 도움이 필요하다. 그러므로 우리는 그 CFO가 마음을 열고 경청할 수 있도록 최선의 방법으로 그에게 메시지를 전달해야 한다.

이 그룹의 그룹 CFO는 진실성integrity이 부족한가? CFO가 개방적이고 용감하기보다는 상황을 뒤에서 교묘하게 조작하고 있는 것은 아닐까? 그렇게 생각하지 않는다. 조작은 숨겨진 목표를 갖는 것이며, 그것은 종종 개인적인 승진과 관련되어 있다. 그것은 여기에서 이야기하는 것에 해당하지 않는다. 사업 담당 CEO는 그룹 CFO가 비용과 투자를 동시에 관리할 수 있다고 믿는다는 것을 알고 있다. 그리고 그룹 CFO는 그룹 전체의 최선의 이익을 위해 행동하는데, 알다시피 이는 그룹 내 특정 사업의 최선의 이익과 일치하지 않을 때도 있다. 그룹 CFO가 하는 일은 사업 담당 CEO가 알아들을 수 있는 방식으로 메시지를 전달하는 것이다. 그룹 CFO는 효과적으로 영향력을 발휘하고 있다.

CEO에게 영향 미치기: 매우 중요한 관계

이는 아마도 여러분이 직면하게 될 가장 어려운 균형 잡기일 것이다. 언젠가는 CEO가 되고 싶을지도 모른다. 하지만 여러분의 CEO와 하나처럼 되어 행동하지는 말라고 조언하고 싶다. 여러분은 CEO보다 숫자를 훨씬 더 잘 알고 있다. 당연히 그래야 한다. 그게 여러분의 일이기 때문이다. 여러분은 말하고 있는 숫자의 세 단계 아래 항목 분류 수준까지 알고 있어야 한다. 하지만 그 전문 지식을 부드럽게 보여주라. CEO를 바보처럼 보이게 만든다면 영향력을 상실할 것이고, CEO는 오히려 여러분의 적이 될 것이다.

HSBC의 더글러스 플린트는 이에 관한 다년간의 경험을 갖고 있으며, 다음과 같이 이야기한다.

> CEO가 여러분이 CEO가 되려고 하는지 그 동기를 의심하는 데 시간을 낭비할 만큼 똑똑해 보이려고 애쓰지 말라. CEO에게 브리핑을 잘할 필요가 있고, CEO가 알고 있을 것으로 예상되는 수준보다 세 단계 정도 낮은 질문을 해서 CEO가 답할 수 있도록 해야 한다. 훌륭한 CFO는 재무 관련 이슈에서 CEO가 인상적으로 보이게 한다. 그럴 때 CEO들이 여러분에게 조언을 구하고 의지할 것이다. 이는 모든 고객 서비스에서도 마찬가지다. 최고의 서비스 제공자는 고객을 멋지게 만든다.

CFO의 직무는 CEO를 대신해 여러분이 얼마나 똑똑한지 보여주는 것이 아니다. CFO로서 여러분이 제공하는 통찰력과 이해를 통해 CEO를 더 유능해지게 만드는 것이다. 이것이 바로 시장이 존중하는 스타 경영팀을 만드는 방법이다.

이제 이러한 리더십 역량을 사용해 잘 실행해야만 하는 네 번째 과제인 딜레마 해결에 어떻게 활용할 수 있을지 살펴보자.

'예, 그리고' 사고로 의사결정하라

현대 리더십의 가장 까다로운 측면 중 하나는 '예, 그리고' 사고의 필요성이다. 이것이 무엇을 의미하는가?

20여 년 전까지만 해도 리더들이 전략에 대해 어떻게 생각했는지 떠올려

보면, 그것은 대부분 경쟁적 포지셔닝competitive positioning에 관한 것이었다. 이는 여러 시장을 분석한 다음 회사의 역량에 가장 잘 맞는 시장을 결정하는 것을 의미했다.[12] 예를 들어 비용관리가 강점이었다면 낮은 가격을 제안할 수 있는 시장을 선택했을 것이다. 비용을 절감하는 데 다른 기업들보다 뛰어나다는 점을 감안할 때, 가장 낮은 가격을 제시해 시장점유율을 확보할 수 있었을 것이다. 월마트WalMart를 생각해 보라. 반대로, 제품이나 서비스에 바람직한 기능을 추가해 차별화할 수 있었다면, 고급스럽고 높은 가격을 제시할 수 있는 시장을 추구했을 것이다. 루이비통Louis Vuitton을 생각해 보라. 비즈니스를 성공적으로 포지셔닝하기 위해 모두가 마이클 포터Michael Porter의 경쟁전략 매트릭스에 의존했다.

오늘날 글로벌 경제의 역동성은 시장 포지션을 선택하고 방어하는 것이 더 이상 성공을 보장하지 못할 정도로 높아졌다. 또, 실은 그 반대일 수도 있다. 주변 시장이 발전함에 따라 점점 더 방어하기 힘든 상황에 처할 수도 있다. 소위 신흥 경제국에서 떠오르고 있는 열망에 가득 찬 민첩한 기업들에 맞서서 경쟁적 포지션을 더 이상 안정적으로 방어할 수 없다.[13] 오늘날에는 여러분보다 더 민첩하고 빠르게 움직이며, 낮은 가격과 최고 품질의 매력을 제공할 수 있는 기업이 시장에 있을 가능성이 있다. 따라서 지금은 지속가능한 성공의 열쇠로 전략적 민첩성strategic agility이 경쟁적 포지셔닝을 대체하고 있다. 경영진으로서 여러분은 환경 변화의 숨은 의미를 읽고 빠르게 움직일 수 있는 능력이 있어야 한다.

이런 새로운 세계에서는, 단순 선택 사항이었던 높은 품질이나 낮은 가격이 '반드시 갖춰야 할 것'으로 한데 얽혀 있다. 이제는 더 이상 이것 아니면 저것인 세상이 아니다. '예, 그리고'의 세계다.

머릿속에 상반되는 두 가지 생각을 동시에 품는 것은 누구에게나 도전적이다. 만약 재무상태표balance sheet로 훈련을 받았다면, '예, 그리고' 사고방식'yes, and' thinking을 개발하는 것이 훨씬 더 어려울 수 있다. 돈이 재무상태표의 어느 쪽에 포함되는지 결정하는 데 훨씬 더 익숙하기 때문이다.

그리고 필연적으로, 이런 종류의 복잡하게 얽힌 사고에는 문제가 없을 수 없다. 반대되는 아이디어를 연결해 성공적으로 양립할 수 있게 하는 것은 그렇게 간단하지 않다.

딜레마

단 하나의 '답'으로 문제를 해결할 수 있던 시대는 지났으며, 여러분은 리더로서 해결해야 하는 '그리고' 문제에 끊임없이 직면하게 된다. 예를 들어 이익과 성장, 단기 분기실적과 장기투자와 같은 많은 '그리고' 이슈들을 잘 알고 있을 것이다. 단순한 사실은, 인지적 복잡성cognitive complexity의 증가를 다룰 수 있어야 한다는 것이다.

기업이 매일매일 직면할 수밖에 없는 몇 가지 전형적인 딜레마가 있으며, 그리고 이에 더해 여러분에게는 재무와 관련된 몇 가지 딜레마도 있다. 좀 더 범위가 넓은 딜레마부터 시작해 보자.

글로벌 기업에서의 몇 가지 공통적인 비즈니스 딜레마는 전 지구적으로 작동하는 동시에 지역적으로도 관련성이 있다. 단기적 비용 효율성과 장기적 성장 사이에 균형을 이루고, 경쟁에서 앞서 나가면서도 경쟁자를 벤치마킹하며, 저비용과 고품질을 동시에 추구하고, 규모의 경제와 동시에 범위의 경제를 찾으며,[14] 공통 플랫폼을 채택하면서도 커스터마이즈를 허용하고, 게임을 하는 동안에 게임을 변경하며, 규칙을 고수하면서도 특별한 관계의 이점을 활용하고, 협력적 경쟁co-opetition*을 한다.

이처럼 광범위한 비즈니스 딜레마 중 많은 부분이 문제를 일으킬 것이다. 그것들은 확실히 오늘날 재무가 직면해 있는 특정한 딜레마에 대한 배경이 된다. CFO와 대화를 하면서 지금 그들이 직면한 최우선 딜레마 중 일부가 비용절감을 하면서도 장기적 성장을 유지하고, 법규를 100% 준수하면서도 비용을 낮게 유지하며, 기능적 독립성을 유지하면서도 비즈니스에 더 가까이 다가가 '비즈니스 사람들처럼 행동going native'하며 지원하는 것이라는 사실을 알았다. 여러분은 이런 딜레마에 공감하는가?

물론 더 구체적인 것도 있다. UBM의 CFO인 밥 그레이는 자신을 긴장하게 만드는 것 하나를 이렇게 이야기한다.

애널리스트들은 우리만큼 압박을 받는다. 나는 애널리스트들에게 주당순이익 EPS: earnings per share 가이던스를 제공하는 것에 대해 신뢰하지 않는다. 전문가인 애널리스트에게는 직접 예측하는 데 필요한 데이터를 제공해야 한다고 생각한다. 우리의 일은 사업 경영이지 주가 관리가 아니다. 하지만 애널리스트의 데이터가 항상 최신의 것은 아니므로 그들이 예측을 적절하게 업데이트할 수 있도록 주의 깊고 상세한 대화를 나눌 필요가 있다. 이렇게 하는 데는 엄청난 시간이 소요되는데, 솔직히 EPS 가이던스를 제공하는 것이 더 쉬울 것이다. 하지만 이는 잘못된 느낌이다.

막후에서 애널리스트들에게 직접적으로 조언하는 것, 즉 거의 틀림없이 그들의 일(분석하고 예측하는 일)을 해주는 것과 길고 시간이 많이 소요되는 브리핑 회의의 부담을 떠안는 것 사이에 내재된 긴장을 해결할 방법이 있는가?

• 경쟁사와 협력하면서 경쟁하는 것. 협력(cooperation)과 경쟁(competition)의 조합어로, '협력형 경쟁'이라는 의미다. 수학자 존 폰노이만(John von Neumann)과 경제학자 오스카 모르겐슈테른(Oskar Morgenstern)의 『게임이론과 경제행동(Theory of Games and Economic Behavior)』, 수학자 존 내시(John Forbes Nash)의 「비협력게임(Non-Cooperative Games)」이라는 논문에서 주목받은 '게임이론'을 바탕으로 생겨난 용어다.

딜레마 해결하기

딜레마를 해결하는 과정을 살펴보자.[15] 다만, 주의할 것이 하나 있다. 재무를 직업으로 선택한 사람들은 똑똑하다. 재무 기능의 복잡성에 대처하려면 당연히 똑똑해야만 한다. 그러나 딜레마 해결 과정을 가볍게 생각하고 뛰어들지는 말라. 그것은 믿을 수 없을 만큼 어렵다. 딜레마가 가지고 있는 상반되는 두 개의 뿔에 대해 말하는 것은 제법 간단한 일이지만, 그것을 피상적으로만 정렬하는 과정은 결국 실패할 수밖에 없다. 이는 상반되는 두 아이디어를 정렬하고 통합하기 위해 취해야 하는 여러 단계를 통해 이루어지는 엄밀한 사고 과정이다. '기능적 독립과 비즈니스인처럼 행동하는' 일의 딜레마를 해결해 보자. 이 딜레마는 정말 뿌리 깊은 것이기 때문이다.

한편으로, 사업을 위한 재무적 정직성 관리자로서, CFO는 공정해야 하고 또 공정하게 보일 필요가 있다. 사업 경영진이 규칙을 지나치게 완화하자고 제안할 때 CFO는 선을 긋고 규칙을 팽팽하게 할 수 있어야 한다. 이에 관해서는 경찰관의 이미지가 떠오른다. 재무조직을 '사업 방해 조직'이라고 부르던 농담이 떠오르는가? 아무튼, 금융위기 이후 이 역할이 강화됐다. 비즈니스는 기본을 바로잡아야 한다. 일선 경영자는 이를 준수하지 않을 경우 징역형이 선고될 수 있음을 잘 알고 있다. 여러분이 독립성을 유지하기 위해서는 재무 기능과 원칙에 대한 강한 헌신이 필요하다. 이러한 헌신은 중앙집중화된 재무 기능을 유지하는 것과 같은 장치를 통해 강화될 수 있으므로, 재무 전문가는 비즈니스에 대해 조언하면서도 일정한 거리를 유지할 수 있어야 한다.

동시에, 재무 전문가는 비즈니스와도 가까워져야 한다. 이것이 이 딜레마의 또 다른 뿔이다. 목표를 달성할 수 있도록 비즈니스를 지원한다는 것은 회사의 재무상태를 실제로 알고 있다는 것을 의미한다. 또한 신뢰할 수 있는 전략가가 된다는 것을 의미할 수 있는데, 일선 경영자가 전략적 움직임에 대해 재무 또는 더 넓은 비즈니스 관점에서 조언을 구하고자 하는 사람이기 때문이다. 그리고 비즈니스와 긴밀해지는 핵심 요소는 비즈니스 파트너와 긴밀한 개인적 관계를 맺는 것이다. 여러분은 좋은 동료이자 심지어는 친구가 되어야 한다. 재무가 전 세계 어디에서나 비즈니스와 함께 있어야 한다고 말하는 것이다.

멀리 떨어뜨려 놓으라, 그래야 하나가 되게 할 수 있다

이는 구조적으로나 직업적으로, 심지어 심리적으로도 매우 다른 명제처럼 들린다. 그게 계획이다. 아이디어를 확실하게 모으기 위한 첫 단계는 그것들을 가능한 한 멀리 떨어뜨리는 것이다. 그렇게 해서 상반되는 두 접근법의 실질적인 차이를 끌어내라. 여러분이 앞에서 말한 딜레마의 첫 번째 것을 따른다면, 본사의 재무부서에 있으면서 '아니오'라는 말을 많이 하는 사람일 것이다. 두 번째 것을 따른다면, 비즈니스를 위해 해외로 나가고 현지 CEO와 함께 골프를 치는 친구일 것이다.

다음 단계는, 각각의 접근 방식이 갖고 있는 장단점을 나열하는 것이다. 세부 사항에 대해 명확해질수록 해결에 이르는 길이 더 분명해진다. 예를 들어, 독립성을 유지할 수 있고, 통제 문제에 대한 명확한 관점을 갖게 될 것이며, 모든 경우에 적용해야 할 글로벌 프로세스를 표준화할 수 있고, 표준화를 통해 프로세스 비용을 더 낮출 수 있으며, 재무 기능에 강력한 역량을 구축할 수 있는 것이 여러분이 재무 기능에 확고히 자리 잡는 일의 장점들이다. 반면, 비즈니스에 관여하지 못할 수 있고, 대응 속도가 느려지므로 비즈니스 경영진이 값비싼 이중 프로세스를 배치할 수 있으며, 멀리 떨어져 있어서 비즈니스와 관련성을 잃어버릴 수 있고, 따라서 비즈니스에 가치를 더하기 어려울 수 있다는 것이 단점이다. 틀림없이 여러분은 더 많은 장단점을 생각해 낼 수 있을 것이다.

딜레마를 다른 측면에서 보면, 여러분이 비즈니스의 친구가 될 경우에는 인센티브가 비즈니스의 요구에 따라 조정될 가능성이 있고, 간소화된 비즈니스 제공 조직의 일원이 될 것이며, 여러분의 조언은 비즈니스에 적합할 것이고, 따라서 비즈니스 자체가 더 민첩해져 변화에 더 빠르게 대응할 수 있으리라는 이점이 있을 것이다. 표준화되지 않은 시스템을 사용하는 경우 비즈니스를 비효율적으로 만들 수 있을 것이고, 조달과 같은 핵심 측면에서 통합된 글로벌 전략을 실행하는 일이 불가능할 것이며, 재무 관련 이슈와 주제에 대해 듣는 일이 줄어들 것이고, 따라서 실제로 사업과 관련해 치우치지 않은 조언을 제공하지 못할 정도의 '비즈니스 전문가'가 될 수 있다는 단점이 있을 것이다. 다시 말하지만, 이 목록에 자신만의 아이디어를 추가해 보라.

어떤 방향으로 나아갈 것인가?

다음으로는, 현재 어느 위치에 있는지, 즉 딜레마의 어떤 쪽에 더 가까운지 파악하고, 있고 싶은 이상적인 위치, 즉 도달하고 싶은 목표가 무엇인지를 확인해야 한다. 그러면 마침내, 여기 딜레마 해결이라는 지적 도전의 핵심에 다다른다. 경로를 계획할 때 어떤 방향으로 먼저 이동할 것인가? 앞에서 나열한 옵션에서 선택한 이동 순서는 무엇인가? 극복해야 할 것으로 예상되는 장애물은 무엇인가? 이것이 여러분이 도달하는, 의사결정을 하기 모호한 영역이다. 성공을 보장해 주는 올바른 하나의 길은 없다. 이는 본질적으로 데이터보다 판단이 가장 중요한 소프트 이슈들이다. 그리고 목표를 향해 나아가는 것은 직선 이동이 아니라 나선형 이동이 될 것이다. 여러분에

그림 2-1

딜레마 해결의 예

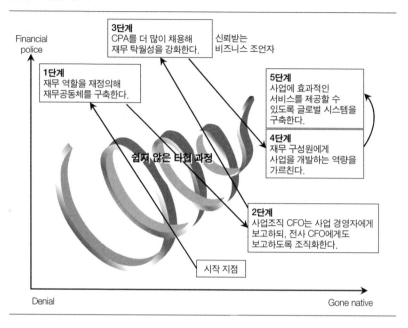

게는 인내가 필요하다. 앞으로 나아가기 위해 때로는 한 발 뒤로 물러나야 하기 때문이다. 따라서 새로운 정책을 시행하든, 다양한 유형의 사람들을 고용하든, 이동성mobility에 대한 태도를 바꾸든, 재무 전문가에게 다양한 유형의 교육을 제공하든 간에 이 모든 것은 순서대로 이루어져야 하며, 각기 다른 영향을 미칠 것이다. 여러분이 성공으로 가는 길에 있는지 아닌지는 이해관계자가 이러한 움직임에 영향을 받는지, 사람들이 그것을 받아들이는지 확인함으로써만 알 수 있다. 그렇지 않다면, 해야만 하는 일은 또 무엇이 있는가?

핵심은 어디로 가고 있는지 아는 것이다. 문제 해결은 어떤 모습을 하고 있는가? 거기에 있다는 것을 어떻게 알 수 있는가? 이 경우, 이상적인 목표는 신뢰할 수 있는 비즈니스 조언자trusted business advisor로서의 CFO가 되는 것이다.[16] 여러분은 여전히 독립적이고, 객관적이며, 공정하고, 또한 그 비즈니스에 대해 잘 조언해 줄 수 있다는 신뢰를 받고 있다. 사업 경영진은 아마도 어떤 전략을 추구해야 할지, 아니면 전략의 범위를 정하는 초기부터 어떤 전략으로 지원해야 할지에 대한 조언을 바랄 수도 있다.

조금 복잡해 보이는 〈그림 2-1〉은 재무조직과 함께 작업한 것이다. 재무조직은 갑자기 사업에서 멀어진 것처럼 보이지 않도록 확실히 하면서, CFO를 독립적인 비즈니스 조언자라는 크게 소홀히 했던 역할로 되돌리는 것에서부터 시작하기로 했다. 선택한 단계가 어떻게 처음에는 딜레마의 한쪽에 더 가까워졌다가 다음에는 다른 쪽에 가까워졌는지 알 수 있는가? (흥미롭게도 2단계에서 암시하는 방식으로 재무 기능을 분산시키는 조직은 많지 않다.[17]) 그리고 다른 계획과 마찬가지로, 멈춰서서 여러분이 의도한 방향으로 가고 있는지 자주 확인한다.

이제 재무 전문가를 위한 다음 핵심 리더십 역량인 실패로부터 배우는 능력으로 넘어가 보자.

실패로부터 배우라

다시 말하지만, 이것은 사람들이 지혜로운 것처럼 고개를 끄덕이게 하는 조언 중 하나다.

물론 우리는 실패를 인정하고 그 실패를 해부해야 한다. 실패로부터 배우고, 미래에 다른 사람들이 우리의 실수를 반복하는 것을 막기 위해서다. 누가 그런 상식을 이해하지 못하겠는가?

그렇지만 그렇게 간단하지가 않다. 때로는 조직문화가 불리하게 작용한다. 그리고 때때로 우리는 리더로서 올바른 어조를 스스로 설정하지 못한다. 이것은 어떻게 수행하는지에 대한 많은 조언이 필요한 능력이 아니다. 실제로 아이디어에서 의미를 찾고 그렇게 살기 위한 의지, 결단력, 용기를 갖는 것에 관한 것이다.

목소리를 내는 사람들에게 보상하라

제1장에서 만난 언스트앤영의 파트너인 앨리스터 윌슨은 소위 '침묵의 질주 silent running'라고 부르는 것에 대해 다음과 같이 심각하게 생각하고 있다.

> 일부 재무조직에서는 우수한 통제 프로세스가 실수가 일어나지 않도록 지켜주고 있다고 생각한다. 즉, 모든 것이 통제되고 있는 것으로 간주한다. 이것은 순진한 생각이다. 모든 기업은 실수를 하며, 때로는 재무보고서를 재작성해야 할 만큼 큰 실수를 한다. '침묵의 질주'가 원하는 상태이고, 사람들이 그에 대해 보상을 받는다면, 재무 구성원들은 곧 오류 보고를 중단하고 그것을 은폐하려고 한다. 재무조직의 상사가 '침묵의 질주'를 성공으로 본다면, 필연적으로 오류는 성과 달성 실패와 동일시된다. 오류를 성과 개선의 기회로 보고 투명성과 개방성을 장려하는 기업 문화를 조성하는 리더가 필요하다. 대안은 적절한 행동을 조성하는 경각심과 두려움의 문화다.

앨리스터는 잘못된 것을 가치 있게 여기고 잘못된 방향으로 행동하게 만드는 기업 문화를 묘사하고 있다. 인간이 실수 없이 삶을 살아간다는 것은 불가능할 것이다. 그리고 실수로 망가질 때마다, 인간으로서 효과적인 것에 대해 조금 더 배운다. 조직도 마찬가지여야 한다. 오류가 전혀 발생하지 않을 정도로 모든 것이 통제될 수 있다고 생각하는 것은 비현실적이다. 침묵의 질주가 미덕이 아니라, 무엇인가 잘못된 것을 발견했을 때 목소리를 높여 말하고 고칠 수 있는 방법을 찾아내는 것이 미덕이다. 이는 공개적으로 모든 사람이 그 실수로부터 이익을 얻고 같은 실수를 저지르지 않도록 하기 위해서다. 공식적으로는 평가 시스템을 통해, 비공식적으로는 개인을 롤 모델로 인정하는 방식을 통해 실수를 보고하는 것에 대해 보상을 한다면, 여러분은 실수에 대해 듣게 될 것이고, 그 실수를 갑작스럽게 알게 되지는 않을 것이다.

이 주제에 대해서는 제4장에서 일상적 방식으로 오류를 제기·처리하기 위해 재무공장 환경factory environment에서 무엇을 배울 수 있는지 살펴보겠다.

구성원들에 대해 확신을 가지라

더글러스 플린트는 이것이 CFO의 리더십에 달려 있다고 생각한다.

> 리더로서 여러분은 구성원들에 대해 신뢰와 확신을 가져야 하고 또 그것을 보여야 하며, 그들의 발전에 깊이 관여해야 한다. 구성원들은 일이 잘못되었을 때 '잘못되었다'고 손을 드는 것을 두려워해서는 안 된다. 그리고 여러분은 나쁜 소식에도 마음을 열어야 하고, '문제'가 무엇이든 환영한다는 것을 보여주어야 한다.

구성원들은 뛰어난 상사 감독관이며, 여러분이 말하는 것을 지켜보는 게 아니라 하고 있는 일을 지켜볼 것이다. 구성원에게 일이 잘못되면 전화하라고 말하는 것만으로는 충분하지 않다고 더글러스는 말한다. 그렇게 할 때 그들이 어떻게 반응하는지가 중요하다. 나쁜 소식에 진정으로 마음을 열고 그것을 재앙이 아니라 해결해야 할 공동의 문제로 여긴다면, 여러분은 실수에 대해 듣게 될 것이다. 구성원들은 오류에 대해 공개적인 태도를 취하는 것이 안전하다는 것과 오류를 바로잡기 위해 움직일 때 지원을 받을 것이라는 사실을 빨리 알게 될 것이다. 리더로서 여러분이 모델로 삼는 것은 그들이 선택하는 본보기가 될 것이다.

이 주제에 대해서는 리스크 관리를 살펴보는 제5장에서 자세히 다룰 것이다. 그 사이에, 이어지는 글에서는 여섯 번째 필수 리더십 역량, 즉 경영진으로서의 궤도를 벗어나지 않고 유지하는 역량을 살펴본다.

경영진으로서의 길에서 벗어나게 만드는 이탈 요인 _____

경영진으로서의 길에서 벗어나게 만드는 이탈 요인derailer이란 무엇인가? 우리가 너무 많이 의존하거나 과장하는 성격 특성이다. 이탈 요인은 과도하게 사용하면 약점이 되는 강점이다. 세세한 사항에 대한 관심과 같이 때로는 경력 초기에 매우 유용했던 강점은 지나치게 미시적으로 관리하는 경향도 만들 수 있어, 더 높은 리더십 자리를 유지하는 데 방해가 될 수 있다. 그리고 이는 경영진으로서 가야 할 길에서 벗어나게 만든다. 그럴 경우 직무를 잃지 않을 수는 있지만, 더 책임 있는 직책으로 옮겨갈 수 있는 잠재력은 잃어버린다. 사실 이런 상황은 상당히 자주 발생하고, 또한 스트레스 때문에 일어난다. 앞에서 언급했듯이 대부분의 경영진은 스스로의 잠재력에 도달하는 데서 벗어나거나 실패한다. 여러분이 그들 중 하나가 되지 않기를 바란다.

일반적으로 세상이, 특히 비즈니스가 더 복잡해짐에 따라 이에 적절하게 대응하기 위해서는 더 민첩해져야 한다. 그런데 우리 중 몇몇은 꽉 막혀 있어서 그렇게 할 수 없다. 그렇게 막혀 있는 것은 개인에게도 부정적이고 지속적인 영향을 미치기 때문에, 개인 차원에서 부끄러운 일일 뿐만 아니라 조직 차원에서도 부끄러운 일이다. 시간을 많이 소모하는데다가 값비싼 인재낭비다.[18] 그런데 이는 피할 수 있다. 성격을 바꿀 필요는 없고, 여러분이 스스로를 주도적으로 관리해야 한다.

공통적인 이탈 요인

요점을 강조하면, 우리 모두에게는 이탈 요인이 있는데, 이는 모두에게 개성이 있기 때문이다. 개성은 우리가 누구인지를 말해주는 일부이다. 우리에게 개성이 있다는 것은 중요하지 않다. 요점은 개성이 무엇인지 알아야하고, 그 개성들이 경영진으로서 가야 할 길에서 우리를 이탈시키지 않도록 관리해야 한다는 것이다.

몇 가지 예가 도움이 될 수 있다. 여러분이 타고난 동기부여자라고 가정해 보자. 열정적이고 에너지가 넘친다. 그러나 이것이 지나치면, 예측할 수없는 좋은 기분과 분노의 폭발들로 인해 기업에서 변덕스러운 한 사람으로 보일 수 있다. 또는 여러분이 훌륭한 리스크 관리자라고 상상해 보라. 안전한 두 손이다. 그러나 이것이 지나치면, 다른 사람들은 여러분을 지나치게 신중하고 두려움 많은 사람으로 볼 수 있다. 그러면 리스크와 그에 따른 보상의 균형을 맞추는 데 실패하고, 리스크 측면만을 기본으로 중시하게 될 것이다. 한편 여러분은 사려 깊고 다소 내성적인 사람일 수도 있다. 세상에는 내향적인 사람과 외향적인 사람이 반반이다. 따라서 여러분이 내향적이고 선천적으로 다소 내성적일 가능성은 50%이다. 그러나 이 타고난 특성을 너무 그대로 받아들이면 냉담하고 다가가기 어려운 사람으로 보일 수 있고, 따라서 리더로서 효과적일 수 없다. 이탈 요인[19] 전체는 〈그림 2-2〉에 나와 있는 목록을 참조하라.

그림 2-2
호건의 이탈 요인•

강점이 됨	강점이 과도할 때	약점이 됨
열정적인 동기부여자 (enthusiastic, motivational)	변덕스러운 (excitable)	감정적 기복이 큼 (emotionally volatile)
비판적 사고가 (critical thinker)	비판적인 (sceptical)	습관적으로 의심함 (habitual distrust)
리스크 관리자 (risk manager)	보수적인 (cautious)	지나치게 조심스럽고 두려워함 (excessive caution)
사려 깊음 (thoughtful, reflective)	무관심한 (reserved)	냉담하고 다가가기 어려움 (aloofness)
관대함 (relaxed)	양면적인 (leisurely)	수동적 저항 (passive resistance)
확신함 (confident)	자기 과시적 (bold)	건방짐 (arrogance)
모험을 즐김 (fun-loving)	무모한 (mischievous)	무모함 (mischievousness)
잊지 못할, 기억에 남음 (unforgettable)	인기주의적 (colourful)	감상적임 (melodrama)
창의적인 (creative)	자유분방한 (imaginative)	괴팍함 (eccentricity)
높은 기대 (high expectations)	완벽주의적 (diligent)	완벽주의 (perfectionism)
성실함 (loyal)	의존적인 (dutiful)	마음에 들기를 갈망함 (eagerness to please)

주 1: 1~5번째는 다른 사람들에게서 멀어지는 것, 6~9번째는 다른 사람에 대항하는 것, 10~11번째는 다른 사람을 향해 나아가는 것이다.
주 2: 호건은 시장에서 가장 잘 연구된 도구 중 하나를 제공한다. Hoganassessments.com을 살펴보라.

• 호건의 이탈 요인에 대한 한국어 정의는 조인철·김명소, 「이탈과 관련된 역기능적 성격요인의 구성 타당화 및 대학생활 효과성에 미치는 영향에 관한 탐색적 연구: HDS(Hogan Development Survey)를 중심으로」, 《한국심리학회지: 산업 및 조직》, 23권 3호(2020), 575~603쪽에 나타난 호건의 성격 특성 11개 요인에 대한 정의를 사용했다.

CFO의 약점들

제러미 호프Jeremy Hope[20]는 362명의 응답자를 대상으로 한 연구에서 CFO의 리더십을 저해할 가능성이 가장 높은 약점flaws•을 확인했다. 우유부단하고, 말뿐이며, 아무 행동도 하지 않는 것이 목록의 맨 위에 있었다(〈그림 2-2〉의 '지나치게 조심스럽고 두려워함excessive caution'). 통제하고 미세하게 관리하는 것은 목록에서 세 번째였고(〈그림 2-2〉의 열 번째인 '완벽주의적diligent'), 그 다음은 지나치게 존중하는 태도(〈그림 2-2〉의 마지막에 있는 '의존적인dutiful'), 균형을 무너뜨리는 것(〈그림 2-2〉의 여덟 번째인 '인기주의적colourful'), 마지막으로 표의 아랫부분에 있는 둔감하고, 무례하며, 지나치게 과민한 것은 작지만 중요한 부분을 차지했다(〈그림 2-2〉의 여섯 번째인 '자기과시적bold'). 우유부단하고, 말만 하고 행동하지 않으며, 미세하게 관리하는 것이라는 첫 세 가지 약점이 가장 중요했다. 응답자들 모두가 이 중 두 가지를 최상위 항목으로 선택했다.

　이 중 일부는 직관적으로 이해된다. CFO가 우유부단하다는 인식은 데이터를 수집해 제시하기는 하지만, 데이터를 기반으로 한 판단 결과는 제공하지 못하는 데서 비롯될 수 있다. 호프가 파악한 약점들이 재무 전문가로서 여러분의 효율성을 제한할 수 있지만, 그렇다고 해서 그 약점들이 CFO로서의 길에서 벗어나게 만드는 이탈 요인일까?

• 　호건의 이탈 요인에서 약점으로 나타난 것.

CFO의 이탈 요인

따라서 호프의 연구에서 뽑아낸 약점 또는 잠재적 이탈 요인은 지나치게 조심스럽고 두려워함, 건방짐, 감상적임, 완벽주의, 마음에 들기를 갈망함이다. 재무 전문가가 다른 사람들보다 이 다섯 가지 성격 특성에서 이탈할 가능성이 더 큰가? 아니다.

이탈 요인에 대한 최고의 검증기관 중 하나인 호건어세스먼트Hogan Assessments의 연구개발 이사인 제프 포스터Jeff Foster 박사는 300명의 재무 임원을 포함해 그들이 평가한 1916명의 재무 전문가에 대한 익명 데이터를 저자들에게 공유해 주었다. 그들은 재무 경영진이 표본의 나머지 재무 관련인들보다 인기주의적colourful일 가능성이 더 높다는 것을 발견했으며, 이는 앞에서 이야기한 호프의 '균형을 무너뜨리는 것'에 대응된 것이라 할 수 있다. 이것은 코너에 몰렸을 때 재무 경영진이 스스로 다른 사람들을 대면하는 것이 아니라 다른 재무 동료들이 대면하도록 할 가능성이 더 높다는 것을 나타낸다. 그래도 이탈 요인은 아니다.

한 가지가 제프를 놀라게 했다.

모든 경우에서, 그리고 조금 놀라운 일인데, 재무 구성원은 호건의 이탈 요인 중 '다른 사람을 향해 나아가기'라는 세 번째 요소를 나타내는 완벽주의적diligent이고 의존적dutiful이라는 마지막 두 가지의 점수가 평균과 비슷하거나 약간 낮았다. 이것은 그들이 다른 사람들의 비위를 맞추려고 지나치게 노력함으로써 스트레스에 대응할 가능성이 낮다는 것을 나타낸다. 일반적으로, 이와 같은 경향은 통계적으로 유의미하며 흥미롭다.

이것은 무엇을 의미하는가? 완벽주의와 의존성에 관한 한, 재무 전문가 그룹이 평균적인 비즈니스 임원보다 이 두 가지 요인으로 인해 이탈할 가능성이 통계적으로 낮다는 것을 의미한다. 여러분은 압박 속에서도 독립성을 유지한다는 것이다.

따라서 호프는 여러분을 방해할 수 있는 재무와 관련한 특유의 약점을 평균적으로 파악했을 수 있다. 그러나 재무 전문가는 특별한 이탈 경향을 갖고 있지 않다.

이탈을 피하라: 다른 사람을 이끌 수 있도록 자신을 관리하라

문제가 있다. 성과에 대해 좋은 품질의 정직한 피드백을 얻는 능력은 재무 전문가인 여러분이 임원으로서 승진하는 직급과 부정적인 상관관계가 있다. 솔직히 말해서 아무도 상사에게 나쁜 소식을 전하고 싶어 하지 않는데, 상사가 천천히 이탈하게 만드는 매력적인 약점에 대해서 특히 그렇다. 재무 구성원들이 상사를 주의 깊게 관찰하지만, 그들이 본 것에 대해서 직접적으로 언급하는 경우는 거의 없다. 설령 질문을 받는다고 해도 말이다.

이탈을 피하기 위한 세 가지 아이디어를 제안한다. 첫째, 호건의 요인이나 그와 유사한 것으로 테스트해 여러분의 이탈 경향이 무엇인지 알아볼 것을 추천한다. 한 재무 임원은 집안에서는 절대 결정을 내리지 않았다고 설명했다. 그러나 회사에서는 맡은 영역에서 가장 결정을 잘하는 임원 중 한 명으로 명성을 얻었다. 회사에서는 결정을 하지 않는 것이 이탈 요인이라는 것을 잘 알고 있었고, 그래서 그것을 관리했다. 집에서는 자신의 개성을 마음껏 누리면서 다른 사람들이 결정을 내리도록 했다.

둘째, 좋은 품질의 피드백을 얻기 위해 노력하라. 빈틈없는 상사로서, 업무와 성과에 실질이 계속해서 반영될 수 있도록 양질의 비공식 피드백 체계를 마련하라. 이를 통해 구성원들의 든든한 멘토가 될 수도 있고, 좋은 친구가 될 수도 있다. 그는 여러분의 사무실에 들어와 문을 닫고서 관심을 가지고 진실을 이야기할 수 있는 사람이다. 그들은 여러분의 존중을 받고, 여러분은 경청한다. 셋째, 스트레스를 피할 수 없다는 것을 알지만, 운동이나 휴식 또는 여러분에게 효과가 있는 것을 통해 어떻게 스트레스 수준을 관리할지 생각해 보라. 스트레스는 잘만 관리되었다면 일어나지 않았을 이탈 요인 발생의 도화선이 된다.

이것은 탁월한 CFO 리더십의 일곱 번째이자 마지막 측면으로 이끈다. 일상적인 업무로 너무 바쁠 때, 여러분은 어떻게 적극적인 외부 네트워크를 유지하는가?

더 넓은 시야를 갖기 위해 외부와 네트워킹하라 _____

재무는 바쁜 기능이다. 바쁘기 위해 바쁜 것이 아니다. 재무는 할 일이 정말 많다.

부분적으로는 직무가 훨씬 더 넓어졌다. 글로벌 금융위기를 감안할 때, 우리는 여러분이 그 어느 때보다 비즈니스의 기본을 다루고 있다는 사실에 주목하고 있다. 우리는 그 숫자가 훨씬 더 투명하기를 원하며, 그래서 비즈니스가 어떻게 돌아가는지에 대해 정확한 그림을 전달할 수 있기를 바란다. 엔론이 파생상품 거래로 시장과 은행들을 속일 때 아무도 그것을 제대로 이해하지 못한 것으로 드러났다. 대체 무슨 일이 있었던 것일까. 규제가 증가하고 법률이 지속적으로 발전함에 따라 이는 심지어 국가적으로도 관심사가 되었다. 여러분이 다국적 또는 글로벌 기반으로 작동하는 복잡성 가운데서 일을 한다면, 기본 사항은 관리하기가 훨씬 더 어려워진다. 국가 간 거래, 이전가격, 통화환산은 몇 가지 간단한 과제들이다. 기업이 커질수록 순수한 의미의 내재적·유기적 성장organic growth을 할 가능성은 낮아지고, 그래서 이제 인수한 회사의 레거시 시스템을 서로 소통할 수 있게 만들어야 하는 복잡성이 더해진다(가끔은 히스 로빈슨Heath Robinson[21]의 모험과 같이). 그러면 애널리스트, 주주, 논평가를 포함한 시장은 여러분과 직접 대화함으로써 안도하기를 원하고, 기업은 전략적 조언을 점점 더 많이 원한다. 제1장에서 설명한 것처럼, 여러분의 직무 범위는 통제에서 새로운 비즈니스 개발에 이르기까지 모든 것을 포괄한다.

어쨌든 요점은 일이 힘들고 업무 시간도 길다는 것이다. 여가 시간에는 건강을 유지하고 가족과 같이 중요한 관계를 유지하는 데 헌신할 가능성이 높다. 그래서 외부와의 네트워킹은 여러분이 해야 할 업무 목록의 맨 위에 있지 않다. 그리고 사실, 여러분 대부분이 그것을 무시하고 있다.[22]

밖으로 더 많이 나가라

좀 더 다재다능한 사람이 되어야 한다는 압박이 가중되는 세상에서 외부와 고립되어 있거나, 여러분 자신의 비즈니스 전문 지식에만 귀를 기울이는 것은 좋은 생각이 아니다. 가장 기본적인 수준에서는, 다른 회사나 업종의 재무 동료들이 어떤 일을 하고 있는지 알아야 한다. 업계 밖의 동료들과 네트워킹을 통해 보다 전략적인 통찰을 얻는 경우가 많다. 다음은 네트워킹과 관련된 전형적인 문제점이다. 경쟁사와 비교하여 자신의 위치를 벤치마킹하는 경우, 그것이 갖고 있는 치명적인 위험은 경쟁사와 어깨를 나란히 할 수는 있지만 앞서 나갈 통찰을 얻지는 못한다는 것이다. 그리고 경쟁사와 함께 즐겁게 어깨를 나란히 하는 동안, 비즈니스 혁명이나 새로운 종류의 경쟁과 같은 무언가를 집합적으로 놓치고 있을 수 있다. 그것은 소니나 마이크로소프트가 아닌 애플에서 발명한 아이팟iPod이나, 제약 산업에 대한 일반 의약품generics과 유전학genetics의 쌍방 공격에 대한 이야기다. 모든 놀라움은 외부에서 왔다.

게다가, 한 CFO가 씁쓸하게 말했듯이, "외부 세계에서 일어나고 있는 일을 따라가지 못한다면, 인적자원HR: human resource 중심의 벤치마킹 연습이 되어 추진력을 잃기 쉽다". 그가 이야기하는 요점은, 빠르게 배울 수 있는 외부 네트워크를 갖는 것이 관련성이 있는 누군가의 관점을 따라가는 것보다는 낫다는 것이다.

유추를 통해 배우는 것은 쉽지 않다. 예를 들어, 슈퍼마켓의 소매업 원칙을 석유회사의 다운스트림 비즈니스에 적용하는 것과 같은 방법을 배우거나, 정부 연구소에서 광산회사로 공정process을 이전하기 위해 혁신을 뒷받침해 주는 유사한 원칙을 고려하는 것은 유추를 통한 배움이 쉽지 않다는 것을 보여준다. 하지만 앞에서 이야기했듯이, 첫 번째 원칙에 따라 외부와의 네트워킹을 통해 통찰력을 갖고 일한다면 여러분은 유추를 통해 배울 수 있는 충분한 인지 능력을 가질 것이다.

전략적 조언자

그 외에도, 비즈니스에 대한 전략적 관점을 가진다는 것은 글로벌 환경에서 일어나는 정말 큰 변화 중 일부를 이해한다는 것을 의미한다. 이에 대해서는 서론에서 간략하게 언급했다. 정치적·경제적·사회적·기술적 변화는 '일상으로서의 비즈니스business as usual'를 혼란에 빠뜨리고 있다. 남아프리카공화국의 아파르트헤이트apartheid는 최근에 일어난 일처럼 보이지만,[23] 지금은 그 어떤 정부도 남아프리카공화국 정부가 수십 년 동안 했던 방식으로 세계적 사건으로부터 자국민을 고립시킬 수 없다. 오늘날의 사회적 연대social networking가 갖고 있는 힘은 정부를 무너뜨릴 수도 있다.[24] 정부를 무너뜨릴 수 있다면 기업도 분명히 무너뜨릴 수 있다. 비즈니스의 전략적 조언자가 된다는 것은 글로벌 환경의 이러한 급격한 변화를 이해하고, 정보에 입각해서 그것이 미치는 잠재적 영향에 대해 관점을 갖는다는 것을 의미한다. 이것들은 정말 중대한 변화이고, 그것들 중 하나만으로는 이해하기가 정말 어렵다. 그래서 정보에 입각한 논의는 이해를 더 깊게 하고 더 넓혀줄 수 있다.

결론은 네트워킹을 놓칠 수 없다는 것이다. 무엇보다 세계적 사건에 대한 관점을 통해 형성한 좋은 생각으로 우리의 신뢰성을 높일 수 있기 때문이다. 그리고 리더십에 대한 신뢰성은 다른 사람들에게 영향을 미칠 수 있는 능력의 핵심이다.

*   *   *

어떻게 리더인 CFO로서 존경을 받을 수 있는가? 이 장에서는 그에 대한 복합적인 부분을 설명했다. 통제, 리스크 관리, 투자 같은 전문가로서의 핵심 업무를 하는 것 외에도, 비즈니스 안팎에서 뛰어난 소통가이자 영향력 있는 전문가가 되어야 한다. 결단력이 있어야 하고, 분명히 이질적인 아이디어를 조화시켜 해결할 수 있어야 하며, 실수로부터 배울 수 있어야 한다. 계속해서 발전해야 하며, 그렇게 더 상위의 경영자로 승진할 때 이탈 요인이 될 수도 있는 강점에 과도하게 의존하지 않아야 한다. 그리고 전체적으로는 조직 내부와 외부의 사람들과 협력해서 일해야 한다. 세상은 여러분을 끊임없이 360도 관점으로 바라보고 있으며, 여러분은 그것을 관리하고 다듬기 위해 노력하고 있다. 덕분에 조직의 평판은 잘 관리되고 있다.

프로세스의 힘

제3장에서는 핵심 프로세스를 파악하고 매핑한 다음 재설계를 해서 개선하는 능력을 어떻게 개발할지 설명한다. 효과적인 CFO는 그들이 내부 및 외부 고객 모두를 위한 서비스 제공자임을 인식하고 있다. 단순히 숫자를 제공하는 것뿐만 아니라, 재무라는 숫자를 제공하는 비즈니스 안에서 또 다른 대규모 비즈니스를 운영하고 있다. 이들 서비스에는 백오피스 회계 활동을 운영하는 것이 포함되며, 또한 회계정책 판단, 금융 서비스와 관계 관리, 비즈니스에 대한 정보 수집과 분석이 포함되고, 세금 정책에 영향을 미치고 회사의 컴플라이언스compliance에 대해 감사를 하며, 투자 결정을 내리고 거래를 구조화하거나 종결하는 것도 포함된다.

그리고 여러분은 다른 분야에 비해 이런 모든 서비스를 개선하는 데 도움이 될 수 있는 프로세스 관리를 학습하거나, 거기에 뛰어들어 대부분의 시간을 보내거나 하지는 않았을 것이다. 다음 장에서는 재무가 프로젝트 관리를 채택하는 것이 아니라 프로세스 사고방식을 채택해야 한다는 점에 대해 논의한다.

제3장

프로세스 관점으로 관리하라

[사례연구] 프로세스는 너무 전문적인가?

모든 재무책임자들이 거기에 있었다. 회의실은 불편할 정도로 따뜻했고, 모두가 더워하는 것 같았다. 제임스만큼 회의가 무의미할 뿐만 아니라 매우 짜증난다고 생각한 사람은 없었다. 숀Sean은 거의 30분 동안 아무런 방해도 받지 않은 채 (제임스가 느끼기에) 거들먹거리며 자신의 새로운 프로세스 이니셔티브[계획]에 대해 떠들어댔다. "우리는 우리 공장factories에서 많은 것을 배울 수 있어요"라고 숀이 말했다. "그들은 이 회사를 발전시키기 시작했고 그것은 그들이 기본으로 돌아가 간단한 질문을 했기 때문이죠. '우리는 무엇을 하려는가? 그리고 그것을 하는 가장 좋은 방법은 무엇인가?' 이는 프로세스, 즉 작업을 효율적이고 효과적으로 수행할 수 있는 방법에 초점을 맞추는 것을 의미해요."

제임스로서는 모든 것이 부담스러웠다. 제임스는 고함을 질러대며 이렇게 말했다. "공장은 공장이고 재무는 재무예요. 그 둘을 비교하는 것은 어리석은 일입니다. 공장에서는 물건을 만들고, 우리는 재무 전문가입니다. 그들은 유형의 제품을 다루고, 우리는 때때로 예측할 수 없으며 종종 전략적인 문제를 따져봐야 해요." 그의 생각은 훨씬 더 거칠었다. "나는 재무팀이 소시지 공장처럼 대우받는 것을 보려고 몇 년을 소비한 게 아니라구요. 재무조직은 이 회사에서 가장 뛰어난 두뇌를 가지고 있어요. 우리는 제조공정process의 노동자가 아니란 말입니다."

침묵이 이어졌다. 숀은 화를 참으려고 애쓰는 것이 분명했다. 마침내 숀이 대답했다. "물론 아무도 우리가 하는 것과 그들이 하는 것 사이의 명백한 차이점을 부인하지 않아요. 내가 말하고자 하는 바는, 공장으로부터 배운다면 우리가 하는 일을 더 잘 할 수 있다는 것이지요. 공장에서 그들은 실수를 원하지 않으며 우리도 실수를 용납할 수 없어요. 그들은 고객의 요청에 빠르게 대응해야 하고, 우리는 무엇보다도 분기 마감을 더 빨리 해야 해요. 그들은 비용을 줄여야 하고, 모두가 알고 있듯이 우리도 똑같이 비용을 줄여야 한다는 압박에 시달리고 있어요. 공장이 우리와 다르더라도 나는 공장으로부터 배우는 데는 문제가 없다고 봅니다." 그리고 손의 생각은 발언한 내용보다 더 거칠었다. '어떻게 하면 이 바보가 대화 주제에서 이탈하는 것을 막을 수 있지?'

사실, 손에게는 더 이상 말할 기회가 없었다. 수Sue가 개입했다. "글쎄, 그건 확실히 우리에게 효과적이었지요"라고 수는 말했다. "여러분 대부분은 우리가 보다 낮은 비용으로 보다 일상적인 작업을 수행하기 위해 특별히 말레이시아의 쿠알라룸푸르Kuala Lumpur에 새로운 사무실을 설치했고, 그것이 지금까지 잘 작동하고 있다는 것을 알고 있어요. 이는 사실상 재무공장이에요. 우리는 프로세스 기반 접근법을 활용해 공장의 원칙에 따라 이를 구축했어요. 그래서 더 저렴할 뿐만 아니라 오류율을 줄이고 응답 시간을 개선하고 있고요."

제임스는 굴하지 않았다. "좋아요. 일상적인 업무에서는 이런 프로세스 접근법이 효과가 있을 수 있다고 인정합니다만, 지식과 경험을 사용하는 우리의 진정한 부가가치를 결정하는 업무에서는 그렇지 않아요. 프로세스 접근법이라는 아이디어는 적절하지 않을 뿐만 아니라 가치를 완전히 파괴하기까지 합니다. 터무니없고 무의미하며 형식적인 체크 표시처럼 말도 안 되는 소리에 좌절하지 않은 사람은 없다고 생각해요. 계획을 허가해 달라고 한번 신청해 보세요. 이 프로세스의 대부분은 그저 무의미한 형식적 절차일 뿐이에요." 다시 침묵이 이어졌다. '모든 것이 프로세스로 보일 수 있고, 심지어 제임스가 자랑스럽게 생각하는 진정한 부가가치 업무조차도 프로세스로 보일 수 있다고 말하지는 않는 게 좋겠군'이라고 손은 생각했다. '그렇게 말하면 제임스는 정말 기겁하겠지!'

● ●

누가 옳은가?

재무 전문가들과의 대화에서도 비슷한 종류의 의견을 발견했다. 모힛 바티아Mohit Bhatia는 GE에서 분사한 젠팩Genpact의 CFO이며 재무 프로세스를 기업에 판매하는 사업을 맡고 있다. 당연히 그는 모든 수준에서 프로세스 접근 방식의 옹호자이며, 다음과 같이 말한다.

> 젠팩에서 재무와 회계는 가장 큰 서비스다. 매출 수익의 3분의 1은 주로 포춘 500Fortune 500에 속한 기업에 제공하는 서비스로부터 나온다. 비즈니스 라이프 사이클 전반을 다루는 이 서비스에는 컴플라이언스, 재무 정보의 무결성, 비즈니스 프로세스 효율성, 감사 증거 추적이 포함된다. 회사는 조직, 고객, 비즈니스 라인, 거래 전반에 걸쳐 기업의 전체 프로세스를 처음부터 끝까지 처리할 수 있는 스마트 기업 프로세스SEP: smart enterprise processes라는 제품을 보유하고 있다. 주요 산출 결과가 고객의 요구 수준을 충족했다는 것을 확실히 하기 위해 투입한 정보를 문서화한다. 우리는 프로세스 기업이며 프로세스 과학을 이해하고 있다.

그렇다면 누가 옳은가? 전문적인 기술에 개입하는 프로세스 아이디어를 너무나 싫어하는 제임스인가? 프로세스 아이디어와 재무공장finance factory 개념이 일상적인 대량 작업에 적합하다고 보는 수인가, 아니면 프로세스 관점을 지식 기반 업무에 유용한 것이라고 보는 숀인가? 그것도 아니면 전체를 패키지화해 판매함으로써 사업을 하고 있는 모힛 바티아인가?

우리는 프로세스가 '재무 무기고'에서 빠져 있는 '무기라고' 믿는다. 여러분은 아마도 재무 교육 어느 지점에서 프로세스를 다루었을 것이고, 아마도 그 내용을 폴더 어딘가에 저장해 놓고서는 잊어버렸을 것이다. 그 교육에서 프로세스의 역할은 비용절감, 오프쇼어링off-shoring, 아웃소싱과 같이 효율성 향상과 인건비 차익 거래에 대한 논의 정도로 제한되었을 것이다. 솔직히 그건 좀 구식이다.

공장이나 프로세스 관점 둘 다를 최대한 활용하지 못하게 하는 두 가지 장벽이 있는데, 여기에서는 둘 다 설명한다. 첫째는 오퍼레이션(운영) 기능의 맥락에서만 공장과 프로세스를 생각하는 데 익숙하다는 것이고, 둘째는 프로세스 아이디어를 재무만의 세계로 가져올 때 그것을 일상적인 대량 활동으로 제한한다는 것이다. 이 두 가지를 차근차근 다루어보자.

공장과 효율성

공장에서 제품을 효율적이고, 빠르며, 완벽하게error-free 생산하지 않으면 어떤 비즈니스도 번창할 수 없다는 것은 이해하기 쉽다. 그렇지 못할 경우 고객은 환멸을 느끼고, 매출 수익은 악화되며, 신뢰할 수 없는 서비스로 인해 추가 비용이 발생해 회사의 장기적 평판과 재무성과 모두 타격을 입는다.

이는 재무를 포함해 비즈니스의 다른 모든 부분에도 똑같이 그대로 적용된다. 내부 고객에 대한 형편없는 서비스는 당장에는 분명하게 나타나지 않을 수 있지만 결국에는 비즈니스에 똑같이 심각한 영향을 미친다. 일련의 단순한 처리 오류, 느린 대응, 표준보고서의 지연이나 신뢰할 수 없는 내용의 전달 또는 일반적인 유연성 부족 현상은 내부의 재무 고객이 주요 목적을 달성하지 못하게 한다. 이것은 내부의 서비스 제공자가 해야 할 일을 제대로 하지 않은 것이다. 그로 인해 그들이 내외부 고객에게 서비스를 제공하는 것이 더 어려워진다. 그리고 어떤 회사든 재무 실적을 제때 정확하게 보고하지 못한다면 시장가치 평가에 실질적인 영향을 미칠 것이다. 이는 또한 정확한 보고가 이루어지지 않은 탓에, 일어나버린 혼란을 해결하기 위해 다른 데 사용했을 생산적인 자원을 투자하는 것을 의미한다.

물론 이와 반대로, 뛰어난 재무공장은 기업의 나머지 부분이 잠재력을 발휘할 수 있도록 돕는 역할을 할 것이다. 재무조직이 상황 변화에 유연하게 대응하면서, 적절하고 정확한 정보를 제시간에 신뢰할 수 있게 제공하는 프로세스를 개발할 때, 이는 두 가지 방식으로 동료를 돕고 있는 것이다. 첫째, 비즈니스의 다른 부분에 문제를 일으킬 수 있는 잠재적 오류와 혼란을 방지하고 있다. 또한 효과적인 프로세스는 나쁜 일이 일어나는 것을 방지할 뿐만 아니라, 좋은 일이 일어나도록 함으로써 서비스의 긍정적인 측면을 강화해 비즈니스를 적극적으로 도울 수 있다.

공장은 표준화된 업무만을 위한 것인가?

두 번째는 공장에서는 표준화된 제품만 생산한다는 널리 알려진 믿음에 관한 문제다. 공장은 확실히 대량생산과 상당한 관련이 있지만, 공장에서 또한 정교하고 미묘한 차이가 있으며 맞춤형인 그리고 극도의 가치를 지닌 독창적인 제품도 생산한다는 것을 기억하라. 세탁기뿐만 아니라 통신위성도 공장에서 만들어진다. 이와 마찬가지로, 재무공장은 송장을 정시에 지불하는 것과 같은 보다 일상적인 서비스뿐만 아니라 최고 품질의 맞춤형 지식 기반 조언도 제공하고자 열망할 수 있다.

프로세스 관점은 단순한 업무와 복잡한 업무, 간단한 업무와 정의하기 어려운 업무, 일상적인 업무와 거의 접하기 어려운 업무 등 다양한 업무에 적용될 수 있다.

이 장에서는 프로세스를 정의하고 주요 특성을 살펴본 후 프로세스 관점을 법률 및 재무와 같은 복잡한 자문 서비스에 적용할 것이다. 그런 다음 전략적 목표에서 지속적으로 개선하는 일을 구축하는 데 이르기까지 프로세스를 재무에 적용하는 다섯 가지 결정 사항을 살펴볼 것이다. 그리고 현재 사용 가능한 몇 가지 핵심 프로세스 개선 도구에 대한 간략한 요약으로 결론을 맺을 것이다. 그 과정에서 전체적으로 우리는 '선택'에 초점을 맞출 것이다. 프로세스는 매우 다양하기 때문에 프로세스를 매핑하고 개선하는 올바른 방법을 선택하는 것이 중요하다. 먼저, 프로세스를 파악하고 정의하는 데 사용할 수 있는 주요 특성에 대해 명확히 알아볼 것이다.

프로세스 관점

프로세스는 다른 경영 주제보다는 즉각적인 관심을 끌지 못할 수 있다. 한 고위 재무 전문가는 이렇게 말했다. "누구나 뛰어난 리더가 되기를 원한다. 그런데 누가 뛰어난 프로세스 전문가가 되길 원하겠는가?" 그럼에도 프로세스 관점을 취하는 것은 뛰어난 재무 기능을 만드는 항목 중 필수 요소다.

프로세스란?

그렇다면 프로세스란 정확히 무엇을 의미하며 왜 중요한가? 공식적으로 프로세스는 '가치를 창출하는 일련의 자원 및 활동 집합'이다.[1] 조금 덜 공식적으로 이야기하면 프로세스는 '일을 하는 것'에 관한 것이다. '일을 하고' 있다면, 프로세스의 일부인 것이다. '일을 하는' 사람들을 관리한다면, 프로세스를 관리하고 있는 것이다. 그러므로 프로세스가 동떨어져 있다고 생각하지 말라. 모든 사람이 여러 프로세스의 일부이기 때문이다. 프로세스에서 벗어나려고 하지 말라. 프로세스는 우리가 하는 일이기 때문에 그렇게 할 수 없다. 프로세스는 우리가 성취하고자 하는 것을 어떻게 이룰 수 있을

지에 관한 방법이다.

그렇다면 우리는 모두가 프로세스의 일부라는 제안에 대해 왜 반발하는 것일까? 문제는 프로세스가 일상적이고, 습관적이며, 반복적이고, 창의성이 부족하며, 지성이 없고, 영감을 주지 않는 그저 지루한 활동을 의미하는 것으로 여겨진다는 데 있다. 더 나쁘게는, 프로세스를 고수하는 것은 제한되어 있고, 제약을 받으며, 행동의 자유를 감소시키고 원하는 일을 하지 못하게 하는 것을 의미한다는 것이다. 그리고 만약 프로세스가 지성과 자유를 사용하길 막는 것을 의미한다면 그것은 나쁜 생각임이 명백하다. 그러나 여러분이 지적 자유를 사용하는 것처럼 동료들도 각자의 매력적인 방식으로 주어진 자유를 사용한다. 그리고 그 결과는 종종 혼란스럽다. 모든 사람이 자신만의 일을 하고 있기 때문에 여러분의 일에서 비효율성에 맞닥뜨린 곤란한 경우는 없었는가? 매킨지McKinsey가 그렇게 성공한 이유 중 하나는 복잡한 전략 자문 업무에 강력한 프로세스 접근 방식을 취하고 있기 때문이다.

여기에 혁신과 관련된 흥미로운 유사성이 있다. 가장 혁신적인 조직은 강력한 프로세스를 갖춘 조직이다. 창의적인 아이디어는 일상적인 절차 없이는 구현되지 않기 때문이다.[2] 많은 조직에서 혁신이 부족한 이유 중 하나는 바로 창의적인 사람들이 '통제된다'는 생각 때문에 프로세스를 반대하기 때문이다. 그러나 프로세스는 아이디어를 결과물로 만드는 유일한 방법이다.

모든 프로세스가 동일하지는 않다

이제 프로세스의 원래 정의로 돌아가 보자. 프로세스는 가치를 창출하는 자원과 활동의 집합이다. 그것이 정확히 우리가 의미하는 프로세스이며, 그 이상도 이하도 아니다. 누군가의 업무를 단순작업화하거나 항상 같은 방식으로 하게 만든다고 반드시 암시하지도 않는다. 항상 동일한 활동 순서를 지켜야 한다는 어떠한 가정도 없다. 모든 작은 활동을 자세히 명시해야 하는 암묵적인 요구 사항도 없고, 이 세부 사항을 상황에 관계없이 엄격히 준수해야 한다는 요구도 없다. 물론 이 모든 것이 좋은 생각일 수 있지만 모든 상황에서 모든 프로세스에 적용되는 것은 아니다. 그게 요점이다. 모든 프로세스가 동일한 것은 아니며, 더 정확히는 모든 프로세스가 동일해서는 안 된다.

프로세스를 형성하고 실행하는 방법은 프로세스를 통해 수행하고자 하는 업무에 따라 달라야 한다. 프로세스가 어떤 가치를 제공해야 하는지, 어떤 종류의 활동을 전개해 가치를 제공해야 하는지에 따라서 말이다. 프로세스 관점을 갖는다는 것은 단순하게 말하면 모든 개별 프로세스 측면에서 비즈니스를 이해하는 것을 의미한다. 각 프로세스의 경계를 적절하게 그리거나 혹은 다시 그릴 수 있다. 때로 여기에는 고객 요구를 충족하는 엔드투엔드 E2E: end-to-end 프로세스를 형성하는 것과 같이, 프로세스가 구성되는 방식을 근본적으로 재구성하는 것이 포함된다.

그래서 프로세스는 다르게 관리해야 한다

재무조직에서 제공하는 서비스마다 특성이 다르기 때문에 대부분의 재무 리더는 관리해야 할 다양한 유형의 범위를 가지고 있다. 그것들은 모두 동일하지 않은데, 바로 이 부분이 중요하다. 따라서 프로세스 모두를 같은 방식으로 관리해서는 안 된다. 프로세스 관리는 다양한 유형의 프로세스와 요구의 특징을 구별하는, 프로세스 설계의 세부 사항을 조정하는 것과 유사한 식별의 기술이다.

프로세스의 주요 구별 특성: 규모와 다양성

그러면 한 프로세스를 다른 프로세스와 다르게 만드는 특징은 무엇인가? 프로세스 관리 방법에 큰 영향을 미치는 두 가지 기본 특성이 있다. 그것은 프로세스를 통해 산출되는 제품이나 서비스의 규모[양]와 다양성이다. 그리고 이 둘은 반비례 관계다. 일반적으로 대량 활동은 상대적으로 다양성이 낮은 반면, 소량 활동은 상대적으로 다양성이 높다.

다음은 법무법인이 제공하는 각각의 서비스 유형에 대해 별도의 조직을 두고 있는 법률회사의 예다. 경영 파트너는 이런 집중된 조직 시스템이 어떻게 각 비즈니스 영역을 발전시키는 다양한 전략을 세울 수 있게 해주는지에 대해서 열광한다.

● ●

[사례연구] 법조계에 프로세스 관점 적용하기

다양한 팀을 구성함으로써 각 팀이 무엇을 목표로 해야 하는지 그리고 그들이 어떻게 개선해야 하는지 구분할 수 있었다. 예를 들어, 우리가 가족법family law과 소송 관행litigation practices을 어떻게 관리하는지 대조해 보라. 가족법 팀에서는 이혼, 별거와 이별의 트라우마를 겪고 있는 사람들이 그것을 극복할 수 있도록 돕는다. 가장 부유한 고객들은 우리가 그들에게 주고자 하는 개인적인 손길을 중요하게 여기기 때문에, 우리는 사건의 복잡한 측면을 이해하는 데 시간을 할애한다. 고객은 모두 다르고, 모든 사람은 한 개인으로 대우받아야 하기 때문에 우리는 상위 수준의 절차를 적용하면서도 여전히 법률 자문을 맞춤화할 수 있는 여지를 많이 허용하고 있다.

이와는 대조적으로, 소송팀은 고객 회사의 회계부서와 긴밀히 협력해 대량의 채권추심 업무를 처리한다. 이를 위해 반자동 부채 회수 방법을 개발했다. 각 사례의 세부 사항은 고객이 보내주고, 직원은 이 데이터를 시스템에 입력하며, 그 시점부터는 모든 것이 사전 정의된 프로세스를 통해 진행된다. 표준 다이어리 시스템standard diary system을 통해 일주일에 평균 1000건 정도의 레터를 보내고, 질문에 답변을 하며, 결국에는 채권을 회수하고, 필요한 경우에는 법원 소송 절차를 거쳐 최종적으로 회수한다. 우리는 법원 소송 절차에 필요한 것이 무엇인지 정확히 알고 있고, 모든 올바른 문서가 당일에 사용할 수 있도록 구비되어 있는지 확인할 수 있는 상당히 좋은 프로세스를 가지고 있다.

●●●●●●●●●●●●●●●●●●●●●●●●●●●●●●●●●●●●●●●

이 법률회사가 발견한 것은, 높은 수준의 판단력이 필요하며 개인화된 서비스에 적합한 프로세스 설계는 일상적인 활동에 필요한 프로세스 설계와는 매우 다르다는 것이다. 소송의 예와 같이, 대량의 다양성이 낮은 업무를 처리하는 프로세스는 규모의 경제를 활용할 수 있고, 체계화와 자동화를 할 수 있으며, 이 모두를 활용해 거래 비용을 줄일 수 있다. 이와는 대조적으로, 가족법의 예와 같이 소량이면서 다양성이 높은 업무를 처리하는 프로세스는 이러한 이점이 전혀 없기 때문에 거래 비용을 거의 낮출 수 없다. 이들 프로세스가 필요로 하는 것은 기대되는 다양한 활동에 대처할 수 있을 만큼 충분한 내재된 유연성이다. 이 경우, 프로세스는 인간의 기술 중심으로 정의될 필요가 있으며, 유연하고 적응 가능한 방식으로 개인에게 재량권을 줄 수 있도록 충분한 정보와 함께 느슨하게 정의되어야 한다. 그렇다면 이 두 번째 경우에는 왜 프로세스를 신경 쓸까? 앞에서 말한 것처럼 법률회사는 '아무것도 놓치지 않았다는 것을 확인하면서 조언을 맞춤화'할 수 있기 때문이다.

재무 관점에서도 이것이 이해되는가? 송장처리와 같이 조금 더 시스템적인 접근법을 통해 이익을 얻을 수 있는 일상적인 업무가 있는가? 인수 업무

그림 3-1
규모–다양성 스펙트럼

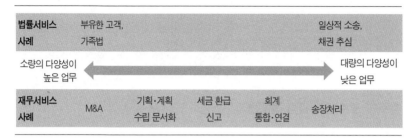

와 같이 유연하게 대응해야 하면서도 동시에 간과한 것은 없는지 확인해야 하는 고도로 숙련된 자문 업무가 있는가? 〈그림 3-1〉은 규모–다양성 스펙트럼에서 법률회사의 서비스와 전형적인 몇몇 재무 서비스의 포지션을 보여준다.

적합한 프로세스 설계하기

대량의 다양성이 낮은 업무를 처리하는 프로세스가 갖고 있는 주요 이슈에는 일반적으로 분리된 각각의 개별 활동을 하나의 업무로 통합하고 표준화해 규모의 경제를 어떻게 가장 잘 달성할 수 있을 것인가도 포함된다. 이러한 일상적이고 대량의 표준화된 활동은 자동화된 기술과 재량권이 상대적으로 거의 없고 프로세스 통제가 엄격히 이루어지도록 상세하게 정의된 직무명세서를 사용해야 가장 잘 처리된다. 그러니 이런 종류의 프로세스를 사용해 비표준화된 지식 기반 활동이나 진단 활동을 수행하는 것은 당연히 매우 비효율적일 것이다.

　여기서 핵심 이슈는 단지 프로세스가 다르다는 것만이 아니다. 목적과 특성이 다른 프로세스를 설계할 때는 동일한 접근 방식을 사용해서는 안 된다는 것이다. 이것은 그 일이 어떤 종류의 일이든 실제로 어떻게 '일을 하느냐'에 관한 것이다. 그리고 여러분이 어떻게 일을 할지 선택하는 것은 그 일을 하는 프로세스를 정의하는 것이다. 그것을 하는 방식이 마음에 들지 않거나 요구 사항이 변경되면 더 잘 작동하도록 프로세스를 재정의할 수 있다.

재무에 프로세스 관점 적용하기

정확하게 어떤 활동이 대량의 활동이고 소량의 활동인지, 아니면 중간 규모의 활동인지 정의하는 것은 조직마다 조금씩 다르다. 재무 프로세스에서 일반적으로 일상적인 대량 업무의 예로는 송장처리, 지불 업무, 고객으로부터의 현금 회수 업무, 은행 예금 업무, 모든 입력 데이터를 범주별 요약보고서로 변환하는 회계 통합 업무를 들 수 있다.

　보다 지식 기반의 소량 활동 업무의 예로는 회계정책의 해석, 자금의 재조달 결정, 인수합병 거래, 전략계획 개발 등이 있다. 중간 규모의 활동에는 월간 운영 및 경영관리 보고서 작성, 법정보고서와 세무신고서 제출, 분기 재무제표 마감이 포함될 수 있다. 적용하고 있는 재무 프로세스에 대해 생각해 보고 이를 규모-다양성 스펙트럼에 어떻게 배치할 수 있는지 확인해 보는 것은 어떻겠는가?

재무와 프로세스 네트워크

모든 활동을 하나의 프로세스로 볼 수 있다는 것을 이해하고 나면, 그다음은 모든 프로세스가 함께 연결될 수 있다. 재무 프로세스뿐만 아니라 비즈니스의 모든 프로세스가 그렇다. 모든 비즈니스의 내부에는 복잡하고 상호 연결된 프로세스 공급 네트워크가 있다. 프로세스 하나의 나쁜 서비스가 네트워크를 통해 확산되어 결국에는 다른 모든 프로세스에 영향을 미친다. 따라서 스프레드시트의 숫자 하나가 다른 스프레드시트와 통합될 수 있는 적절한 시기에 전달되지 않으면 지연으로 인해 연쇄효과가 발생하며 다른 모든 항목에 영향을 미칠 수 있고, 결국은 최종 산출 결과를 제시간에 보고하지 못하게 될 수 있다. 또 제안된 기업 인수에 대한 실사가 지연되면 기회 자체를 놓칠 수 있다. 프로세스 네트워크는 비즈니스 내부에서의 정보 흐름 방식이자 운영성과에 영향을 주는 것이기도 하다. 내부 프로세스 성과 표준을 충족하지 못하는 모든 실패는 조만간 비즈니스 성과 전반에 영향을 미칠 것이다. 이러한 문제의 근본 원인은 무엇일까? 그 원인은 프로세스가 설계되고 운영되며 지속적으로 개선되는 혹은 개선되지 않는 방식에 있다. 프로세스가 좋은 서비스와 나쁜 서비스를 만들기 때문이다. 이들 프로세스 중 몇몇은 재무 기능의 일부일 것이고, 이들 프로세스를 통해 재무조직이 업무에 기여한다.

두 가지 책임

이는 프로세스와 관련한 두 가지 책임을 의미한다. 첫 번째 책임은 프로세스가 활동을 효율적이고 효과적으로 수행해 뛰어난 서비스를 제공하도록 하는 것이다. 이 책임은 담당하고 있는 프로세스를 지속적으로 개선해 고객에게 더 나은 서비스를 제공함으로써 감당한다. 또한 비즈니스의 다른 모든 프로세스가 어떻게 작동하는지에 대한 고유의 재무적 관점을 갖게 될 것이다. 우리 재무 구성원 모두는 비즈니스의 이익이 되도록 특별한 재무 전문지식을 활용할 책임이 있다. 다시 말해, 두 번째 책임은 비즈니스의 나머지 부분이 자체 프로세스를 개선할 수 있도록 돕는 방법을 찾는 데 재무에 관한

[우리의] 전문 지식을 활용하는 것이다. 타 비즈니스 부분의 비효율성이 재무 서비스의 효율성에 연쇄적으로 영향을 미칠 수 있는 경우에 특히 그렇다.

그렇다면 이 두 가지 책임을 개발하는 데 프로세스 관리와 프로세스 행동에 대한 이해가 왜 중요한가? 담당하고 있는 재무 프로세스를 개선해야 하는 첫 번째 책임은 분명하다. 프로세스가 일반적으로 어떻게 작동하고, 프로세스를 개선하기 위해 어떤 도구가 개발되어 있는지에 대한 철저한 이해가 없다면 어떻게 담당하고 있는 재무 프로세스를 효과적으로 개선할 수 있겠는가? 말 그대로 무엇을 하고 있는지 모를 것이다. 두 번째 책임인 다른 비즈니스 기능 부분의 프로세스 개선을 돕기 위해서는 프로세스 행동에 대한 올바른 지식이 중요하다. 기업에서 어떤 기능이든 전문 지식은 상황에 맞게 적절하게 적용될 때 훨씬 더 효과적이다. 즉, 전문가의 지식은 내부 고객의 프로세스에 미칠 영향을 고려한 방식으로 제공되어야 한다. 그러니 프로세스에 대한 일반적인 이해 없이 어떻게 그것이 가능하겠는가?

누구나 망치와 톱, 끌을 사용해 나무 조각을 깎아낼 수 있다. 그러나 공에 가는 도구를 어떻게 효과적으로 사용하는지뿐만 아니라 작업할 때 재료가 어떻게 반응하는지도 알고 있다. 이제 전략 목표부터 지속적 개선을 구축하는 것에 이르기까지 재무에 프로세스 관점을 적용하는 다섯 가지 의사결정 사항을 살펴보도록 하자. 그러면 기술에 숙달할 수 있다.

재무조직을 효율적인 조직으로 만들라 _____

현재 상황을 요약하자면, 부가가치 활동의 모든 유형은 프로세스로 볼 수 있으며, 여러분은 프로세스 네트워크로 구성된 재무조직의 일부이거나 관리 대상이다. 그러나 이러한 프로세스는 서로 똑같지 않다. 그것들은 규모와 다양성이라는 특성이 다르기 때문에 시간이 지남에 따라 다르게 설계되고 관리되며 발전되어야 한다. 게다가 재무임원으로서 여러분은 두 가지 중요한 책임을 지고 있다. 하나는 조직의 타 부분에 제공하는 재무 서비스를 생성하는 프로세스를 개선하는 것이고, 다른 하나는 조직의 다른 프로세스를 개선하는 데 어느 정도 책임을 지는 것이다.

어떻게 만드는가?

이 장에서 우리는 재무조직을 효과적으로 운영하는 데 핵심이 되는 프로세스 관리 사례를 만들고자 한다. 일반적으로 프로세스 관리의 전략적 중요성은 이와 같은 프로세스가 제조, 재무, 마케팅, 인적자원관리 또는 조직의 어떤 부분에 있는지와 관계없이 인식되는 것이다. 프로세스 관리와 관련된 모든 이슈들을 처리할 수는 없지만, 프로세스가 실제로 기여하고 있는지 확인하고 싶다면 〈그림 3-2〉에 나타난 주요 프로세스 관련 이슈와 결정들을 고려해 보라. 이에 대해서는 이어서 설명한다.

1단계:
전략 목표를 올바르게 설정하라 _____

이것은 재무 프로세스를 포함한 모든 프로세스 개발의 시작점이 되어야 한다. 프로세스에 주의를 기울이면 단기뿐만 아니라 장기적으로도 영향을 미칠 수 있다는 것이 확인되었다. 프로세스 관리가 비용, 서비스, 리스크, 투자와 역량에 미칠 수 있는 영향을 살펴보자.

그림 3-2

효율적 재무조직 개발: 프로세스 관점으로 관리하기 위한 핵심 이슈

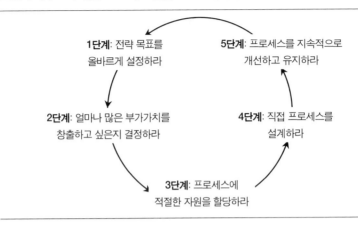

① **비용**: 잘 설계되고 자원이 적절하게 배분된 프로세스는 노력과 시간, 커패서티capacity를 낭비해서는 안 된다.

② **서비스**: 잘 설계된 프로세스는 내외부 고객이 무엇을 요구하는지 이해하고, 무엇을 할 것인가(서비스 사양), 무엇을 하지 않을 것인가(오류가 없음), 언제 할 것인가(서비스 제공 시기), 어떤 범위로 할 것인가(서비스 유연성), 서비스를 얼마나 개선할 것인가(개발)에 대한 합의된 표준을 운영 목표로 설정해야 한다.

③ **리스크**: 잘 설계된 프로세스는 잠재적 실패 지점을 파악하고, 실패가 발생하는 것을 방지하며, 그 영향을 완화하고, 발생한 모든 실패를 회복할 수 있는 메커니즘을 구축해야 한다(이에 대해서는 제5장에서 다시 다룬다).

④ **투자**: 프로세스 설계자는 충분한 투자를 할 수 있을 만큼의 백지수표를 가지고 있지 않다. 그래서 프로세스에 투자된 자본을 효과적으로 사용하면 프로세스를 좋기는 하지만 비싼 것에서 그냥 좋은 것으로 바

꿀 수 있다.

⑤ **역량**: 잘 설계된 프로세스는 경험으로부터 학습할 수 있어야 하고, 이러한 학습을 역량으로 구축해 프로세스가 새롭고 더 낫거나 더 효과적인 서비스, 프로세스, 방법, 아이디어를 도입하는 데 도움이 되도록 해야 한다.

이것이 모든 프로세스의 본질적 목표다. 재무 기능의 모든 활동에 어떻게 적용되는지 알 수 있겠는가? 모든 CFO는 자신의 활동이 더 저렴하고, 더 나으며, 리스크가 적고, 수익률을 더 내며, 더 혁신적이기를 바란다.

물론 이러한 모든 목표를 한 번에 똑같이 잘할 수는 없다. 어떤 것이 가장 중요한지 결정하고 우선순위를 정해야 한다. 그리고 이러한 목표의 상대적 우선순위는 무엇을 하려고 하느냐에 따라 크게 달라질 것이다. 전략과 가장 밀접하게 연결된 목표를 선택하라. 예를 들어 글로벌 기업을 위해 재무비즈니스서비스센터FBSC: finance business service centre를 운영하는 경우 비용 이슈가 지배적일 가능성이 높다. 투자 은행의 통제조직이라면 리스크 목표가 프로세스의 많은 부분을 좌우할 것이다. 급변하는 시장에서 사업을 하고 있는 기업이라면 재무 기능이 기업의 타 부분과 마찬가지로 유연하기를 바라는 것과 같이 요구 사항이 다양할 것이다. 핵심은 어떤 재무 프로세스라도 설정된 성과 목표와 비즈니스 전체의 전략적 우선순위에 명확하고 논리적으로 연결되어 있어야 한다는 것이다.

이것을 너무 당연하다고 무시해서는 안 된다. 프로세스를 설계할 때 전략적 기여와 상관없이 동일한 접근 방식을 실제로 시도하는 재무조직이 많이 있다. 이는 재무조직이 회사 전체가 업무를 올바르게 수행하는 것을 어떻게 도울지와 연관 지어서 재무업무를 고려하지 않고 자신의 업무만 바르게 수행하는 것과 같다. 요약하면, 재무가 하는 일을 가다듬기만 하는 것은 기업의 다른 비즈니스 조직에 대한 서비스 제공자로서 의미가 없는 일이다.

한 재무 전문가는 인도 하이데라바드Hyderabad에서 오프쇼어링 서비스 재무조직을 운영하고 있다. 그는 전략 목표에 세심한 주의를 기울임으로써, 비용절감을 위해 설계한 오프쇼어링 서비스를 시작해 모범사례best practice가 된 탁월성센터COE: centre of excellence로 탈바꿈시켰다. 그는 그것에 대해 이렇게 말한다.

전반적인 전략 목표를 올바르게 설정하는 것은 절대적인 전제조건이다. 하고 싶은 일이 명확하지 않으면 목표 달성을 위한 어떠한 진보도 할 수 없다. 주요 질문은 이렇다. 역량이 무엇인가? 무엇을 달성하려고 하는가? 해결하려는 문제는 무엇인가? 이러한 질문에 대해 명확하다면 목표를 달성하는 데 필요한 핵심 활동을 파악하는 단계로 넘어갈 수 있다. 그리고 일단 이것을 끝내고 나면 비로소 회사의 각 부분에 대해 어떻게 할 것인지 정의할 수 있다.

이 임원은 단순한 비용절감이라는 원래의 범위를 훨씬 뛰어넘었다. 조직의 전략 목표에 관심을 기울이고, 이를 달성할 수 있는 재무 서비스를 제공할 수 있는 역량을 구축함으로써 현재 글로벌 모범사례인 탁월성센터를 이끌고 있다. 이것은 재무 기능에도, 또 비즈니스 전체에도 좋은 일이다.

2단계:
얼마나 많은 부가가치를 창출하고 싶은지 결정하라 _____

재무조직에서 각 프로세스의 전략 목표가 성과 목표와 명확하고 논리적으로 연결되면, 자원조달과 관련한 첫 번째 주요 결정은 하고자 하는 일은 무엇이고 다른 사람이 해주기를 바라는 일은 무엇인가를 결정하는 것이다. 프로세스 처리를 '셰어드서비스센터'라고 부르는 내부 전문가 조직에 맡기거나 외부 서비스 공급업체에 아웃소싱하는 것이 지난 몇 년 동안의 추세 중하나였다. 재무뿐만 아니라 모든 비즈니스의 운영 프로세스도 같은 방향으로 움직이고 있다.

왜 그러한가? 이는 외부 공급자가 더 잘하거나, 저렴하게 할 수 있거나, 또는 더 저렴하게 잘할 수 있는 활동이 많기 때문이다. 만일 비즈니스 전체가 이 논리를 따른다면, 재무 기능은 왜 그렇게 하지 않아야 하겠는가? 당연히 재무 기능도 비용을 절감하고, 향상된 기술을 최대한 활용하며, 서비스의 품질과 유연성을 높이고자 한다. 인력 측면에서는 단기적 인력 부족을 피하고 기존의 재무 구성원을 더 높은 가치의 업무로 전환시킬 수 있는 기회를 얻기 위해 우수한 전문 지식에 접근하기를 원한다. 적어도 이론적으로는 이러한 모든 이점이 아웃소싱을 통해 가능하다.

그럼에도 불구하고 수년간 아웃소싱 논의를 주도해 온 것은 비용절감의 잠재력이었다. 1980년대에 포드Ford는 기본적으로 동일한 일상적인 재무 활동을 수행하기 위해 글로벌 네트워크에 걸쳐 수백 개의 개별 회계센터를 사용하는 것이 무의미한 일임을 깨달았다. 그래서 표준화된 프로세스와 통합정보기술을 사용해 회계센터 수를 수백 개에서 몇 개로 줄여 비용을 크게 절감했다. 이를 조기 적용한 다른 기업들도 셰어드서비스센터의 생산성이 일반적으로 한 사람이 연간 약 1만 개의 송장을 처리하던 것에서 2만 5000 개에서 심지어 5만 개까지 처리하는 수준으로 늘어났다는 것을 발견했다. 예를 들어 인텔Intel은 계산 결과 송장 하나의 처리 비용이 8달러에서 1달러 미만으로 줄었다고 했다.[3] 이것이 왜 아웃소싱이나 인소싱의 주요 동인이 언제나 비용절감인지에 대한 이유이며, 그 절감 효과는 인상적이었다. 비즈니스 프로세스에 대한 자문 활동을 하는 한 그룹[4]은 비즈니스 전체 관점에서 볼 때 셰어드서비스가 재무 기능의 비용 중앙값을 총수익의 2.5%에서 그 절반인 1.25%로 줄였다고 추정했다.

비용절감이 아무리 인상적이라 하더라도 그것 이외에도 다른 장점이 있지 않을까? 캘리포니아에 본사를 둔 전문가 아웃소싱 회사 이그절트Exult의 CEO 짐 매든Jim Madden은 "사람들은 아웃소싱과 관련해 비용절감 이상의 무언가를 고려하는 것에 대해 많이 이야기한다"라고 말한다. 그리고 계속해서 "어떤 회사도 비용절감 없이 이 아웃소싱 계약을 체결할 것이라고는 생각하지 않지만, 뱅크오브아메리카Bank of America와 같은 우리 고객의 경우에는 결코 비용절감만 고려하지는 않는다"[5]라고 말한다. 짐은 아웃소싱 결정을 내릴 때 비용절감 외에 다른 이점에 대해서도 생각해 보라고 이야기한다. 아웃소싱 여부를 결정할 때 고려해야 할 몇 가지 다른 관점에 대해서는 이어서 설명한다.

아웃소싱할 것인가?

아웃소싱 전략을 실행하기 전에 고려해야 하는 몇 가지 다른 요소, 때로는 덜 구체적인 요소가 있다. 어떤 활동이 장기적인 전략 관점에서 중요성을 가지고 있다면, 그것은 아웃소싱의 대상이 될 가능성이 낮다. 예를 들어, 누가 회사 수준의 재무예측을 아웃소싱하겠는가? 이는 전략적으로 민감한 일이고, 아웃소싱을 할 경우 회사를 재무제표 재작성 위험에 노출시킨다. 또한 일반적으로 기업은 특화된 전문 기술이나 지식이 내재되어 있는 활동은 아웃소싱하지 않는다. 광산기업이 잠재적 탐사자산 평가에 대한 전문 지식을 수십 년 동안 지질학자와 재무조직 사이의 협력을 통해 구축했다면, 경쟁자들이 따라오기 어려울 정도로 가치 있는 그 역량을 아웃소싱해 포기하는 것은 어리석은 일이다.

그림 3-3
아웃소싱 의사결정 논리

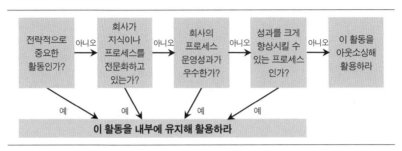

이러한 전략적 요소 외에도 현재의 운영성과operational performance 수준에 대해서도 고려해야 한다. 프로세스의 운영성과가 어떤 잠재적 공급업체보다 이미 우수하다면 왜 그 활동을 아웃소싱해야 하겠는가? 반대로 현재의 성과가 잠재적 공급자에 미치지 못하더라도, 성과를 크게 향상시킬 수 있다면 그 활동을 아웃소싱하지 않을 수도 있다. 〈그림 3-3〉은 이러한 결정을 어떻게 하는지 그 논리를 보여준다.

적어도 이론적으로는 아웃소싱의 모든 이점을 인소싱을 통해서도 얻을 수 있다. 그 둘은 실제로 똑같은 아이디어의 한 부분이다. 둘 다 전통적으로 수행하던 작업을 없애고 그 수행 책임을 다른 사람에게 넘기는 것을 수반한다. 둘 다 규모의 경제, 집중된 전문성, 노동에 대한 차익거래arbitrage transaction 또는 세 가지 모두의 효과를 활용하려는 시도다. 이 둘의 가장 큰 차이점은 소유권이다. 아웃소싱은 외부의 다른 사람에게 비용을 지불하고 대신 작업을 수행하도록 하는 것인 반면, 셰어드서비스를 사용하면 회사 내부에서 책임을 진다.

비용절감 이외의 또 다른 여러 이점

그러나 셰어드서비스 경험이 발전함에 따라 더 많은 이점이 나타났다. 서비스 통합의 전제 조건인 표준화를 통해 성과 비교를 더 빠르고 쉽고 저렴하게 하거나 심지어 처음으로 전사적인 관점에서 표준화를 실현해 볼 수도 있다. 마찬가지로 기업 지배구조 요구 사항, 국제재무보고기준IFRS: International Financial Reporting Standards, '사베인스-옥슬리 법SOA: Sarbanes-Oxley Acts' 및 다른 요구 사항을 준수하는 것이 더 쉬워진다.

셰어드서비스의 또 다른 옹호자인 전자 및 전기공학 기업 그룹인 지멘스Siemens도 고객의 요구에 대응하는 프로세스 개선이 중요하다는 것을 강조한다. "그 결과는 윈윈이다"라고 영국 지멘스의 CFO이자 셰어드서비스 이니셔티브 책임자인 크리스토프 어번Christoph Urban은 설명한다. "관련 지멘스 사업부의 고객은 더 나은 품질을 더 낮은 비용으로 얻었고, 사업부의 핵심 비즈니스에 더 집중할 수 있었으며, 높아진 경쟁력과 고용주로서의 매력을 누릴 수 있었다."

아웃소싱은 왜 약속한 것을 항상 제공하지는 못하는가?

하지만 재무 아웃소싱과 셰어드서비스의 성장에도 불구하고 일부 이용자들은 자신의 결정에 놀라울 정도로 만족하지 못한다. 글로벌 CFO에 대한 한 설문조사에 따르면 응답한 CFO의 54%는 아웃소싱이 약속한 이점을 제공하지 못한다고 생각했다. 그럼에도 응답한 CFO의 73%는 재무 프로세스의 전부는 아니더라도 최소한 일부는 아웃소싱할 수 있다는 점을 여전히 인정했다. 이는 분명히 모순된다. 왜 그토록 많은 기업들이 아웃소싱 옵션을 계속 추구해야 하는가? 그것이 일관되지 못한 역사를 가지고 있는 것처럼 보일 때에도 말이다. 경험에 대한 희망의 승리인가? 아니면 아웃소싱에 실제로 가치 있는 기회가 있지만, 성공하려면 몇 가지 중요한 과제와 리스크를 해결해야 한다는 의미인가? 예를 들어 아웃소싱에는 문화의 변화가 필요할 수 있는데, 조직의 문화를 바꾸는 것은 결코 쉬운 일이 아니다. 미국 지멘스에는 송장을 지불하는 방법이 28가지나 있었다. 그들이 이 활동을 통합하기 시작하자, 각 업무 단위는 자신의 고착화된 구조를 새롭고 생소한 중앙 집중 단위에 공개하는 것을 꺼렸다. 다행히도 그들은 이를 극복할 수 있었지만, 그것은 쉽지 않은 작업이었을 것이다. 그러나 미국 지멘스가 얻은 통합의 보상은 매우 컸다.

이는 또한 많은 아웃소싱 계약이 제대로 관리되지 않았다는 것을 의미할 수도 있다. 심지어 껄끄러운 문제를 끌어들이는 것처럼 어려운 경제 상황에서 비용을 절감하고자 하는 기업이 재무조직에 아웃소싱을 강요하고 있음을 의미할 수도 있다. 그것을 하고 싶지 않고 잘하는 방법도 모른다면 아웃소싱의 성공 가능성은 희박하다. 따라서 여러분이 아웃소싱 이슈와 주제를 다시 책임지는 데 이 장의 아이디어가 도움이 되기를 바란다.

새로운 구조, 새로운 기술

따라서 셰어드서비스 조직은 ① 성장하고 있고, ② 비용절감에 탁월해 보이며, ③ 재무 기능 전체에 분산되어 있는 프로세스를 보다 더 빠르게 개선할 수 있는 잠재력을 가지고 있다. 하지만 셰어드서비스의 모든 예가 제대로 작동하는 것은 아니다. 셰어드서비스가 작동하기 위해서는 직면해야 하는 분명한 새로운 과제가 있다. 이러한 과제 중 일부는 셰어드서비스 조직 자체의 리더십에 있다. 셰어드서비스 조직은 경영진에게 완전히 새로운 기술을 요구한다. 셰어드서비스 조직은 언제나 스스로를 개선하기 위해 장애를 극복하는 동시에 내부 고객에 대한 서비스 수준을 유지해야 한다. 그러나 셰어드서비스가 성공하기 위해 해결해야 할 많은 문제는 '고객' 쪽에서 발생한다. 아웃소싱 서비스에 의존하는 것과 마찬가지로 셰어드서비스에 의존하는 내부의 고객도 셰어드서비스와 자신의 프로세스 사이에서 이루어지는 인터페이스를 관리할 책임을 공유해야 한다. 비효율적인 프로세스를 셰어드서비스 조직에 넘기고 그것이 기적적으로 개선되기를 기대하는 것은 비현실적이다. 마찬가지로, 필요한 서비스 수준을 정확히 정하지 않으면 본질적으로 기대하는 수준을 달성할 수 없다. 성공적인 셰어드서비스 구조의 본질은 상호 간에 공유된 책임을 받아들이는 것이다.

재무에서 아웃소싱과 셰어드서비스의 우선 대상이 되는 것은?

그렇다면 재무 기능의 여러 활동 중 어떤 부분을 아웃소싱해야 하고, 어떤 부분을 내부적으로 일종의 셰어드서비스 조직에 할당해야 하며, 어떤 부분을 기존 재무 기능에 유지해야 하는가? 그에 대한 답은 일련의 이슈 전체가 무엇인지에 달려 있으며, 그 이슈 전체를 다루는 것은 이 책의 범위를 벗어나는 것이다. 우리에게는 단지 그것을 판단할 수 있는 이정표가 있으면 될 것이다. 주요 판단의 근거가 되는 요인 중 하나는 프로세스의 특성, 특히 규모와 다양성이라는 특성이다.

매우 폭넓게 이야기한다면, 볼륨이 매우 크고 다양성은 매우 낮은 프로세스가 일반적으로 아웃소싱의 주요 대상이다. 예를 들어 송장 지불과 같은 활동은 재무조직 내에서뿐만 아니라 여러 다른 조직에서도 비교적 공통적으로 일어나는 활동이다. 이러한 프로세스에 대해서는 많은 비즈니스 프로세스 아웃소싱 기업 중 어느 회사라도 고객 내부만의 노력보다 뛰어난 서비스를 제공할 수 있다. 볼륨이 약간 작고 다양성은 약간 높은 프로세스의 경우에는, 이 프로세스를 내부의 셰어드서비스 조직 형태로 어느 정도 집중화함으로써 효율성을 얻는 것이 여전히 가능할 수 있다.

전문 지식이나 현장 지식이 필요한 상대적으로 규모가 작고 다양성이 높은 프로세스는 해당 지역의 재무조직에 남아 있을 가능성이 가장 높다. 그러나 예외도 있다. 때로는 특히 진단적인 성격이나 지식 기반의 콘텐츠가 많은 경우나 극도로 규모는 작고 다양성은 높은 프로세스는 회사 내외부에 있는 일종의 전문가 조직에서 처리할 수 있다. 일반적으로 셰어드서비스 조직이라고 부르지는 않지만, 이러한 종류의 내부 자문 접근 방식은 전문가의 지식을 모으고 전문 지식을 개발하는 최선의 해결책일 수 있다. 대표적인 것이 인수합병M&A이다. 이번 장 앞부분에서 만난 모힛 바티아는 이것이 젠팩에서 어떻게 작동하는지 다음과 같이 설명한다.

회사에는 인수합병 리더가 있으며, 인수합병 목표 파이프라인과 상위 수준의 분석을 통해 최종 후보 목록을 작성하고 이사회에 제출해 승인을 받는다.

그렇게 되면 인수합병 전문 리더가 이사회의 대화를 주도한다. 인수합병 활동 역량이 낮은 회사는 이 활동을 투자은행investment bank에 아웃소싱할 수 있다.

이제 3단계로 넘어가 보자. 성공을 보장할 수 있도록 적절한 자원을 할당했는지 어떻게 확인할 수 있는가?

3단계:
프로세스에 적절한 자원을 할당하라 _____

이제 규모와 다양성이 프로세스 관리의 거의 모든 측면에 영향을 미친다는 사실을 알았을 것이다. 서로 다른 규모-다양성 포지션을 가진 프로세스는 그 흐름의 특성이 다르므로 직무설계에서 서로 다른 기술과 접근 방식이 필요하다. 따라서 규모-다양성 포지션이 다른 프로세스에 자원이 적절하게 할당되는지를 초기에 분명하게 확인해야 한다. 예를 들어, 규모가 작고 다양성이 높은 활동을 가진 프로세스일 때는, 일반적으로 기술 투자를 높은 수준으로 할 경우 거의 이익을 얻지 못한다. 그러한 프로세스에는 스프레드시트와 같은 비교적 수작업에 가깝고 범용적이며 가볍고 유연한 기술 도구가 필요하다. 이와는 대조적으로 상대적으로 규모가 크고 다양성이 낮은 활동의 프로세스에는 전사적자원관리ERP: enterprise resource planning[6] 플랫폼과 같은 자동화된 전용 대규모 IT 솔루션이 필요하다. 그것들은 유연성이 다소 떨어질 수 있지만, 스프레드시트를 사용해 대규모 업무를 처리하려 할 때 겪을 수 있는 오류를 피할 수 있게 해준다.

직무설계에도 영향이 있다. 대체로, 다양성이 높고 규모가 작은 프로세스는 의사결정 재량권이 있는, 범위가 넓고 비교적 정의되지 않은 직무에 적용되는 프로세스다. 그러한 직무는 내재적 직무만족도를 갖는 경향이 있으며, 따라서 사람들은 선택권과 통제력을 갖고 있다. 이와는 대조적으로, 규모가 크고 다양성이 낮은 프로세스는 의사결정 재량권이 비교적 없는, 범위가 상대적으로 좁고 세세하게 정의된 직무에 적용되는 경향이 있다. 여기서 직무는 내재적 동기를 수반하지 않을 수 있으며 따라서 어떻게 동기부여할지 생각할 필요가 있다.

자원 수준 올바르게 설정하기

그러나 프로세스에 부적절한 자원이 할당되어 있다면 무슨 일이 일어나겠는가? 〈그림 3-4〉는 때때로 '제품-프로세스 매트릭스product-process matrix'라고 불리는 것을 보여준다.[7] 기본적인 아이디어는 프로세스 설계의 중요한 요소 중 많은 부분이 프로세스의 규모-다양성 포지션과 밀접한 관련이 있다는 것이다. 따라서 어떤 프로세스든 수행하는 업무, 프로세스를 통한 항목의 흐름, 자원의 배치, 사용하는 기술, 직무설계는 모두 프로세스의 규모-다양성 포지션에 의해 크게 영향을 받는다. 이것은 대부분의 프로세스가 프로세스와 규모-다양성 포지션 사이의 적합성을 나타내는 매트릭스의 대각선에 가깝게 있어야 함을 의미한다. 이것을 '자연대각선natural diagonal'이라고 부른다.

매트릭스의 자연대각선에 있는 프로세스는 일반적으로 대각선에서 떨어져 있는 동일한 규모-다양성 포지션의 프로세스보다 운영비용이 더 낮다. 이는 대각선이 규모-다양성 포지션에 가장 적합한 프로세스 설계를 나타내기 때문이다. 대각선의 오른쪽에 있는 프로세스는 일반적으로 규모는 더 작고 다양성은 더 높은 활동과 관련이 있다. 이는 프로세스가 실제 규모-다양성 포지션에 의해 보장되는 것보다 더 유연할 가능성이 있음을 의미한다. 즉, 가지고 있는 능력을 활동을 표준화하기 위해 활용하지는 않는다. 이 때문에 비용은 대각선에 있는 프로세스보다 높을 수 있다.

반대로 대각선의 왼쪽에 있는 프로세스는 일반적으로 규모는 더 크고 다양성은 더 낮은 프로세스에 적합한 포지션이다. 그러므로 프로세스가 지나치게 표준화되어서 실제 규모-다양성 포지션에 의해 보장되는 것보다 유연하지 않을 가능성이 있다. 또한 이러한 유연성 부족은 높은 비용을 유발할 수 있다. 보다 유연한 다른 프로세스만큼 한 활동에서 다른 활동으로 쉽게

그림 3-4
제품-프로세스 매트릭스

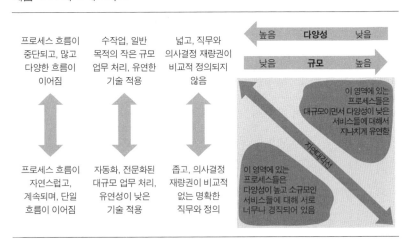

변경할 수 없기 때문이다.

주의할 점이 하나 있다. 이 모델은 논리적으로는 일관성이 있는 개념적 모델이지만, 확장할 수 있는 것은 아니다. 대각선에서 벗어나면 (지나친 유연성이나 경직성을 해소하기 위해) 비용이 증가한다는 것은 직관적으로 분명하지만 증가하는 비용을 정확하게 결정하기는 어렵다. 그럼에도 불구하고 기존 프로세스가 제품-프로세스 매트릭스의 대각선에 있는지 먼저 확인하는 것이 좋다. 예를 들어, 프로세스의 규모-다양성 포지션은 관련 설계 변경 없이도 변경되었을 수 있다. 또 프로세스의 실제 규모-다양성 포지션에 대한 적합성을 고려하지 않고 프로세서 설계를 변경했을 수도 있다.

이 모든 것은 여러분이 리더로서 개인적으로 참여해야 함을 의미한다. 이것은 4단계에서 살펴볼 것이다.

4단계:
프로세스를 직접 설계하라 _____

자원 할당은 그저 프로세스 설계의 시작일 뿐이다. 프로세스에 할당된 자원에 따라 설정된 다양한 변수 안에서 자재, 정보, 고객이 프로세스를 통해 이동하는 방식을 지시하는 더 많고 상세한 여러 가지 의사결정이 있다. 이를 단지 기술적인 것으로 치부해서는 안 된다. 그것들이 프로세스의 실제 성과를 사실상 결정하고, 결국 전체 비즈니스 성과에 대한 기여도를 결정하기 때문이다.

프로세스를 어떻게 구성할지에 대한 궁극적인 책임은 경영진인 여러분에게 있다. 여러분의 프로세스를 설계할 책임을 하급 구성원이나 내부의 프로세스 '전문가'에게 위임하는 것을 고려해서는 안 된다. 물론 외부 컨설턴트에게 위임하는 것도 안 된다. 위임하거나 아웃소싱하기에는 프로세스 설계책임이 너무나 중요하다. 만약 일이 잘못되면 결국은 경영진인 여러분이 모두 책임을 져야 할 것이다. 그러나 프로세스 설계를 이해하고 책임을 지는 것과 사소한 문제에 얽매이는 것 사이에는 큰 차이가 있다. 특히 중소 규모활동의 경우 프로세스 설계는 개인의 판단, 주도성, 창의성을 제한하지 않고 활동에 합리적인 구조를 부과하는 문제인 경우가 많다. 이 경우에는 다음과 같이 해야 한다.

경영진으로서 프로세스 설계 이끌기

짐 글래지어Jim Glazier는 프로세스 관점으로 전환한 사람이다. 그는 유럽에서 가장 큰 펄프, 종이, 종이 제품 기업 중 한 곳의 인스티튜서널 퍼블릭 어페어IPA: institutional and public affairs 부문을 이끌고 있다. 그의 조직은 EU의 주요 기관인 유럽위원회European Commission, 유럽연합이사회Council of the European Union, 유럽의회European Parliament, 유럽 내 모든 다양한 국가의 정부와 협력하고 있다. IPA 인수 이후 짐의 가장 큰 성공은 비즈니스 로비 활동 프로세스를 개선해 생산성과 효과성을 모두 향상시킨 것이다. 여러분이 상상할 수 있듯이, 이것은 작은 규모, 높은 다양성의 섬세한 프로세스다. 그렇다 보니 구성원들을 설득하는 것이 어려웠다. 일부 구성원들은 다음과 같은 태도를 보였다.

나는 자격을 갖춘 전문가이며, 단순한 규칙을 따르는 것이 아니라 두뇌와 경험을 사용해 중요한 결정을 내린다. 단순한 기계의 톱니바퀴가 아니다. 스스로 생각해야 하기 때문에 톱니바퀴처럼 그렇게 그냥은 작동하지 않을 것이다. 우리의 일은 프로세스와는 정반대다. 활동은 결코 일상적이거나 반복적이지 않으며, 따라서 이러한 활동을 프로세스로 만들 경우 창의성을 빼앗아 갈 것이고 일은 영감이 사라지고 지루해질 것이다. 그것은 불필요한 제약을 가해 적절하다고 생각하는 대로 행동할 자유를 감소시킬 것이다. 프로세스는 인간성이나 심지어 우리의 자존심까지 빼앗아 갈 것이다.

대단히 강경한 반론이다. 짐은 동료들을 설득하기 위해 열심히 노력해야 했다. 짐은 IPA 부문이 수행해야 하는 업무를 정확히 정의하기를 원했다. 숙련되고 경험이 풍부한 전문가라도 스스로를 어떻게 관리할지에 대해 보다 체계적일 필요가 있다고 주장했다. 그리고 팀의 활동을 체계화하는 첫번째 단계는 팀의 모든 프로세스를 정의하는 것이었다. 그는 최고의 직업적 기준에 맞춰, 업무를 수행할 수 있는 능력을 떨어뜨리는 어떠한 조치도 거부할 것이라고 선언했다.

사실 그러한 시도는 짐이 예상했던 것보다 훨씬 더 유용했다. 어떤 대단한 발표보다는 그것이 제기한 심각한 질문에 대해서 그러했다. 첫째, 구성원들은 필요한 다양한 활동과 그 활동의 적절한 빈도, 올바른 순서, 상대적 중요성에 대해 약간 다른 견해를 가지고 있는 것으로 나타났다. 또한 그들은 프로세스의 각 단계에 대해 논의하고, 각각의 활동에서 그들의 임무를 달성하는 데 기여하는 것이 얼마나 중요한지, 그 임무를 얼마나 잘 수행했는지, 그 활동을 어떻게 개선할 수 있는지 정직하게 평가하려고 노력했다. 이에 대해 짐은 이렇게 말했다.

우리의 활동에 대해 나의 팀과 논의하자, 업무에 시간 척도와 관련된 분명한 측면이 있다는 것이 곧 확실하게 드러났다. 분기마다 해야 할 일련의 일들이 있다. 매주 초에 해야 하는 또 다른 일련의 업무도 있다. 실제로 우리가 유럽의 회에 있을 때 해야 하는 일을 안내해 주는 또 다른 목록도 있다. 마지막으로 회의 후에 우리가 하거나 최소한 해야 하는 후속 조치들 목록도 있다. 새로운 프로세스가 해야 하는 일은 우리가 해야 할 모든 일을 하고 있는지, 또 누가 그일을 해야 하고, 언제 해야 하며, 누구에게 어떻게 알려야 하고, 어떤 자원이 필요한지 등을 알고 있는지 확인해 주는 것이다. 고도의 지능이 요구되는 것은 아니지만 효과가 있다. 그것은 확실히 전문가적 판단을 제한하지 않으며, 사실상 기술을 개발할 수 있는 조금은 덜 예측 불가능한 환경을 제공한다.

짐의 출발점은 현재 프로세스가 어떻게 움직이는지 이해하는 것이었다. 그는 프로세스를 기본적이고 설명적인 방식으로 매핑했다. 활동을 다양한 시간 척도에 따라 배열했다. 가장 중요한 것은 그가 현재 그 일을 어떻게 하고 있고 제대로 하려면 어떻게 해야 하는지에 대해 비판적이지만 건설적인 관점을 가지고 있다는 사실이다.

이것은 단지 시작에 불과하다. 대부분의 프로세스에서 더 많은 것을 할 수 있다. 가능한 다음 단계는 다양한 활동에 시간이 얼마나 소요되는지, 또 얼마나 소요되어야 하는지를 수량화하는 것이다. 정확한 활동 시간을 측정할 수는 없겠지만 대략적인 수치라도 도움이 될 수 있다. 따라서 그에 대해서는 팀이 확실하게 판단을 내려야 할 것이다. 일부 전문가들이 활동이나 업무 수행 구성원의 능력을 숫자로 평가하는 것을 꺼리는 이유는 무엇인가? 그것을 정확히 알 수 없기 때문인가? 재무 전문가는 무언가를 측정하면서 삶을 보낸다. 비용, 시간, 재고, 규모, 커패서티에 대한 어느 정도의 추정치가 없다면 전체적인 그림을 보여주는 조각 퍼즐의 중요한 부분을 놓치게 된다. 최선의 추정치가 없다면 눈을 감은 채 날아가는 셈이 된다. 그렇다면 프로세스로 이것을 해보는 것은 어떤가? 작업 시간, 커패서티, 작업 부하, 가변성에 대한 대략적인 추정치라 하더라도, 없는 것보다는 낫다. 그렇게 하지 않으면 프로세스를 관리하기보다는 프로세스에 종속되고 만다. 그리고 가끔은 그런 느낌이 들지 않는가? 그것은 편안한 느낌이 아니다.

프로세스 설계 분야, 특히 대규모 재무공장을 운영하는 세계로 더 깊이 들어가는 것은 이러한 업무에서 규모를 활용할 수 있음을 의미한다. 짐과 그의 팀이 알아낸 것처럼 일을 어떻게 해야 하는지에 대한 몇 가지 기본적인 질문 또한 가치가 있다. 이제 마지막 단계인 지속적인 개선에 대해 살펴보자.

5단계:
프로세스를 지속적으로 개선하고 유지하라 _____

개선은 현재 있는 위치와 나아가기를 원하는 위치 사이의 격차를 줄이는 데서 시작된다. 따라서 프로세스의 모든 측면에 완벽하게 만족하지 않는 한

(그럴 가능성은 거의 없다) 개선할 것을 찾으라. 성과 향상performance improvement은 모든 프로세스 관리의 궁극적인 목표고, 이것이 프로세스 관점을 취하는 이유다. 지속적 개선CI: continuous improvement은 100년 전의 과학적 관리 scientific management[8]에서부터, 전사적 품질관리TQM: total quality management, 지속적 개선, 린 오퍼레이션lean operations, 비즈니스 프로세스 리엔지니어링 BPR: business process reengineering, 식스시그마Six Sigma와 같이 다양한 모습으로 계속해서 나타나고 있다. 이들과 여러 다른 방법들은 프로세스를 개선하는 방안에 대한 이 책의 아이디어에 기여할 것이다. 그 어떤 것도 궁극의 만병통치약이거나 완벽을 보장하는 묘책은 아니지만, 모든 것에는 몇 가지 장점이 있다.

이러한 개선 접근 방식에서 문제는 거기에 무엇이 포함되고 무엇이 누락되어 있는가가 아니라, 그 접근법에서 우리가 기대하는 것이 무엇이고 그것을 어떻게 사용할 것인가이다. 이러한 접근법들 중 어느 것이 자신에게 적합한지 판단하기 전에, 그것들이 무엇이고, 그 기본 철학은 무엇이며, 서로 어떻게 다른지 이해하라. 실제로는 이러한 접근법들 중 많은 것들이 그 기본 철학이 다름에도 불구하고 내용은 상당히 겹친다. 따라서 각각을 기법들을 모아놓은 도구상자toolbox로 생각하는 것이 가장 좋다. 각 도구상자에는 공유하고 있는 기법의 집합이 다르지만 겹치는 기법도 있다. 어떤 기법을 포함하느냐에 따라 도구상자의 전체적인 철학이 달라진다. 나아가 그것들이 시간이 지나면서 발전함에 따라, 공유하고 있는 도구 풀이나 서로에게서 더 많은 기법을 얻을 수 있다. 예를 들어 식스시그마는 간단한 기술 기반 프로세스 통제 기법으로 시작해 도구상자에 또 다른 많은 기법을 받아들여 왔다.

유사점과 차이점을 이해하는 데 도움이 되도록 두 가지 기준에 따라 서로 다른 도구상자를 매핑했다. 첫 번째 기준은 개선·변화의 강도, 즉 도구상자가 개선에 대한 점진적이고 지속적인 접근 방식을 강조하는지 아니면

그림 3-5

딜레마 해결의 예

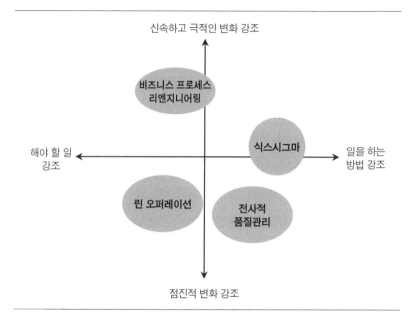

신속하고 극적인 변화 강조

비즈니스 프로세스
리엔지니어링

식스시그마

해야 할 일
강조

일을 하는
방법 강조

린 오퍼레이션

전사적
품질관리

점진적 변화 강조

보다 급진적이고 획기적인 수준의 변화를 권장하는지 여부다. 두 번째 기준은 강조점, 즉 도구상자가 어떤 변화가 이루어져야 한다고 처방하는지 아니면 어떻게 변화되어야 한다고 방법을 강조하는지 여부다. 몇몇 도구상자에는 프로세스와 자원을 구성하는 가장 좋은 방법에 대한 확고한 관점이 있다. 다른 도구상자들은 어느 작업이 무엇을 해야 하는지에 대해 특별한 관점을 갖고 있지 않으며, 대신 관리자가 무엇을 해야 할지 결정하는 방법에 집중한다.

〈그림 3-5〉는 이 두 가지 차원에 대해 가장 일반적인 네 가지 접근법을 나타내고 있다. 예를 들어 비즈니스 프로세스 리엔지니어링은 권장하는 내용이 비교적 명확하다. 프로세스는 엔드투엔드여야 하고, 비부가가치 작업

은 제거되어야 하며, 재고는 줄여야 하고, 기술은 유연해야 하는 것과 같이 어떤 운영 자원이 있어야 하는지에 대한 명확한 목록이 있다. 또한 상당히 극적인 변화를 가정한다. 이는 식스시그마와 전사적 품질관리 모두가 운영 개선 방법에 훨씬 더 초점을 맞추고 있는 것과 대조된다. 특히 식스시그마는 프로세스 변동이 주는 부정적인 영향을 강조한다는 것을 제외하고는 프로세스 구성 방식에 대해 무엇이 좋고 나쁜지에 대해 상대적으로 거의 언급하지 않는다. 식스시그마는 증거, 정량적 분석, 특정 개선 주기를 사용해 개선이 이루어져야 하는 방식과 크게 관련이 있다. 전사적 품질관리와 린 오퍼레이션은 모두 지속적 개선 아이디어를 통합하고 있는 반면 식스시그마는 지속적 개선 이슈에 대해 비교적 중립적이다.

여기서의 메시지는 무엇인가? '작업에 적합한 도구를 선택하라'는 것이다.

선택의 여지가 있다

선택의 여지가 있다는 것을 이해하는 것이 중요하다. 아무튼 린 오퍼레이션 또는 식스시그마 같은 이미 정립된 개선 접근 방식 중 하나를 선택할 수 있다. 그러나 반드시 그래야 한다고 생각하지 말라. 항상 각 도구상자 내부를 살펴보고 효과가 있다고 생각되는 기법만 꺼내서 선택할 수 있다. 기법들이 서로 모순되지 않고 〈그림 3-5〉에서 원하는 위치에 함께 배치된다면, 자신의 접근법을 맞춤화하는 데 도움이 될 수 있다. 이는 고도로 맞춤화된 접근 방식만으로도 충분히 유연하게 대처할 수 있는 소규모의 다양성이 높은 프로세스를 다룰 때 특히 그렇다. 다른 곳에서 이미 사용 중인 도구일 경우 그 중 몇몇 동일한 도구를 기업의 타 조직과 함께 채택한다면 유용할 수 있다. 앞서 설명한 CFO의 두 가지 프로세스 책임을 기억하라. 첫째는 CFO 자신의 프로세스를 개선하는 것이고, 둘째는 타 조직이 프로세스를 개선하도록 돕는 것이다. 공통적인 도구와 개선 접근법을 공유하면 이 작업이 훨씬 쉬워질 수 있다.

*　　*　　*

이 장에서는 재무가 자신을 매핑하고 개선할 수 있는 프로세스를 가진 공장처럼 생각할 수 있는 사례를 제시했다. 복잡하든 일상적이든 간에 이들 프로세스는 재무 및 기업 전체의 이익을 위해 개선될 수 있다고 믿는다. CFO가 이러한 노력을 개인적으로 주도해 투자로부터 최대한의 이익을 얻을 수 있도록 하는 것이 좋다. 이 장에서는 프로세스 개선을 위한 도구상자의 출발점을 제공한다.

제4장부터는 재무 기술technical finance, 리더십, 프로세스 관리 역량을 결합하고 이를 가치를 보호하고 창출하는 세 가지 주요 원천인 통제와 리스크 관리, 투자관리에 어떻게 적용하는지를 살펴본다.

통제: 장부를 마감하는 것을 넘어 움직이기

회사는 적절한 통제하에 있는가? 재무 및 다른 기능 영역뿐만 아니라 안전과 환경 성과와 같은 오퍼레이션 영역에서 어느 정도로 놀라는 상황에 직면하고 있는가? 회사의 리더 중 한 사람으로서 CFO는 비즈니스 전반에 걸쳐 취약점을 파악하고 해결하며 통제하는 데 도움을 주는 역할을 해야 한다. 제4장에서는 광범위한 재무책임에 통제 마인드셋control mindset을 어떻게 적용할 수 있는지 설명한다.

통제라는 단어를 들으면 무엇이 떠오르는가? 많은 재무 전문가에게 통제란 회계담당자들이 장부가 마감되는 매 분기마다 수행하는 어떤 것이다. 그래서 선임 회계 리더를 종종 컨트롤러라고 부르는 것 아니겠는가? 이것은 통제의 제한된 정의라고 생각한다. 필자들은 통제 마인드셋이 더 근본적이고 광범위하다고 믿는다. 강력한 통제 시스템은 재무 활동의 모든 측면이 예측 가능한 성과 표준을 달성하면서 성과 변동성은 훨씬 낮출 수 있도록 해준다.

'재무 활동이 통제되고 있는가'라고 묻는 것은 '그것이 완벽한가'라고 묻는 것이 아니다. 완벽한 통제는 불가능하다. 프로세스가 정상적으로 진행되지 않을 것이다. 견고한 통제 시스템은 다른 것이다. 그것은 프로세스가 때때로 흔들릴 것이라고 가정하고, 지속적인 모니터링을 통해 개입을 위한 최적의 지점을 파악하는 것이다. 통제 마인드셋은 청구서 지불에서부터 인수합병에 이르기까지 재무 활동 전반에 걸쳐 적용되어야 한다.

회사의 비즈니스 분석가들이 과거의 스냅샷을 경영진에게 보내기 전에 방대한 양의 데이터가 어느 정도 정확한지 확인하려고 씨름하고 있는가? 아니면 그 데이터를 신뢰할 수 있고 의미 있는 정보로 변환해 경영진이 사용하는 데이터에 전략적이고 전술적인 실행 수단을 제공함으로써 경영진이 활용할 수 있게 하는가? 그것이 '통제를 벗어나 있는가'와 '통제되고 있는가'의 차이다.

다음 장에서는 이를 어떻게 하는지 설명한다.

제4장

통제 기능을
견고하게 구축하고 유지하라

[사례연구] 통제력 유지에 대한 뼈아픈 교훈

회사의 CFO인 크리스티나Christina는 조용히 앉아서 침착해지려고 애를 썼다. 사실 크리스티나는 자신의 분기 재무성과 검토에 대한 경영진의 거친 반응에 충격을 받았다.

COO는 "왜 우리가 재무조직으로부터 이러한 뜻밖의 회계 이슈를 들어야 합니까?"라고 꼬집었다. "우리는 수년 동안 글로벌 재고를 실사해 왔고, 외부 감사인 중 누구도 이에 대해 이의 제기를 하지 않았는데, 이제 와서 CFO가 갑자기 5년 전에 인수한 사업부가 재고자산 회계처리를 타 사업부와 다르게 하고 있으니 상당히 큰 금액을 감액해야 한다고 말하는 건가요?"

안전환경 책임자SEO: safety and environmental officer는 말했다. "나는 CFO가 수집하는 사고 데이터를 믿을 수 없습니다. 우리에게는 안타깝게 죽은 사망자가 다섯 명 있었고, 이는 숨기기 어려운 사망 사고였습니다. 그런데 지금 보고하고 있는 기본적인 사고 빈도와 추세는 부상과 사망 사이의 표준적인 관계에 비해 지나치게 낮은 것 같습니다. 내 생각에 사업부들은 사고 건수를 축소 보고하고 있고, 재무조직은 이에 대한 소극적인 공모자passive co-conspirator입니다!"

법무 자문위원은 "자본적 지출은 어떻게 되지요?"라고 물었다. "지난 두 분기 동안 우리에게 시장과 공유한 목표를 달성하기 위해 순조롭게 진행 중이라고 당신이 이야기했었는데, 이제 와서 '재산정'해 보니 몇몇 사업부는 예산을 거의 25% 초과할 것이라고 말하는 건가요? 시장은 우리 자신의 수치 예측능력조차도 통제 불능이라는 말을 듣고 싶어 하지 않을 겁니다."

CEO는 이번 주 안에 숫자를 검토해 달라고 요청하고 회의를 마무리했다. 그러고 나서 CEO는 CFO와 함께 복도를 따라 걸어가서 CFO 사무실로 갔다. "도대체 무슨 일인가요? 크리스티나, 우리는 다음 주에 있을 투자자들을 대상으로 한 전략 프레젠테이션을 한 달 넘게 함께 준비해 왔어요. 프레젠테이션의 핵심은 향후 6년간 회사의 성장을 지속할 수 있는 자원, 비즈니스 관계, 기술상의 강점이 우리에게 있다는 주장입니다. 하지만 회계와 오퍼레이션, 사업보고를 위한 기본 데이터상의 이런 오류들 때문에 나는 우리의 전략적 주장이 정말 타당한지 매우 의심스러워요. 이건 매우 나쁩니다. 적어도 회의 전에 CFO인 당신이 이야기할 폭탄선언에 대해서 CEO인 내게는 미리 얘기할 수 있었을 텐데 말이에요. 이것은 내가 말하는 효과적인 파트너십이 아닙니다."

크리스티나는 사무실에 혼자 앉아서 경영위원회가 그 사실을 환영할 것이라고 생각할 정도로 어떻게 그렇게 자신이 어리석을 수 있었는지 의아해했다. 경영위원회 참석자들은 크리스티나를 믿지 않았고 크리스티나도 그들을 비난할 수 없었다. 회의에서 이야기한 메시지는 이전의 메시지와는 매우 다른 것이었다. 그렇다면 크리스티나는 어떻게 그런 혼란에 빠졌을까, 그것도 굳건했던 신뢰를 단 한 번의 짧은 회의에서 날려버릴 정도로? 크리스티나는 자신의 모든 비즈니스 교육과 경험이 내부통제 프로세스가 제대로 갖춰져 있다고 가정하도록 가르쳤다는 것을 깨달았다. 지금은 회사의 내부통제 시스템과 프로세스가 근본적으로 취약할 뿐만 아니라 회사 전체의 다른 업무에도 부정적인 영향을 미치고 있다는 것이 분명해졌다. 크리스티나는 기본적인 사항이 제대로 갖춰져 있는지 확인해야 했다. 크리스티나는 상황을 되돌리기로 단단히 결심했고, 그러자 앞에는 단지 열심히 해야 할 일들, 마치 이미 그렇게 해결할 수 있을 것 같은 일들이 산더미처럼 쌓여 있는 것이 보였다. "글쎄, 교훈을 얻었군"이라고 혼잣말처럼 이야기했다. "내 인생에서 다시는 그런 회의에 참석하고 싶지 않아."

● ●

통제를 당연하게 여기는가?

판도라의 상자[1]는 한 번 열면 다시 닫기 어렵다. 그래서 숫자를 뒷받침하고 있는 가정과 그 수집 방법을 살펴보기 시작하면, 크리스티나처럼 난처할 정도로 놀라운 상황을 맞닥뜨릴 수 있다.

여러분은 조직의 기본 프로세스가 잘 통제되고 있을 것으로 기대하겠지만, 실제로 통제가 얼마나 중요한지 알고 있는가? 제1장에서 소개한 언스트앤영의 파트너인 앨리스터 윌슨은 조직과 CFO 개인 모두에게 가장 큰 위협은 통제력 상실이라고 보고 있다. "비즈니스에서 통제를 상실하면 그 결과는 엄청나다. 극단적으로 말하면 기업은 가치를 잃어버릴 수 있고 심지어는 경영할 수 있는 권한조차 잃을 수 있으며, 그런 상황은 CFO에게도 마찬가지다." 따라서 통제 상실은 크리스티나의 이야기에서 보았듯이 CFO의 경력을 제한하는 정도의 문제로 끝나는 것만이 아니다. 통제 상실이 소용돌이치고 확대된다면 조직 자체가 위험에 처할 수 있다. 여러 조직이 전반적으로 직면하는 가장 일반적이고 위협적인 통제 문제는 나중에 살펴볼 것이다.

이 장에서는 통제를 정의하는 것으로 시작한다. 다음으로 통제를 효과적으로 수행하는 데 방해가 되는 요소는 무엇이고, 통제가 가치창출에 중요할 때는 언제인지 살펴본다. 왜 우리는 크리스티나처럼 통제하고 있지 못하다는 사실이 명백해질 때까지 통제하고 있다고 가정하는가? 그다음에는 피라미드와 유사한 포괄적인 통제 모델을 소개한다. 통제는 내부통제와 같은 운영통제에서부터 사업계획 및 보고와 같은 전략적 통제에 이르기까지 다양한 범위에 걸쳐 있다고 생각한다. 여기서는 좋은 통제가 모델의 다섯 가지 수준 각각에서 어떤 모습인지 자세히 살펴볼 것이다. 이 모델이 여러분이 구축해야 하는 통제 프로세스에 대해 포괄적으로 개괄해 주고, 즐겁지 않은 놀랄 일들을 피하는 데 도움이 될 것이라고 생각한다.

또한 프로세스 관리와 리더십에서 교훈을 끌어내어 조직에서 더 효과적으로 통제할 수 있도록 도와줄 것이다. CFO의 역할은 컴플라이언스라는 전술적 목표와, 더 중요하게는 통제 정신control spirit 둘 다에 초점을 맞추는 것이라고 생각한다. 분기별 실적, 연말 재무 목표 달성, 인수 후 통합, 경쟁우위 유지라는 극심한 압박 속에서도 강점을 유지하기 위해서는 이러한 통제 정신이 조직 전체의 문화에 지속적으로 내재되고 유지되어야 한다. 무결성은 통제의 핵심이며, 무결성에 대한 CFO의 약속은 압박 속에서도 흔들리지 않아야 한다.

통제를 정의하는 것에서부터 시작해 보자.

통제란 무엇인가?

『웹스터Webster 사전』 1935년 판에서는 통제를 다음과 같이 정의한다.

1. 통제하는 행위 또는 사실: 통제할 수 있는 힘 또는 권한, 지배를 지시하거나 제지하는 행위, 자녀 보호 기능.
2. 제약이 유보됨. 통제 없이 말함.
3. 통제의 수단 또는 방법: 구체적으로 ⓐ 컨트롤러, ⓑ 유기체, 문화, 그룹 또는 대조 실험으로서 비교 기준 또는 검증 수단을 제공하는 모든 것, 점검표.

이처럼 어조를 달리하는 정의들은 상당히 흥미롭다. 첫 번째 정의는 속박되고 제한된다는 생각을 불러일으키고, 두 번째 정의는 사적인 것이 노출된다는 생각을 불러일으키는 반면, 세 번째 정의는 보다 과학적이고 중립적이다. 만약 통제라는 단어의 처음 두 가지 의미 중 하나를 머릿속에 가지고 있다면, 그 단어를 들을 때 의도치 않게 움츠러드는 것은 별로 놀라운 일이 아니다. 우리가 여기서 이야기하고 있는 것, 즉 오늘날 세계 수준의 CFO이자 가치 경영자를 위한 필수 역량은 세 번째 정의인 과학적인 정의와 훨씬 더 잘 어울린다. 위키피디아도 같은 맥락이다.

통제 이론은 동적 시스템의 행동을 다루는 공학과 수학의 학제 간 분야다. 통제 이론의 일반적인 목표는 시스템 안정성을 가져오는 컨트롤러의 적절한 교정 조치에 대한 해법을 계산하는 것이며, 따라서 시스템은 원하는 결과인 설정 지점을 유지하고 그 주위를 벗어나 왔다 갔다 하지 않을 것이다.

통제는 시스템을 모니터링하고 조절해 원하는 결과를 얻도록 한다. 통제는 집에 있는 온도 조절기와 같다. 온도 조절기는 날씨가 쌀쌀해진 경우나 문이 열려 있는 경우와 같이 입력이 바뀌었을 때 열기를 내뿜는 정도나 온도를 일정하게 유지하려 한다. CFO와 재무조직은 기업의 온도 조절기 역할을 하기를 기대한다. 그래서 결과를 일정하고 신뢰할 수 있는 상태로 유지할 수 있도록 책임 영역을 지속적으로 모니터링하고 조정하며, 재조정하기를 기대한다. 여기에는 근거가 되는 두 가지 기본 가정이 있다. 첫 번째 가정은 상황이 항상 변한다는 것이다. 안정된 상태 같은 것은 없다. 만약 있다면 온도 조절기는 필요 없었을 것이다. 두 번째 가정은 기업의 내부 시스템에는 불가피한 결함이 있다는 것이다. 그것들은 고장 날 것이고, 이것을 예상해야 한다. 앨리스터 윌슨이 제2장에서 이야기한 "침묵의 질주 같은 것은 없는지 살펴보라"라는 조언을 기억하는가? 또한 통제는 조직이 원하는 가치를 유지하는 기반이기 때문에 이를 모니터링하고 재조정해야 한다. 하지만 언제나 그렇듯 통제의 길에는 장애물이 있을 수 있다.

통제의 방해 요소

기업 전반에 걸쳐 통제를 견고하게 구축하는 것을 지지하지만, 또한 많은 도전 과제가 있다는 것도 알고 있다. 여기에는 재무 전문가들이 통제 개념 과, 종종 제한적이기는 하지만, 통제를 달성하기 위해 그것을 할당하는 것의 중요성을 인식하는 방식이 포함된다. 우리는 종종 통제가 재무가 하는 모든 일에 어떻게 기초를 제공하는지를 볼 수 있는 큰 그림을 놓치곤 한다. 그러나 기초가 흔들린다면 집은 무너질 것이다.

교육과 태도가 이해를 방해할 수 있다

많은 재무 전문가가 해결해야 할 한 가지 과제는 견고한 통제를 유지·관리 하는 직접적이고 실질적인 경험이 부족하다는 것과 관련이 있다. MBA 채널을 통해 회사에 입사한 경우 특히 그러한데, 이는 통제 능력이 실제로 개발되는 신입 회계직 시기를 건너뛰기 때문이다. 비즈니스 분석, 경영진 보고, 전략계획 수립에 바로 투입된 이들에게는 대규모 데이터를 관리하고, 분석과 프레젠테이션 기술을 연마하며, 불가능할 정도로 촉박한 마감일을 맞추는 것이 통제 능력 형성기formative years의 목표였다. 이들의 업무에는 무언가가 통제되고 있는지 아닌지에 대한 고려는 포함되어 있지 않았다. 본질적으로 프로세스를 통제하는 대신 업무 활동에 초점이 맞춰져 있다.

또 다른 과제는 재무 직무를 어떻게 보느냐에 관한 것인데, 이는 일부 재무 전문가들이 통제를 다른 사람의 직무로 보기 때문이다. 실제로, 여러분 중 일부는 활동을 지속적으로 모니터링하는 것이 큰 과제를 해결하는 것보다는 솔직히 좀 지루한 일이라고 생각하지는 않는가? 그리고 경영진은 견고한 통제를 유지하는 것에 대해 그렇게 인정하거나 보상해 주지 않는다.

그것은 마치 범죄를 예방하는 것과 같다. 그래서 측정하기가 어렵고 무언가 끔찍하게 잘못될 때까지는 눈에 띄지 않는다. 그리고 그것에 대해 재무조직이 의욕을 갖게 하는 것도 어려울 수 있다. 재무 구성원들은 종종 숫자를 산출하고 프로젝트의 단계milestones를 완료해야 하는 난관에 훨씬 더 많이 휘말린다. 무언가를 생산하는 것이 무언가를 예방하는 것보다 더 생산적으로 느껴진다.

통제 전문가가 항상 도움이 되는 것은 아니다

CFO로서 여러분의 주위에는 통제 프레임워크에 대해 매우 타당한 우려를 나타내는 내외부 전문가가 있을 것이다. 불행히도 이들 전문가는 일반적으로 통제의 기본 사항에 열중하기 때문에 달성하고자 하는 필수 목표에 대해서는 별로 궁금해하지 않는다. 전문가들은 곧바로 그들이 주장하는 상세하고 복잡한 시스템과 절차에 대한 많은 양의 프레젠테이션에 뛰어드는 경향이 있다. 그럴 때 여러분이 지루해하면서 그 일을 직급이 낮은 누군가에게 재빨리 위임한다고 해도 괜찮을 것이다. 문제는 CFO인 여러분의 이해와 리더십 없이는 조직 내 하위 구성원들은 이러한 중요한 시스템과 통제가 실행되도록 할 권한을 갖지 못할 것이라는 점이다. 따라서 잠시 멈춰서 통제 시스템에서 필요한 것이 무엇인지 생각해 본 다음 실행 권한을 위임하기 바란다. 그것이 CFO에게 중요하다면 확장된 재무조직에게도 중요할 것이며, 재무 구성원들은 통제가 작동하도록 만들고 싶을 것이다.

통제 실패를 비난이 아닌 배움의 기회로 삼아라

통제 실패에 대한 리더로서의 여러분의 반응은 실패에 대해 듣고 그것을 바로잡을 기회를 갖는지, 아니면 그 실패가 은폐되는지 여부를 결정하는 데 중요하다. 제2장에 등장했던 HSBC 회장 더글러스 플린트를 기억하는가? 플린트는 회사의 임직원들이 일이 잘못되었을 때 그것을 얘기할 수 있도록 격려하고, 그럼으로써 잘못된 방향을 바로잡을 기회를 갖도록 하고 있다. 통제 실패는 일어날 것이다. 그러니 그것을 받아들이라. 그런 실패는 재무 전문가로서 발전하고 성장할 수 있는 최고의 기회 중 하나가 될 것이다. 경영위원회 회의가 끝난 후 폭발 직전임에도 불구하고 크리스티나는 그 사실을 알고 있었다. 통제에 개입하는 것은 일어나고 있는 모든 것을 바로잡고 원래 계획이나 수정된 계획에 따라 진행되는 상황으로 되돌리기 위한 것이다.

재무는 개입을 통해 프로세스나 활동의 움직임을 수정해야 한다. 그 인과관계에 대한 이유와 해석을 조사하고 찾음으로써 조직의 행동 방식이 어떠한지 배울 수 있다. 재무의 개입이 원하는 변화를 만들어 내지 못하더라도, 여전히 개입 그 자체로 학습 기회가 된다. 그뿐만이 아니다. 재무가 이러한 학습 결과를 조직의 다른 사람들과 공유하고자 한다면, 조직의 기본 행동 패턴에 대한 지식을 풍부하게 만들 수 있도록 왜 일이 그런 방식으로 일어났는지에 대한 지식을 재무조직 내부에 축적해야 한다. 그리고 일이 어떻게 일어나는지에 대해 더 잘 이해함으로써 재무조직은 다음번에 어떻게 보다 효과적으로 통제에 개입할지 정할 수 있다.

따라서 이 논리는 〈그림 4-1〉에 나타난 선순환 관계를 보여준다. 통제는 개입하는 것을 의미하고, 개입은 조직 내 학습을 촉진하며, 학습은 조직에 대한 지식을 향상시키고, 조직이 어떻게 운영되는지에 대한 더 나은 이해는 보다 효과적으로 개입할 수 있게 한다.

활동과 수준이 다르면 통제도 달라야 한다. 어떻게 하면 이에 대해 완전한 그림을 그릴 수 있는지 살펴보자.

그림 4-1
통제 개입, 학습, 지식의 바람직한 선순환

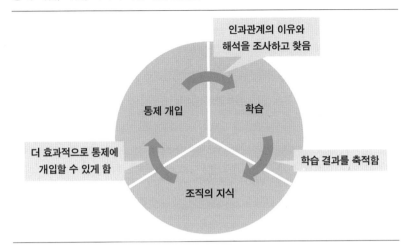

통제를 견고하게 관리하기 위한 모델

매슬로Maslow의 욕구 단계를 기억하는가?[2] 매슬로에 따르면 인간에게는 음식과 같은 가장 기본적인 것에서부터 가장 고상한 것, 즉 창조적 사고를 통한 지각 있는 존재로서 자아실현이나 잠재력을 실현하는 것까지 동기나 동기부여 요인이 계층 구조를 이루고 있다. 욕구 계층은 다섯 가지 수준의 욕구 동인으로 이루어져 있으며, 각 단계의 욕구 수준이 충족되어야 다음의 더 높은 욕구 단계로 나아갈 수 있음을 시사한다.

매슬로의 욕구 단계는 조직 내 포괄적인 통제 프로세스를 설명하는 데 도움이 되는 완벽한 모델이라고 생각한다(〈그림 4-2〉 참조). 인간의 욕구와 마찬가지로 다음 단계로 나아가기 위해서는 각 단계의 통제 수준을 충족해야 한다. 그리고 매슬로의 욕구 단계와 마찬가지로 견고하고 포괄적인 통제 시스템을

그림 4-2
통제 피라미드

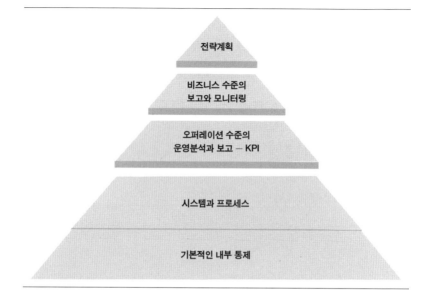

전략계획

비즈니스 수준의
보고와 모니터링

오퍼레이션 수준의
운영분석과 보고 – KPI

시스템과 프로세스

기본적인 내부 통제

갖추기 위해서는 이 시스템이 다섯 가지 통제 수준 모두를 충족해야 한다.

통제 단계를 따라 올라가기

통제 피라미드에는 다섯 단계가 있지만, 굵은 선으로 표시된 몇몇의 좀 더
어려운 전환을 나타내는 단계도 있다. 이 굵은 선은 아래 수준의 통제를 구
축하고 제대로 실행하기 전에는 도달할 수 없는 중요한 단계를 나타낸다.
이처럼 굵은 선으로 구분하는 것은 조직에 대한 통제를 효과적이고 논리적
인 순서로 구축하는 데에도 중요하다.

피라미드의 맨 아래에는 기초가 있다. 기본적인 내부통제fundamental internal
controls 없이는 보다 광범위하고 복잡한 통제와 전략적 역량으로 이어지는

단계가 구축될 수 없다. 내부통제 시스템은 자원을 경제적으로 확보할 수 있게 하고, 확보된 자원이 낭비와 손실, 도난이나 오남용이 되지 않도록 보호하며, 법률과 규정, 내부 정책과 절차에 따라 사용되도록 하고, 최종적으로는 그 결과가 반영된 재무 정보가 신뢰할 수 있고 검증 가능하며 시기적절하도록 해준다.

언스트앤영의 파트너인 앨리스터 윌슨은 이러한 기본적인 통제의 중요성을 지지한다.

오늘날 글로벌 기업들이 직면하고 있는 가장 큰 통제 이슈 중 하나는 사기와 뇌물 영역이다. 이는 공급자와 다른 제삼자의 사기, 구매·조달에서의 사기, 제품 절도, 수주를 위한 뇌물 공여를 의미한다. 영국과 미국에서 '뇌물수수 및 부정부패 방지법Anti-bribery and Corruption Legislation'이 광범위하게 시행됨에 따라 기업이 직면한 리스크는 더욱 커졌다. 이에 대응하기 위해서는 사전 예방 활동이라는 무기가 필요하다. 통제 정책만으로는 통제를 유지하는 데 충분하지 않다.

앨리스터는 많은 회사와 협력하고 있는 좋은 입장에서 기업들이 공통적으로 가지고 있는 몇 가지 주요 통제 이슈를 강조한다. 나중에는 통제 정책만으로는 작동하지 않는다는 앨리스터의 주장으로 돌아가서, 기업을 보호하기 위해 재무 전문가로서 해결해야 할 또 다른 이슈가 무엇인지 생각해볼 것이다.

내부통제는 피라미드의 두 번째 단계인 시스템과 프로세스로 자연스럽게 넘어간다. 시스템과 프로세스는 조직 구조, 승인과 모니터링 절차, 전문 역량 개발 방법과 같은 기업 내부의 세부 사항을 통해 통제가 설계되고 실행되며 유지되도록 해준다. 굵은 선이 시사하듯이 기본적인 내부통제, 시스템과 프로세스가 없이는 피라미드의 상위 단계에서 보다 복잡한 통제 이슈를 해결할 수 없다.

오퍼레이션 수준의 운영분석과 보고는 통제 피라미드의 세 번째 단계이다. 이러한 활동은 재무 및 비즈니스 관련 보고와 예측, 예산과의 차이 및 다른 성과평가 관련 분석과 같은 내외부 오퍼레이션 이슈에 영향을 받는 통제 영역에 초점을 맞추고 있다. 이 분석이 갖고 있는 강점과 신뢰성은 운영 성과의 변동성을 완화하고, 수익과 비용 예측 방법을 개선하는 데 도움이 될 수 있다. 운영분석과 보고의 신뢰성 및 효과성을 위해서는 크리스티나가 경영위원회 회의에서 분명히 들었던 것처럼 신뢰할 수 있는 조직 전체와의 파트너십이 필요하다.

적절한 내부통제, 시스템과 프로세스, 운영분석과 보고가 준비되어 있고 제대로 운영되고 있다면 피라미드의 다음 단계인 비즈니스 수준의 보고와 모니터링을 수행할 준비가 된 것이다. 이 단계에서는 재무상태표 이슈, 세금, 환율 변동, 이전가격, 자본비용을 포함해 통제 영역에 추가할 요소들이 급증한다. 이 단계에서는 기업의 내부 데이터가 변환되어 외부 이해관계자들에게 제공된다. 외부 이해관계자들은 이 자료를 바탕으로 과거의 기준, 예측을 위한 가이던스, 경쟁 추세와 비교해 성과의 일관성을 매우 철저하게 조사한다.

마지막 단계인 전략계획 단계는 그 아래에 있는 모든 단계를 충족하지 않고는 이룰 수 없으며, 그래서 어려운 전환을 나타내는 또 다른 굵은 선이 있다. 기업의 가치를 지속하고 성장시키기 위해서는 전략계획이 필수적이지만 계획을 수립하기 위해 사용하는 데이터는 피라미드의 아래쪽에 있는 모든 단계의 요구 사항이 충족되어야만 초점을 맞출 수 있다. 간단히 말해서, 기초적인 내부통제를 신뢰할 수 없다면 전략계획을 많이 세워도 소용이 없으며, 그것은 마치 허공에다 성을 쌓는 것과 같다.

피라미드의 각 단계별로 그 내용과 통제 관련 과제를 더 상세히 살펴보자.

1단계:
기본인 내부통제에서 시작하라 _____

여기서 말하는 것은 보호, 컴플라이언스, 신뢰성이다. 내부통제는 수십 년 동안 교육되어 왔으며 대부분의 기업에는 수많은 내부통제 전문가가 있다. 이것이 2000년 이후의 역사가 너무 충격적이었던 이유인데, 내부통제에서의 커다란 실수로 엔론이 파산하고 나중에 리먼브라더스Lehman Brothers 등도 파산하고 말았다. 영국 여왕은 2008년 11월 런던정경대학교LSE: London School of Economics를 방문했을 때, 금융위기에 대해 "왜 아무도 이것이 닥칠 것이라고 예상하지 못했는가? 어떻게 일이 이렇게 통제 불능 상태가 되었는가?"라고 당혹스러워하며 물었다.

2000년대 초반에 일어난 엔론, 타이코Tyco, 월드컴의 경우와 같은 회계 스캔들에 대응해 많은 법률과 규정이 통제에서의 이러한 단점들을 바로잡기 위한 의도로 통과되었다. 그중[3]에는 SOA, 바젤 2Basel II와 바젤 3Basel III도 있다. SOA는 기업의 가능성 있는 사기성 회계 활동으로부터 투자자를 보호하기 위해 2002년 미국 의회에서 통과되었다. 바젤 2는 바젤은행감독위원회 Basel Committee on Bank Supervision에서 제정한 일련의 은행 규정이며, 국제적으로 금융 및 은행 업무를 규제하고 유동성을 보장하기 위해 금융 기관의 최소자본 요건을 설정한다. 바젤 3은 주로 신용 위기에 대응해 은행 부문의 규제, 감독, 리스크 관리를 개선하도록 고안된 포괄적인 개혁 조치다. 그러나 언스트앤영의 앨리스터 윌슨이 경고한 바와 같이, 정책과 법률 자체만으로는 통제 실패를 방지하기에 충분하지 않다. "정책만으로는 문제를 해결할 수 없다. 사전 예방적인 통제 프레임워크, 효과적인 내부고발 정책, 그리고 비즈니스를 실제로 이해하고 패턴을 찾을 수 있는 사람과 근본적으로 통제에 적합한 기업 문화가 필요하다." 따라서 그러한 법률은 기업이 규정을 준수하도록 장려하는 좋은 배경을 제공할 뿐이다. 이 장의 뒷부분에서는 앨리스터가 이야기한 또 다른 전제 조건인 강력한 재무 리더십과 통제 문화, 통제 마인드셋에 대해 다시 설명한다.

모든 훈련에도 불구하고 근본적인 무엇인가가 빠져 있다. 내부통제에 대해 전략적이기보다는 전술적으로 접근하는 경우가 너무 많았다고 생각한다. 통제에 대해 전술적으로 접근하는 것은 가장 기초적인 입출력 모델을 채택하는 일인 반면, 전략적으로 접근하는 것은 〈그림 4-1〉에 나와 있는 통제의 바람직한 선순환과 일치한다. 내부통제를 좀 더 자세히 살펴보자.

통제 개입: 합리적인 확신 확보하기

CFO는 내부통제 시스템의 효과적인 작동과 결함의 신속한 수정을 통해 다음 사항에 대해 합리적인 확신reasonable assurance을 가져야 한다.

- 사업이 질서 있고 신중하게 계획되어 실행된다.
- 체결된 계약과 약정은 적절한 권한에 의해 이루어졌다.
- 경영진은 자산을 보호하고 회사의 부채를 관리할 수 있으며 대손채권과 불량채권에 대해 적절한 충당금이 설정되었음을 보장할 수 있다.
- 리스크는 주기적으로 적시에 모니터링되고 통제되며, 업무 분장과 같은 조치를 통해 부정행위, 사기나 오류로 인한 손실 위험을 최소화하고 바로잡는다.
- 경영진은 유동성, 수익성, 자산의 질quality of assets을 모니터링할 수 있다.
- 기업은 경제 상황이 가장 어려운 때에도 규제 기관의 보고 요건을 준수할 수 있다.

경영진은 내부통제를 설정하고 유지해야 하며, 이사회는 그에 대해 최종적인 책임을 진다. 이사회는 회사의 전반적인 비즈니스 전략과 중요한 정책을 승인하고 정기적으로 검토하며, 기업의 주요 위험을 이해하고 경영진이 이를 해결하는 데 필요한 조치를 취하도록 하며, 조직 구조를 승인하고, 경영진이 내부통제 시스템의 효과성을 모니터링하고 있는지 확인함으로써 그들의 책임을 수행한다.

합리적 확신의 목표는 허용 가능한 수준의 리스크와 비용에 대한 최적의 내부통제 수준을 찾는 것이다. 절대적 확신은 지나치게 많은 비용이 들며, 모니터링해야 하지만 완전히 통제할 수는 없는 휴먼에러human error, 윤리적 위반, 공모와 같은 수많은 인적 요소의 영향을 받는다. 완벽한 통제는 없다는 사실을 기억하라.

학습에서 내부감사의 역할

통제 유니버스control universe의 중심에는 내부감사조직이 있으며 이 조직은 내부통제 시스템이 효과적으로 작동하고 있는 것에 대해 독립적인 확신을 제공하는 중요한 책임을 맡고 있다. 내부감사조직 구성원의 질, 내부통제 운영과 관리로부터의 독립성, 보고 체계와 윤리적 기준이 모두 중요하다.

내부감사는 최소한 다음과 같은 통제 기능을 관리해야 한다.

- 회계 및 다른 기록, 통제 환경을 검토하라.
- 리스크 식별을 위한 경영관리를 지원하라.
- 통제 시스템에 있는 가정을 검증하라.
- 내부통제 시스템의 적절성, 범위, 효율성과 효과성을 검토하라.
- 특정 통제 목표가 충족되었는지 확인하기 위해 거래와 잔액, 개별 내부

통제 장치의 운영을 검증하라.

- 경영관리 정책의 이행을 검토하라.
- 특별한 주의를 요하는 영역을 조사하라.

이 개괄적인 내용에서 알 수 있듯이, 기업과 그 경영진의 무결성과 평판은 내부통제의 효과성과 불가분의 관계에 있다. 재무 통제의 중요성을 모두가 이해하지 못하면 기업 전체가 잠재적으로 심각한 위험에 처할 수 있다. 이제 피라미드의 다음 단계를 살펴보자.

2단계:
시스템과 프로세스 _____

통제 프로세스가 얼마나 잘 작동하는가? ISO 15504[4]는 질적이지만 객관적이고 쉽게 소통할 수 있는 접근법을 제공하고 있다. 내부통제와 통합 시스템 및 프로세스는 여섯 가지 다른 수준의 효과성에 따라 평가할 수 있다.

수준	평가	평가 이유
0	불완전함	프로세스가 실행되지 않았거나 그 목적을 달성하지 못한다.
1	수행됨	프로세스가 실행되고 그 목적을 달성한다.
2	관리됨	프로세스가 확립되어 있고 통제·유지되고 있다.
3	확립됨	정의된 프로세스가 표준 프로세스로 사용된다.
4	예측 가능함	프로세스가 정의된 범위 내에서 일관되게 실행된다.
5	전략적임	프로세스가 현재 및 예상 비즈니스 목표를 충족하도록 개선된다.

주기적 검토

답을 해야 할 몇 가지 중요한 질문이 있다. 통제 프로세스는 자주 질문을 받아야만 계속해서 작동하기 때문이다. 그런 의미에서 다음과 같은 몇 가지 유용한 질문을 해볼 수 있다.

- 이사회와 고위 경영진은 통제 취약점, 재무보고의 오류와 불일치, 부정행위를 어떤 프로세스를 통해 알아내는가?
- 사업부문이나 사업부 차원의 경영진이 일별, 주별, 월별로 목표 성과와 예외 보고서를 검토하도록 강제하는 방법은 무엇인가?
- 실무 조직이 현금, 데이터베이스, 유가증권과 같은 유형의 자산뿐만 아니라 인사 정보 및 개인 정체성·신상과 같은 무형의 자산에 대한 접근 권한을 관리하고 보호하는 데 도움을 주는 시스템은 무엇인가?

다음은 재무조직이 보다 직접적으로 관리하는 영역에 대한 몇 가지 추가 질문이다.

- 경영진이 결정하거나 법률 또는 규정에서 요구하는 특정 위험에 노출되는 것을 제한하기 위해, 어떤 프로세스를 통해 노출 한도를 준수하도록 강제하는가?
- 적절한 수준의 관리와 감독이 이루어지도록 하고, 그에 필요한 책임을 확립하기 위해 특정 한도의 거래에 대한 승인과 권한을 어떻게 추적하는가?
- 오류가 있는 활동과 계정을 파악하고 문제나 우려 사항을 적절한 수준의 경영진에게 알리도록 하기 위해 검증과 주기적 대사에 어떤 시스템

을 사용하는가?

다양한 통제 프로세스와 시스템 통합하기

충분한 수준의 투명성과 내부통제를 유지하는 것은 다양하고 고도로 복잡한 글로벌 기업들에게 특히 어려운 일이다. 이들 기업은 내부의 모니터링과 컴플라이언스 관리, IT 시스템 배치, 외부 감사인과 이사회의 감시·감독, 규제와 신용평가 기관의 리뷰를 포함한 여러 가지 통제 시스템과 프로세스를 가지고 있다. CFO와 재무조직은 이러한 요소를 통합해 적절한 통제 수준을 효과적이고 효율적으로 제공해야 한다.

다양한 통제 프로세스와 시스템을 통합하지 못하면 통제 피라미드의 상위 단계가 훼손될 것이다. 이는 마치 환자를 수술하는 외과팀과 같다. 환자는 심장이 뛰고, 폐가 호흡하며, 뇌가 기능하게 하는 수많은 독립적인 시스템을 가지고 있다. 수술팀은 수술을 시작하기 전에 생명에 중요한 이러한 시스템 각각이 효과적으로 함께 작동하는지 확인해야 한다. 그것들이 제대로 작동하지 않으면 수술은 그 기반이 불안정해 아마도 위험해질 것이다.

통제 프로세스 개선에 초점을 맞춘 접근 방식 취하기

수많은 프로세스 중에서 어떤 프로세스를 평가할지 결정하려면, 모든 것을 평가할 수는 없으므로 가장 큰 통제 리스크가 어느 프로세스에 있는지 파악해야 한다. 그런 다음 표준화된 방식으로 일관되고 개선된 프로세스를 구축할 수 있도록 설계된 종합 계획을 실행함으로써, 이러한 격차를 가장 잘 메울 수 있는 방법을 결정해야 한다.[5] 수익 인식, 채권 회수와 채무 지급, 제조와 배송, 보건, 안전과 환경, 엔지니어링, 품질, 물류, IT와 같은 넓은 영역은 모두 통제 프로세스 개선을 시작하기에 좋은 영역이다.

세계 각지의 내부감사인협회IIA: Institute of Internal Auditors가 다양한 모습으로 설명한 것과 같이, 기업의 고위 경영진은 적절한 통제의 합리성을 입증해야 한다.

평가서에는 경영진의 의견이 명확하게 기술되어야 한다. 회계연도 말의 내부 통제 시스템 실제 상태는 어떠한가? 중요한 오류가 방지되거나 감지될 것이라는 합리적인 확신을 제공할 만큼 충분히 견고한가? 투자자는 평가서를 읽을 수 있어야 하고, 회사가 사업을 운영하고 그 결과를 보고하기에 적절한 통제 장치를 가지고 있는지 이해할 수 있어야 한다.[6]

경영진으로서 서명할 준비가 되어 있는가?

3단계:
운영분석과 보고 — KPls[7]

이 부분에서는 상황을 정상화하고 개선하는 방법에 대해 설명한다. 그렇다면 이 영역에 속하는 활동은 무엇인가? 사업운영 조직은 다양한 기능, 분야, 전문 영역을 통합해 고품질의 제품과 서비스를 제공한다. 사업운영 조직의 목표는 효율적이고 반복 가능하며 투명하고 보고 가능한 방식으로 행동하는 것이어야 한다. 운영분석에서의 통제는 구매와 입고, 재고관리, 보건, 안전과 환경 성과, 생산 분석과 모니터링을 포함해 여러 가지 진행 중인 일상 프로세스를 나타낸다.

운영분석에서 통제의 중요성을 가장 잘 보여주는 두 가지 실제 사례, 즉

한 가지의 좋은 예와 한 가지의 재앙에 가까운 사례를 설명한다.

통제를 지속적으로 개선한 좋은 사례

의미 있는 목표에 적절한 프로세스와 통제가 결합될 경우 뛰어난 결과로 이어질 수 있다. 한 글로벌 광업회사는 이 접근 방식을 사용해 작업 관련 사고를 감소시키고자 지난 4년 동안 작업 프로세스를 개선해 세계적인 수준의 결과를 만들어냈다. 알다시피 광업은 위험한 사업이며, 안전은 그곳에서 일하는 사람들과 회사가 사업 허가를 계속 유지하는 데 매우 중요하다. 그 광업회사는 이러한 전략적 우선순위를 달성하는 데 성공할 수 있었던 이유의 대부분은 조직의 모든 구성원들이 명민하게 통제에 집중한 결과라고 생각한다. 그 회사는 안전, 사고, 자칫하면 사고가 될 수도 있었던 실수near misses[8]에 대한 측정지표를 선제적으로 만들었다. 안전 위험 영역을 지속적으로 집중 조명함으로써 자칫하면 사고가 될 수도 있었던 실수가 안전 프로세스를 개선하고, 사고 발생을 낮추는 데 중요한 기여 요소로서 적시에 보고될 수 있도록 공을 들인다. 그 회사는 이제 이런 부분에서 자신보다 크게 뒤처져 있는 공급 계약자들에게 관심을 돌리고 있다. 안전 시스템과 프로세스를 공급 계약자들에게 도입함으로써 이전에는 통제할 수 없었던 이러한 위험을 통제하기 위해 노력하고 있다. 집중력, 가시성, 투명성, 보상이 결합해 통제를 통해 안전을 향상하는 데 큰 진전을 이룬 것이다. 통제의 초점과 보상 시스템을 연결하는 힘을 과소평가해서는 안 된다.

통제가 잘못되었을 때

다음 글에서 알 수 있듯이 데이터 침탈data breaches은 통제 영역에서 매우 주의를 기울여야 하는 영역이다.

2007년 3월, 티제이엑스사TJX Companies Inc.는 자사의 컴퓨터 시스템에서 신용
카드와 직불카드 번호가 도난당해 최소 4570만 달러에 달하는 피해가 발생했
다고 발표했으며, 공식적으로 미국에서 일어난 단일의 최대 개인정보 도용 사
고 발생 기업이 되었다. …… 보안 전문가들은 그 정보 도난 사건이 일어난 지
몇 달 후 174억 달러 규모의 이 소매업체가 운영하는 무선 네트워크가 많은 사
람들이 사용하는 홈 네트워크보다도 보안이 취약하다고 결론을 내렸는데, 그
이유는 이미 구입해 가지고 있는 방화벽과 보안 소프트웨어의 여타 설정을 제
대로 하는 데 소홀했기 때문이다. 이러한 취약점 때문에 해커 집단은 …… 티
제이엑스사의 중앙 데이터베이스를 해킹할 수 있었다. …… 중앙 데이터베이
스에 들어가면 해커는 자신의 계정을 만들고 서로에게 암호화된 메시지를 보
냄으로써 티제이엑스사의 기밀 고객 정보와 다른 영업 비밀 데이터에 접근할
수 있었는데, 이는 감지되지도 않았으며, 세계 어디서나 인터넷을 통해 이 데
이터에 연결할 수 있었다…….

침해의 규모를 감안할 때 티제이엑스사의 피해 비용은 심각한 수준 그 이상이
었다. 발표 후 두 달도 지나지 않아, 2007년 초 시장이 상당히 침체된 시기에
주가가 약 13% 하락했다. 또한 2008년과 2009년 회계연도 동안 티제이엑스사
는 소송, 법적 절차, 조사와 관련해 연간 이익의 약 4분의 1에 해당하는 1억
7150만 달러를 지출했다. 인프라 개선을 포함해 2009년 6월 현재 총 현금유출
액은 3억 2000만 달러 이상으로 추산된다. …… 이 현금유출액에는 개인정보
보안에 대한 고객 신뢰 상실로 인한 평판 손상이나 판매 손실은 포함되지 않았
다. 이 침해에서 아이러니한 부분은 티제이엑스사가 구입해서 가지고 있는 보
안 시스템을 제대로 구현함으로써 침해를 방지하는 데 소요되는 비용은 고작
200만 달러였다는 것이다.[9]

운영 통제에 주의를 기울여야 한다는 것을 더 자세히 설명할 필요가 있겠는가?

4단계:
비즈니스 수준 보고와 모니터링 _____

여기에서는 외부 청중에게 재무가 하는 일을 어떻게 설명할지에 대해 이야기한다. 비즈니스 수준 보고는 재무 기능의 신뢰성뿐만 아니라 기업 전체를 위해서도 매우 중요하다. 정확하고 시기적절한 비즈니스 수준 보고서를 생성하고 기본 정보의 품질과 신뢰성을 모니터링하는 것은 앞의 세 가지 통제 단계의 수준에 크게 의존한다. 그러나 비즈니스 수준 보고는 또한 경쟁 및 시장 역학, 즉 그 자체의 권한 내에 있는 활동과 관련된 양적·질적 정보에 의존한다. 이 모든 정보를 실시간으로 포착하고 이를 현실적이고 달성 가능한 예측치로 추정하는 것이 필요하기 때문에 이 과제는 더욱 어려워진다. 이는 통제 시스템이 통제 피라미드의 이번 단계에서 얼마나 견고하고 일관성이 있어야 하는지에 대한 그 기준치를 높인다.

충격적인 이야기들

최근의 글로벌 금융위기는 미시적 수준과 거시적 수준 모두에서 통제 부족에 대한 수많은 충격적인 이야기를 제공한다. 예를 들어 UBS는 자사의 감액에 대한 후속 주주보고서shareholder report[10]에서 "보고는 복잡하고 불완전했으며, 시스템은 부적절했고, 리스크 관리와 통제 기능은 어느 쪽도 포트폴리오에 있는 증권을 기본적으로 분석할 수 있는 쉽게 접근 가능한 데이터를 가지고 있지 않았다"와 같은 수많은 통제에서의 실패를 보고하고 있다. 이러한 통제 취약점을 인식하고 UBS 경영진은 몇 가지 변화에 착수했다.

2008년에는 구조적·전략적 취약점을 해결하고 UBS의 장기적인 재무 안정성을 구축하는 데 중점을 두었다. 활동은 기업 지배구조, 리스크 관리와 통제 프로세스, 유동성과 자금조달 프레임워크, 경영진 보상과 같이 변화가 필요한 주요 분야를 중심으로 이루어졌다. 그 결과 2008년에는 이사회BoD: board of directors와 그룹 집행이사회GEB: group executive board의 책임을 명확히 하기 위한 새로운 조직 규정이 도입되었으며, 각 사업부에서 자본과 리스크를 할당하고 모니터링하기 위한 집행위원회EC: executive committee가 구성되었고, 이사회 산하에 이를 전담하는 리스크관리위원회가 구성되었다. 또한 투자은행의 신용 리스크와 시장 리스크 기능을 새로 신설된 최고리스크책임자CRO: chief risk office가 이끄는 단일 조직으로 통합했다.[11]

2011년 UBS는 20억 달러의 사기거래 스캔들로 다시 언론의 헤드라인을 장식했다. 이 장에서 계속 반복하고 있는 요점을 이보다 더 설득력 있게 설명할 수 있는 것은 없다. 통제는 일회성 해결책이 아니다. 회사 리더십의 질을 포함해 비즈니스의 모든 영역에서 시간이 지남에 따라 통제를 재검토하고 지속적으로 개선해 가야 한다.

하지만 나쁜 소식만 있는 것은 아니다: 재무의 힘

UBM의 CFO인 밥 그레이는 제2장에서 자신의 이야기를 통해 CFO가 직면할 수 있는 몇 가지 딜레마를 정의하는 데 도움을 주었다. 밥은 어떤 데이터가 시장에 보고되는지와 그 데이터가 내부적으로 어떻게 수집되는지를 일치시켜야 한다는 것을 진정으로 지지한다. 이에 대해 밥은 다음과 같이 말한다.

UBM은 대부분 자율적으로 운영하는 사업들을 한데 모았다. 이러한 사업부 중 상당수는 다양한 미디어 활동에 걸쳐 고객에게 서비스를 제공한다. 예를 들어, 테크웹TechWeb은 이벤트, 온라인, 인쇄라는 세 가지 미디어 활동을 거의 동일한 비율로 고객에게 제공한다. 몇 년 전, 우리는 이러한 수평적 미디어 활동에 따라 부문segments을 설정하기로 결정했다. 이것이 각기 다른 성장과 리스크 프로필을 가지고 있는 각 사업부문에 자본이 배분되는 방식이기 때문이다. 또한 각 부문이 전체로서 어떻게 운영되고 있는지 살펴볼 수 있기 때문에 사업의 효율성이 더욱 향상되었다. 예를 들어서 '사업 단위 전체의 한 부문으로서 이벤트가 어떻게 수행되고 있는가?'와 같은 것을 살펴볼 수 있다. 이를 통해 사업부에 보이지 않게 숨어 있어 실적이 저조한 사업을 찾아낼 수 있다. 그렇게 살펴보지 않았더라면 이 사업에는 다른 부문을 통해 '보이지 않는 보조금'이 지급되었을 수도 있다. 예를 들어, 데이터 서비스를 세그먼트로 그룹화하면 왜 의료·무역·운송 데이터 서비스가 모두 다른 수준에서 운영되는지 그 이유를 조사할 수 있게 해준다.

내부의 재무 데이터 수집을 외부 보고 요구에 맞게 조정해야 하는 영향 덕분에 조직을 매트릭스 구조로 효과적으로 전환했다. 이를 통해 부문 전반에 걸쳐 모범 사례를 보고하고, 보고에서 혼란에 빠지지 않도록 내부와 외부 재무 데이터를 일치시킴으로써 자본이 어떻게 배부되고 할당되어야 하는지 파악할 수 있다. 외부 보고와 내부 경영구조 사이에는 무결성이 필요하다고 생각한다.

밥의 이야기는 몇 가지 이유로 우리가 논의하는 목적에 적합하다. 첫 번째는 비즈니스 수준 보고가 시장 요구에 어떻게 맞춰질 수 있는지 보여준다. 하나의 데이터 집합을 내부적으로 수집한 다음 외부에 보고하기 위해 재구성하는 것은 [실제와] 차이가 있고 또 통제 실패를 일으킬 가능성이 높기 때문에 부담스럽고 위험하다. 우리는 또한 이 이야기가 조직의 기능으로서 재무가 얼마나 강력한 기능을 할 수 있는지를 보여주기 때문에 좋아한다. 밥과 그의 동료들이 데이터를 수집하는 방식은 회사 전체의 구조화 방식에 영향을 미쳤다. 또한 무엇에 얼마를 지출하는지 더 명확하게 알 수 있도록 통제가 가능해질 뿐만 아니라 운영 효율성도 제공한다.

다음은 통제 피라미드에서 최고 단계인 전략계획을 설명한다.

5단계:
전략계획 _____

미래가 돌이나 모래 위에 세워져 있는가? 전략계획은 CFO가 수행할 수 있는 가장 보람 있는 노력 중 하나가 될 수 있지만 이는 통제 피라미드의 다른 모든 단계의 요구가 충족된 후에야 초점을 맞출 수 있다. 내부통제, 시스템과 프로세스, 운영분석과 비즈니스 수준 보고를 적절하게 처리하지 않으면 CFO와 조직 모두 장기적인 신뢰를 얻지 못할 것이다. 통제에 결함이 있고 통제 리스크에 노출된다면 가치창출이라는 사명을 달성하는 데 계속해서 방해가 될 것이다.

전략가로서의 CFO와 균형추

CFO의 고유한 능력과 영향력이 미치는 영역이 확대됨에 따라 저자들은 CFO가 기업의 전략에 적극적으로 참여할 수 있도록 하는 최근의 노력을 지지한다. 이와 같이 전략적 역할이 증가하는 상황에 대해 충분한 지지가 있으며, 그와 함께 다음에서 강조되고 있는 몇 가지 주의할 사항도 있다.

CFO는 점점 더 복잡하고 전략적인 역할을 맡게 되었으며, 전체 비즈니스에서 가치창출을 촉진하는 데 초점을 맞추고 있다. 주주들의 기대와 행동주의 경향이 증가하고, 인수합병이 더욱 강도 높게 일어나며, 기업의 행동과 컴플라이언스에 대한 규제와 조사가 증가하고, 재무 기능에 대한 기대치가 발전하고 있기 때문에, CFO는 기업의 많은 의사결정에 참여하고 기업의 성과에 대해 보다 직접적인 책임을 지게 되었다.[12]

언스트앤영은 보고서에서 CFO의 핵심 역할 중 하나가 "조직의 전반적인 전략을 개발하고 정의하는 것"이라고 말하고 있다.[13] 이 보고서는 뒤이어서 이상적인 CFO의 여러 특성을 나열하고 있는데, 여기에는 무엇보다도 먼저 훌륭한 재무 전문가가 되는 것뿐만 아니라 강한 상업적 감수성commercial sensibility, 비즈니스에 대한 깊은 이해, 전략적 사고 능력을 겸비하는 것도 포함된다.

그러나 CFO가 CEO를 효과적으로 지원하기 위해서는 이러한 전략적 역할이 재무 통제와 규율이라는 핵심 책임과 균형을 이루어야 한다. HSBC의 더글러스 플린트 회장은 제2장에서 CEO를 지원하는 CFO의 역할에 대해 몇 가지 조언을 했다. 또한 그는 이렇게 말했다. "CEO는 종종 비전 있는 세일즈맨이 된다. CEO가 자신이 갖고 있는 제약이 무엇인지 파악한다면 더 좋을 것이다." CEO에게 비즈니스에 대한 제약과 기회를 강조해 균형을 잡게 해주는 것이 CFO의 역할이다.

2010년 ≪파이낸셜타임스Financial Times≫에 실린 기사에서[14] 한 감사위원장은 "예를 들어 CEO에게 인수하라는 압박이 있다면, 이에 대해 균형을 맞추기 위해서는 CEO와 동등한 지식을 가진 사람이 필요하다. 우리 회사에서는 이것이 CFO를 위한 직무설명서의 일부이고, CEO에 맞설 개인적인 인센티브가 있다"라고 말했다. 미국의 한 이사회 이사도 비슷하게 말했다. "CFO의 역할은 양심과 같다. CEO를 한쪽으로 불러내서 그와 대화할 수 있는 사람이기 때문이다. CEO의 양심과 균형을 맞추는 역할을 한다고 해서 그가 CEO 자신이 된다는 것은 아니다." 이러한 생각은 CEO와 CFO가 서로 다르게 전략적으로 기여하면서 상호작용하는 것을 강화시켜 준다. 그러나 제2장에서 이야기한 것처럼 CFO로서 이사회의 일원이 되는 것은 통제를 포함해 핵심 재무책임을 잘 수행할 수 있는 역량을 가져야만 가능하다.

전략계획에서 통제를 달성하고 통찰을 검증하기

효과적인 전략적 통제를 위해서는 기업의 재무 건전성을 정확하고 일관되게 보고하겠다는 약속과 함께 비즈니스에 대한 재무적 이해가 필요하다. 투자자들의 기대는 기업의 재무보고서가 공개적으로 발표된 목표, 운영지표, 규제 요건에 부합하는 중요한 문제에 대해 진행 상황을 포함하도록 이끌었다. 전략 발표의 일관성이나 투명성이 부족하면 투자자의 신뢰가 떨어지고 주가에 영향을 줄 수 있다. 재무조직은 전략이 개발됨에 따라 이 프로세스에 대한 통제를 유지할 수 있도록 비즈니스를 지원하고 협력하는partnering 일에 긴밀하게 관여해야 한다. 특히 CFO는 회사의 전략적 방향을 설정하고 전략을 실행하기 위해 적절한 통제 장치가 마련되었는지 확인하는 데 참여해야 한다.

재무와 비즈니스에 대한 여러분의 통찰을 검증하는 가장 좋은 방법은 전략계획과 관련된 사항을 포함해 통제 시스템의 모든 측면에 대해서 답변이 만족스러워질 때까지 질문할 수 있는 능력이다. 답변이 만족스럽지 못하다면, 부족한 부분을 시정하도록 조직을 이끌 수 있어야 한다. 질문을 통해 얻은 답변에 대해 실질적으로 만족하려면 통제가 실제로 현실적이고 효과적이라는 명백한 증거를 내보일 수 있어야 한다. 두 가지 모두에 대해서 CFO가 판단한 기준은 이사회의 감사위원회와 외부 감사인의 기준보다는 조금 더 높아야 한다. CFO로서 다양한 중요 회계처리에 대해서는 종종 독립적인 외부 감사인과 논의해 타협할 수 있지만, 통제는 타협불가non-negotiable한 것이어야 한다.

예상하겠지만, 전략계획의 통제는 딜레마의 균형을 맞추는 것으로 돌아가는 것이다. 경쟁이 치열해지고 세계화가 계속해서 이익을 압박함에 따라 주주들은 지속 가능하고 수익성 있는 성장과 똑같이 견고한 통제를 점점 더 요구하고 있다. 이러한 요구에 대응하기 위해서는 역량을 향상해야 하고, 산더미 같은 정보를 정확하고 시기적절하며 빠르게 흡수해 철저하게 분석하는 것이 필요하다. 대부분의 기업에서는 이러한 역량을 충분히 공급하지 못하고 있고, 그래서 CFO와 재무조직은 이 격차를 메울 수 있는 고유한 기회를 가질 수 있는 것이다.

이 장의 전반에서는 저자의 이야기와 인용을 통해 리더십에 대한 통찰을 추가했다. 이어서 프로세스 접근법이 통제 피라미드의 다섯 단계 모두에서 통제를 시작하고 관리하는 데 어떻게 도움이 되는지 살펴보자.

프로세스 통제의 기본 모델

가장 기본적인 수준에서 보면 모든 재무 프로세스 통제는 이전에 합의된 계획에서 벗어나는 것들을 수정하는 조치 방법으로 볼 수 있다. 따라서 통제는 계획이나 적어도 어떤 일이 일어나야 하는지에 대한 아이디어로 시작한다. 계획의 각 부분을 모니터링해 계획된 활동이 실제로 의도한 대로 진행

그림 4-3
간단한 프로세스 통제 모델

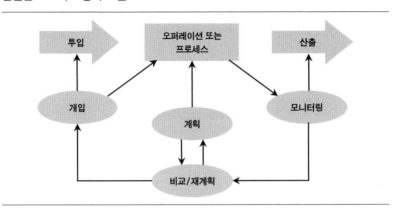

되고 있는지 확인해야 한다. 계획에서 벗어난 것은 프로세스에 대한 일종의
개입을 통해 수정될 수 있으며, 그 자체에도 약간의 수정 계획이 포함될 것
이다.

〈그림 4-3〉은 이러한 간단한 통제 관점을 보여준다. 일정 기간 동안의 트
랜잭션 수와 같은 프로세스 결과를 모니터링하고 계획과 비교한다. 계획은
해당 기간에 처리될 것으로 예상되는 총 트랜잭션 수와 같이 프로세스가 수
행해야 하는 작업을 설정해 놓은 것이다. 결과가 이 계획에서 벗어나면 이
활동은 계획을 수정하고 다시 수립해야 할 활동으로 고려된다. 필요한 경우
프로세스에 개입해 더 많은 작업 시간이 투입될 수 있도록 승인하거나 입력
데이터의 품질을 개선하고 이를 통해 새로운 계획이 성공할 수 있도록 한
다. 이러한 프로세스 검토를 반복해서 수행한다.

시작으로는 이것이 좋기는 하지만 지나치게 단순하다. 훨씬 더 복잡한 현
실을 지나치게 전체적으로 묶어 일반화한 것이기 때문이다. 자동차 엔진과
같은 기계 시스템이 제어되는 방식을 기반으로 하고 있으나, 실제 조직에서

일해본 사람이라면 누구나 조직이 기계가 아니라는 것을 안다. 조직은 복잡하고 모호한 상호작용으로 가득 찬 사회 시스템이다. 조직은 서로 다르고 종종 상충되는 목표가 경쟁하는 정치적 실체이며, 그 성과를 측정하는 것이 항상 간단한 것은 아니다. 또한 일부 결정에는 반복적인 고려 사항이 포함되지 않는데, 일회성 거래가 그 예에 해당한다. 그렇다면 어떻게 컨트롤러들이 제대로 통제할 수 있도록 도울 수 있겠는가?

섬세한 통제 운영

〈그림 4-3〉의 통제 모델이 지나치게 단순한 탓에 가장 기본적인 프로세스를 제외하고는 대부분의 프로세스에 적용하기 어렵다면, 어떤 조건이 통제 프로세스를 더 복잡하게 만들 것이며, 이러한 통제의 어려움을 어떻게 해결할 수 있겠는가? 어떤 프로세스라도 통제와 관련된 어려움의 정도를 평가하는 데 사용할 수 있는 몇 가지 유용한 질문이 있다.

- 프로세스 목표가 무엇이어야 하는지에 대한 합의가 있는가?
- 프로세스의 산출 결과를 얼마나 잘 측정할 수 있는가?
- 프로세스에 대한 개입 효과는 예측 가능한가?
- 프로세스 활동이 대부분 반복적인가?

이러한 질문이 통제의 특성에 영향을 미칠 수 있는 방법 중 하나가 〈그림 4-4〉에 보다 상세한 모델로 나와 있다.[15] 의사결정 트리의 끝단(짙은 색으로 표시) 가장 아래에 있는 일상(반복)적 통제routine control 유형부터 위로 올라가면서 각각의 통제 유형이 무엇을 의미하는지 자세히 설명한다.

그림 4-4
통제 유형에 대한 의사결정 트리

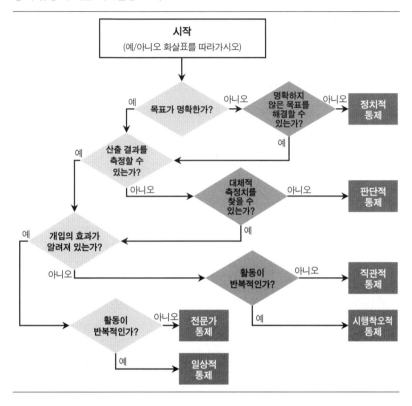

일상적 통제

이는 가장 쉬운 경우로, 목표가 명확하고, 결과가 측정 가능하며, 개입과 반복의 효과가 알려져 있는 경우에 해당한다. 일상적 통제는 생산에서 이루어지고 있는 현재의 거의 모든 오퍼레이션에 적용된다. 여기 있는 통제는 간단한 의사결정 규칙을 사용해 코드화할 수 있다. 그러면 〈그림 4-3〉의 단순 통제 모델은 여기에서 여전히 작동할 것이고, 아마도 회사의 통제는 〈그림 4-2〉의 통제 피라미드 가장 아래 단계에서 운영되고 있을 것이다.

전문가 통제

목표가 명확하고 결과가 측정 가능하며 개입의 효과가 알려져 있지만, 새로운 IT 시스템의 도입과 같이 활동이 반복적이지 않다면 전문가에게 통제를 맡기는 것이 합리적이다. 전문가는 같은 일을 많이 하기 때문에 일을 할 때 실제로는 비슷한 상황이 반복되고, 그래서 전문가는 경험을 통해 배울 수 있다. 다만, 전문가들은 자신이 알고 있는 것에 대해서는 능숙하지만, 그렇다고 해서 그들이 결정해야 하는 것에 대해 필요한 더 넓은 맥락을 언제나 알고 있는 것은 아니라는 사실을 조심해야 한다. 이러한 유형의 통제가 효과적이기 위해서는 전문가의 지식이 프로세스의 맥락을 잘 이해하는 정규 관리자의 지식과 통합되어야 한다.

시행착오적 통제

목표가 명확하고 결과를 측정할 수 있으며 활동이 반복되지만 개입의 효과를 알 수 없는 경우, 이러한 상황에서 통제는 학습 활동이 된다. 경영자와 관리자는 이전의 성공과 실패를 통해 학습한다. 통제 개입에 대한 사후 분석은 지식을 구축하는 데 필요하며, 이는 결국 일상적 통제로 이어질 수 있다. 예산 수립 프로세스가 그에 해당한다.

직관적 통제

목표가 모호하지 않고 결과는 측정할 수 있지만 개입의 효과가 알려지지 않았거나 활동이 반복적이지 않는 경우, 프로세스 통제는 과학이라기보다는 기술에 가까울 것이다. 아마도 경험을 통해 축적한, 상황에 대한 타고난 감각을 가지고 있는 사람은 적절하게 개입하는 것을 직관적으로 결정할 수 있을 것이다. 이러한 사람에게는 분석 기술, 경영·관리 민감성, 프로세스 행동에 대한 상세하면서도 포괄적인 이해가 필요할 수 있다. 대규모 기업에서 새 프로젝트에 자원을 할당하는 몇몇 프로세스가 이와 같으며, 의사결정 제안과 계획은 조직의 하위 수준에서 만든 것에 달려 있고 최종 의사결정은 더 상위 수준의 경영진에 의해 이루어질 때 특히 그렇다. 조직의 하위 수준에서 각각의 제안이나 계획을 개발하는 활동은 반복해서 이루어지는 활동이 아니다. 개발된 제안이나 계획을 승인받으려고 하는 것은 개입의 효과가 어디에서 나타날지 알 수 없는 프로세스이다. 이것이 계획과 제안이 만들어질 때 고위 경영진이 사용하는 프로세스를 정기적으로 검토해야 하는 이유다. 사실상 이는 시행착오적 유형의 통제 활동이 더 많이 이루어지게 한다.

판단적 통제

이것은 아마도 의사결정 영역에서 가장 모호한 영역으로, 알려지지 않은 것들이 너무 많이 있는 영역일 것이다. 판단적 통제에서 목표는 모호하지 않지만 결과는 측정할 수 없으며 만족할 만한 간접 측정치도 없다. 대안적 측정치들에 대해 모든 이해관계자가 합의할 수 있다면 통제 문제는 측정 가능한 결과인 객관적인 경우로 축소된다. 그러나 모든 사람이 받아들일 수 있는 대안적 측정치가 없다면 프로세스 통제는 주관적인 의사결정의 문제가 된다. 이 경우 통제를 행사하는 것은 의사결정자의 권한과 영향력에 달려 있다. 대부분의 전략적 결정이 이와 같다고 논의될 수 있으므로, 이는 〈그림 4-2〉의 통제 피라미드 맨 위 단계인 전략계획 단계에 해당한다.

정치적 통제

목표가 모호하면 통제는 특히 어렵다. 그리고 많은 고위급 의사결정high-level decision 프로세스의 목표는 종종 불확실하다. 이러한 모호성이 발생하는 이유는 의사결정 이해당사자들 사이에 이해나 가치가 상충되기 때문일 수 있으며, 수단이 목적을 정당화하는지에 대한, 또는 환경의 격변이나 불확실성으로 인해 예측이 다르게 이루어지는 것에 대한 합의가 부족하기 때문일 수도 있다.

이것이 어떻게 통제에 도움이 되는가?

기본 통제는 간단하며, 우리는 그것에 주의를 기울인다. 보다 복잡하고 섬세한 통제는 훨씬 더 어렵다. 복잡한 통제에 대해 접근할 수 있는 모델이 없으면, 통제를 무시하거나, 프로세스나 활동을 강압diktat에 의해 관리하거나, 다른 사람이 통제하고 있다고 가정할 수 있다. 이 모델은 통제할 수 없다고 생각했을지도 모르는 활동을 통제하는 것에 대해, 상세한 대화 방식을 통해서 조직을 이끌기에 완벽한 모델이다. 이것은 동료 중 일부가 오직 판단이나 상식만이 통할 수 있다고 주장하는 상황에서조차 그 어떤 것도 통제 관련 사항에서 벗어날 수 없다는 것을 의미한다. 이 모델은 통제 프레임워크를 보다 포괄적으로 만들어주고 실수의 가능성을 줄여준다.

　여기서 말하는 메시지는 단순하지만 중요하다. 상황이 다르면 다른 방식으로 통제에 접근해야 한다는 것이다. 예를 들어, 복잡한 인수합병 활동에 사용하는 것과 같은 방식으로 송장 지불 활동을 통제하는 것은 적절하지 않다. 보다 복잡한 통제 모델은 풍부한 지식 기반의 복잡한 프로세스에 대해서도 적절한 수준의 통제를 실행할 수 있다는 것을 의미한다. 그리고 이러한 활동을 반복하는 것도 중요하다. 한 번 바로잡고 난 다음 그것에 관심을 기울이지 않는 것은 그 자체로 통제 리스크다.

　끝으로, 견고한 통제 프로세스를 구축하는 데 필요한 리더로서의 CFO가 맡는 역할을 살펴보고자 한다.

통제 전문성을 개발하라

규제 요건을 충족하기 위해 재무 통제를 실행하든, 재무 지표를 운영성과와 연결하든, 통제 피라미드의 기반이 되는 내부통제와 시스템 그리고 프로세스가 제대로 작동하는지 확인하든 간에, 그 어떤 것도 CFO 자신의 재무에 대한 깊은 이해를 대신할 수는 없다. CFO가 다른 사람의 재무 전문 지식에 의존할 수 없다는 것을 최근의 역사가 보여준다.

우리 모두는 규제 기관, 신용평가 기관, 투자분석가들이 기업의 재무 건전성을 분석하고 평가하기 위해 재무 전문가를 고용하는 데 막대한 돈을 투자했다는 사례를 알고 있다. 미국 기업인 타이코 인터내셔널Tyco International의 흥망성쇠를 예로 들어보자. 이 회사는 그런 시대를 가장 잘 따라온 회사 중 하나였다. 경쟁자들은 타이코를 지켜보았고, 수십 명의 분석가들이 타이코를 따라갔으며, 신용평가 기관과 부채협약 기관은 타이코를 지속적으로 모니터링했고, 언론 매체는 회사와 경영진에 대한 수많은 기사를 보도했으며, 외부 감사인은 연차보고서에 서명했다. 타이코에는 엄청난 외부의 스포트라이트가 있었다. 그리고 수십 건의 인수와 엄청난 주가 상승 이후 타이코의 CEO인 데니스 코즐로스키L. Dennis Kozlowski는 ≪비즈니스위크Business Week≫가 선정한 2001년 25대 기업 경영자 목록[16]에 이름을 올렸다. 그러나 6개월도 채 지나지 않은 2002년 6월 3일, 그는 갑자기 CEO에서 물러났다. 같은 해 9월 12일, 코즐로스키는 타이코로부터 수억 달러를 횡령한 혐의로 CFO인 마크 슈워츠Mark Swartz와 함께 부패 혐의로 형사 기소되었다. 배심원단은 결국 그들이 1억 5000만 달러 이상을 횡령한 혐의로 유죄 평결을 내렸다.

어떻게 해서 이런 일이 일어났을까? 상장기업에 대한 철저한 조사는 엄청나게 이루어지고 있지만 그렇다고 그것이 윤리적 리더십, 지속적인 모니터링, 견고한 통제를 대체할 수는 없다. 전 세계적으로 수많은 새로운 규제가 도입된 후에도 재무 스캔들은 여전히 살아 있다. 이탈리아의 파르마라트 Parmalat, 미국의 버니 메이도프Bernie Madoff, 인도의 사티얌 컴퓨터 서비스 Satyam Computer Services와 같은 스캔들은 조직의 프로세스에 통제가 없으면 무슨 일이 일어나는지를 생생하게 보여준다. 이러한 이야기들이 증명해 주 듯이 외부인에 의한 분석은 결함이 있고 부적절하며 잠재적으로 오해의 소 지가 있다. CFO로서 여러분이 파악할 수 없는 경우도 많다.

통제 DNA 만들기

그러므로 규제 강화나 개인의 재무적 통찰만으로는 모든 활동에 대한 적절 한 통제를 충분하게 보장할 수 없다. 한 사람이 동시에 여러 곳에 있을 수는 없다. 뛰어난 통제 의식과 관행은 통제에 대한 공유된 전사적 책임감으로 보완되어야 한다. DNA에는 통제가 내재해 있어야 한다. 이 장의 시작 부분 에서는 이것을 '통제 정신'이라고 불렀다. 이것은 통제 피라미드의 모든 단 계에 걸친 리더십 이슈다. 통제 문화를 만드는 것은 과연 가능한가?

제3장에서 젠팩의 CFO인 모힛 바티아에 대해 이야기했다. 모힛 바티아 는 존경할 만한 CFO다. 그는 즉시 이해할 수 있는 수치를 보여주고 10분 안 에 회사의 개요를 알려줄 수 있다. 그는 또한 투자자 관계 관리에서 컴플라 이언스에 이르기까지 재무 기능의 여러 부분이 전체적으로 얼마나 많은 비 용을 사용하는지 루피화와 달러 총액뿐만 아니라 회사 지출액의 백분율로 도 알고 있다. 또한 재무 기능의 각 부분이 비즈니스를 위해 무엇을 달성하 고 있는지도 알고 있다. 그의 재무 기능 비용 중 약 50%는 회계 통제와 현 금관리에 사용된다. 회계, 통제, 컴플라이언스는 시계처럼 정확하게 작동할 것으로 기대된다. 이러한 수준의 성과를 보장하기 위해서는 많은 노력이 필 요하다. 따라서 그는 고객에게 더 많은 실시간 정보를 제공하기 위해 시스

템과 프로세스에 투자한다. 그리고 그의 회사는 인수를 하고 다양한 거래를 구조화하기 때문에, 그는 또 다른 형태의 통제인 회사의 중요 거래에 대한 구조와 의사결정 기준을 제공할 뿐만 아니라 회사가 오퍼레이션 의사결정에 정보를 제공하기 위해 제품별·산업별로 어떻게 하고 있는지에 대한 데이터도 제공한다.

모힛 바티아는 통제 문화 구축에서 식스시그마와 린 오퍼레이션을 크게 지지하고 있지만, 통제 DNA를 만드는 것이 더 유익할 수 있다는 것도 지지한다.

> 5만 2000명의 사람들이 우리 브랜드를 책임지고 있다. 우리는 가치를 가지고 있고, 진실성에 대해 기업 커뮤니케이션을 하고 있으며, 우리의 윤리에서 벗어나는 모든 것을 공개적으로 발표한다. 우리는 25~30명으로 구성된 내부감사 기능을 가지고 있으며 여기서 내부 직원의 위법행위를 조사·확인한다.

누가 문화에 대해 책임지는가?

이사회와 고위 경영진은 총체적으로 내부통제의 중요성과 중심적 역할을 모두에게 증명해 주는 문화를 확립할 공식적인 책임이 있다. 모힛 바티아가 말했듯이 통제 문화culture of control에는 강한 윤리적 환경과 확고한 무결성 가치뿐 아니라 통제와 내부감사의 역할과 책임을 훈련하고 검토하는 방법도 포함된다. 성과관리, 보상과 인센티브를 포함해 올바른 행동에 대한 보상을 할 수 있는 건전한 인적자원관리 정책을 마련하는 것도 중요하다.

소비재 대기업인 프록터앤갬블Procter and Gamble은 2009년 연차보고서에서 다음과 같은 성명을 통해 통제 문화를 확립하려는 의지를 보여주었다.

고위 경영진부터 아래에 이르기까지 모든 임직원은 높은 윤리적 기준으로 비즈니스 업무를 수행하겠다는 회사의 약속을 명시한『글로벌 비즈니스 행동 매뉴얼WBCM: Worldwide Business Conduct Manual』에 대한 교육을 받아야 한다. 모든 임직원은 컴플라이언스에 대해 개인적으로 책임을 져야 하며,『글로벌 비즈니스 행동 매뉴얼』위반과 관련된 어떤 우려 사항도 보고할 수 있는 여러 방법을 제공받고 있다.[17]

문화가 작동하는가? 기업의 통제 문화에 대한 두 가지 질적 테스트

첫 번째는 매우 간단한 테스트이다. 이번 분기 장부를 마감하고 결산하는 동안 회사와 연락이 닿지 않은 곳에서 휴일을 얼마나 편안하게 보낼 수 있는지 자문해 보라. 그렇다, CFO로서 아무것도 지시하지 않거나 의견 제시를 하지 않고 분기를 마감한다. 분기 결산은 매우 반복적이고 일상적인 월 결산도 아니고, CFO의 재무 전문성과 전략적 관점이 절대적으로 필요한 연차 결산도 아니다. 그걸 1에서 10까지의 척도로 표현한다면 얼마나 편안하다고 느끼는가? 점수가 5점 이하라면, 심각한 통제 오류가 발생하는 것이 거의 불가피할 것이다. 6~8점이라면 기본을 더 탄탄하게 해야 한다. 9점 이상이면 효과성 향상에 더 집중하고 비즈니스에 미치는 전략적 영향에 더 많은 시간을 할애할 수 있다. 잘된 일이다!

두 번째 테스트는 월·분기·연차 결산을 얼마나 빨리, 며칠 안에 할 수 있는지 평가하는 것이다. 속도뿐 아니라 자신감도 평가하라. 스스로의 답을 생각해 보고 결산 기간에 영향을 미치는 것뿐만 아니라 현재의 자신감 수준에 대한 이유를 모두 나열해 보라. 이와 같은 평가는 기본적인 통제 이슈에 대한 흥미로운 사실을 보여줄 것이다.

*　　*　　*

통제가 미흡한 것은 재앙이 일어나기를 기다리는 것과 마찬가지다. CFO의 과제는 견고한 통제 환경을 유지하고 조직에 통제 문화를 내재화하는 것이다. 통제에는 확립된 정책과 절차를 성실히 준수하고 통제 프로세스를 지속적으로 개선하는 것이 필요하다. 또한 통제는 필수적이고도 자원 집약적인 작업을 수행하고 이를 재구성해 가치 보호와 창출을 향상할 수 있는 자원 활용 기회를 기업에 제공한다. 이러한 노력을 지속할 수 있는 힘은 통제 전문성, 리더십 역량, 프로세스 능력이 완전히 통합될 때 크게 향상된다.

재무와 조직 전체에 유용한 몇 가지 질문을 제안한다.

- 실제로 무슨 일이 일어나는지 알고 있으며, 그것이 실제로 예상했던 대로 일어났는가?
- 그것을 어떻게 아는가? 일화逸話성 정보를 사용하는가, 아니면 그 일이 어디로 향하고 있는지 지속적으로 모니터링하는가?
- 예상과 다른 문제를 바로잡기 위해 어떻게 개입하는가?
- 회사의 비즈니스 분석가가 시스템과 프로세스에 투자해 회사에 경쟁우위를 제공하는 도구를 만들고 유지할 수 있도록 어느 정도 허용하고 있는가? 아니면 기본적인 스프레드시트와 점진적 접근 방식을 고수해 비용을 절감하고 기존 시스템의 사용 수명을 연장시키는가?
- 통제를 위한 개입이 효과적이고 다른 부작용을 일으키지 않는지 어떻게 알 수 있는가?
- 어떤 종류의 통제 환경을 만들었는가?

이러한 질문에 대한 답이 불만족스럽다면 통제 환경을 개선하기 위한 조치를 취해야 한다.

2009년에 프록터앤갬블은 다음과 같이 보고했다.

우리의 내부통제 시스템에는 문서화된 정책과 절차, 업무 분장, 세심한 직원 선발과 개발이 포함된다. 이 시스템은 거래가 승인된 대로 실행되고 적절하게 기록되었으며, 자산이 안전하게 보호되고, 회계 기록이 미국에서 일반적으로 인정되는 회계원칙에 따라 모든 중요성 측면에서 재무제표를 작성할 수 있을 만큼 충분히 신뢰할 수 있다는 합리적인 확신을 제공하도록 설계되었다. 우리는 사업부 경영진이 수행하는 통제에 대한 자기평가를 통해 이러한 내부통제를 모니터링한다. 알리지 않고 수행하는 감사를 포함해, 전 세계에서 재무와 컴플라이언스 감사를 수행하는 것 외에도 글로벌 내부감사 조직은 통제에 대해 교육하고 내부통제 프로세스를 지속적으로 개선한다. 경영진은 확인된 어떤 통제 결함에 대해서도 그것을 바로잡기 위해 적절한 조치를 취한다.[18]

CFO로서 여러분은 이와 똑같이 말할 수 있겠는가?

리스크와 가치창출

제5장에서는 리스크가 기업의 가치를 창출하고 유지하는 데서 어떤 역할을 하는지 설명한다. 리스크를 감수하는 것은 비즈니스의 본질이다. 사업을 시작하면 자본을 조달하고, 세금을 납부하며, 계정을 신고하고, 규제와 법적 컴플라이언스 영역에 들어가며, 이를 준수하지 않을 경우 처벌을 받는다. 기업은 대부분의 경우 여러 국가에서 다양한 파트너십을 통해 사업을 운영하고 있으며, 이 모든 것을 가장 긍정적인 의도를 갖고 진행하지만 그렇다고 모두가 성공적인 것은 아니다. 그리고 그 과정에서 활용할 약점을 찾는 경쟁자들

과 마주하게 된다.

CFO는 리스크 관리를 잘해야 한다. 리스크 노출 체크리스트를 주기적으로 검토하는 것은 나쁜 일이 아니다. 그리고 적절한 손실 보험에 가입하고 있는지 확인하는 것도 중요한 일이다. 그러나 이러한 기초적인 단계보다는 더 나아가야 한다. 리스크를 기회로 전환하려면 사고를 확장해야 한다. 일단 심각한 리스크가 발생했으나 초기 손실을 방지하고 나면, 그다음에는 어떻게 복구하고 앞으로 나아갈 수 있는가? 중요한 리스크 관리 이슈를 검토하기 위해 외부의 동료 CFO들과 어느 정도 교류하고 있는가?

제5장에서는 리스크 관리 마인드를 향상시킬 수 있는 방법을 살펴본다. CFO로서 가치를 그냥 흘려보내는 것이 아니라 가치를 유지하고 창출할 수 있도록 하기 위한 것이다.

리스크 관리를 심화하고 확산하라

유럽, 중동, 인도, 아프리카의 고위 재무 전문가 669명을 대상으로 한 2010년 언스트앤영의 서베이[1]에서, 응답자의 63%는 3년 전과 비교했을 때 리스크 관리를 개선하는 것이 보다 높은 우선순위에 있다고 생각했다. 리스크 관리보다 우선순위가 높게 평가된 프로세스는 현금관리뿐이었다.

● ●

[사례연구] 리스크는 조용히 다가온다

수전Susan은 문이 닫힌 사무실에 혼자 앉아 있었다. 회사는 규제당국과 신용평가 기관들로부터 일련의 어려움을 겪었다. 지금, 수전과 다른 사람들이 시장에 업적으로 내세웠던 대표적인 인수 건이 매물로 나왔고 큰 폭의 평가절하가 일어났다. 인수 거래를 하면서 일부 부정행위가 있었고, 수전과 인수합병 책임자는 민형사상 잠재적 위반에 대해 개인적인 조사를 받았다. 수전은 몸이 약간 아팠다.

수전은 어떻게 그런 일이 일어났는지 뒤늦게나마 확실하게 알 수 있었다. 수전은 경영진에 새로운 바람을 일으키고 전문 역량이 부족한 재무조직을 재건하기 위해 2년 전에 CFO로 영입되었다. 수전은 장기적인 성공의 토대를 마련하기 위해 열심히 노력했다. 여러 곳에 분산되어 있는 재무조직을 파악하기 위해 많은 곳을 돌아다녔고, 재무조직이 회사의 성공에 더 중요한 기여를 하도록 격려했다. 수전은 경쟁사와의 시가총액market capitalization 격차를 해소하기 위한 공동 노력의 일환으로 경영진, 이사회 및 투자자들과 적극적으로 협력했다. 수전은 모든 전략적 측면을 시야에 두고 있었다.

돌이켜보니, 큰 부분은 잘 되어가는 것처럼 보였지만 사소해 보이는 일련의 항목들로 인해 진행 상황이 어떻게 흐트러져 갔는지 알 수 있었다. 2년 전 부임했을 때 수전은 외부 감사인이 '회사가 스프레드시트에 의존하고 있다'고 지적하면서 '탄탄하게 구축된 시스템으로 전환하라'라고 권고한 보고서를 봤던 일을 떠올렸다. 하지만 전환에 필요한 비용과 구성원들의 많은 시간 사용은 결코 높은 우선순위가 아닌 것 같았다. 그리고 바로 이번 주, 회사의 감사인들은 감사 과정에서 스프레드 시트의 계산식에 몇 가지 심각한 오류가 있음을 발견했다. 수전은 이 결과로 무슨 일이 일어날지 알고 있었다. 지난 2년 동안의 장부를 수정하고 재무제표를 재작성 해 공시해야 할 뿐만 아니라 그에 대해 매우 수치스러운 언론보도를 해야 했다.

이뿐만이 아니었다. 전임자가 해결하지 않고 넘겨준 장기차입금도 있었다. 이로 인해 재무조직은 단 한 달 내에 회사 차입금의 80%를 차환refinance해야 했는데, 우연히도 그 달에 유럽의 경기 침체로 자본시장이 타격을 입었다. 설상가상으로, 정확히 같은 시기에 회사의 주요 공장 중 세 곳이 품질관리 실패로 설비 개보수를 위해 가동을 중단했다. 세 공장의 관리자는 예측할 수 없는 사건들이 한꺼번에 일어났다고 주장하고 있었다. 수전은 경영정보 데이터를 점검했는데, 올바로 검토했더라면 주요 가동 중단을 예측할 수 있는 증거가 바로 그 데이터에 포함되어 있었다. 대내외 불확실성으로 신용평가 기관들은 회사의 등급을 하향 조정했다.

수전은 CFO인 자신의 주의가 이러한 보고와 채무 위기에 집중되어 있었고, 그래서 인수와 관련해 강력한 실사를 하는 데 필요한 만큼의 시간을 할애하지 못했다는 설명은 아무 소용이 없다는 것을 알고 있었다. 그것은 여전히 마무리하는 도중에 드러날 것이다. 나중에 안 일이지만, 거래를 이끌고 있던 부사장이 몇 가지 중요한 문제와 위험 요인을 공개하지 않은 탓에 서명란의 잉크가 마르기도 전에 모든 나쁜 소식이 들려오기 시작했다. 수전은 본능적으로 그 거래가 재무적으로는 말이 안 된다고 느꼈다. 그러나 수전은 CEO가 주주들이 사소한 세부 사항은 무시하고 인수 거래의 전략적 논리를 볼 것이라는 주장을 무시하도록 내버려 두었다. 지금 난처한 상황에 처한 것은 수전이다.

수전은 조용히 스스로에게 물었다. '왜 내가 리스크 관리에 더 주의를 기울이지 않았던 걸까? 이러한 문제들이 여기저기에서 다가오고 있는데.'

• •

리스크 관리:
견고한 통제를 위한 보완 _____

제4장에서는 통제 환경을 유지하기 위한 필수 요소인 견고한 내부통제, 시스템과 프로세스, 일관된 운영과 비즈니스 보고, 견고한 전략계획에 대해 설명했다. 통제 환경을 유지하는 것은 정원사가 되는 것과 약간 비슷하다. 정원을 만들기 위해서 열심히 일할 수도 있지만, 좋은 상태로 유지하고자 한다면 지속적으로 정원에 관심을 가져야 한다.

하지만 여전히 일이 잘못될 수 있다. 시장 요인, 날씨, 조직 복잡성, 사람의 실수, 기계 고장, 심지어 범죄 행위 등이 내부통제 시스템 너머에 잠복해 있을 수 있다. 그것이 우리가 리스크 관리에 규율과 엄격성을 추가해야 하는 이유다. 통제가 다다를 수 없는 곳을 찾아내야 한다.

이 장에서는 리스크를 정의하는 것에서부터 시작해 통제와 리스크가 어떻게서로 보완되는지 살펴볼 것이다. 다음으로, 해야 할 일 목록에서 리스크가 낮은 순위로 떨어지는 이유와 리스크를 효과적으로 관리하는 데서 직면하는 몇 가지 장벽에 대해 살펴본다. 그런 다음 리스크를 선제적으로 관리하고 조직에 리스크 관리 마인드를 심기 위한 4단계 프로세스를 살펴본다. 4단계는 리스크 식별, 리스크 예방, 리스크 완화(어떤 일이 잘못되어 발생하는 여파를 줄이는 방법), 그리고 리스크 복구 또는 재난 발생 후 스스로를 회복하는 데서 얼마나 회복탄력성이 있는지로 되어 있다. 이 접근법은 최대한 예방에 힘써야 하지만, 일이 잘못되었을 때는 빨리 회복할 수 있도록 대비해야 한다고 가정한다.

먼저 리스크가 무엇인지, 그것이 통제 책임과 어떤 관계에 있는지 살펴보자.

리스크 정의 방법 _____

1935년 판 『웹스터 사전』[2]은 리스크에 대해 "위해, 위험, 위협, 손실·부상·불이익 또는 파괴에 대한 노출"이라고 간단히 정의하고 있다. 대략 맞는 것처럼 들린다.

위키피디아는 다음과 같이 제안한다.

리스크는 선택한 행동이나 활동(활동하지 않는 것을 선택하는 것 포함)이 손실(바람직하지 않은 결과)로 이어질 가능성이다. 이 개념은 결과에 영향을 미치는 선택이 존재하거나 존재했다는 것을 의미한다. 손실 가능성(잠재적 손실) 그 자체를 '리스크'라고 부를 수도 있다. 거의 모든 인간의 노력에는 어느 정도 리스크가 수반되지만 어떤 것들은 다른 것들보다 리스크가 훨씬 더 크다.

이러한 정의는 위험과 손실을 암시한다. 따라서 이 정의들을 한 번 더 생각해 다듬어보고자 한다.

리스크는 긍정적인 측면도 포함한다

리스크에는 다른 측면도 있다. 조직은 수용 가능한 적절한 수준의 이익을 얻기 위해서 계산된 리스크calculated risk를 감수해야 한다. 리스크가 단지 부정적인 경험만은 아니라는 것은 분명한 사실이다. 리스크는 또한 기회를 만들 수 있다. 사실 기업은 주주가치를 창출하려고 리스크를 활용하기 위해 존재한다. 하지만 좀 더 이해하기 쉽게 설명하기 위해 이 장에서는 부정적인 리스크 관리에 초점을 맞출 것이다. 리스크가 제공하는 긍정적인 기회에 대해서는 제6장에서 살펴보겠다.

통제와 리스크 관리는 어떻게 조화를 이루는가? _____

리스크 관리는 건전한 통제 시스템을 갖추는 것과 전략적으로 유사하다. 이 두 가지는 이두박근과 삼두박근처럼 함께 작동한다. 통제가 프로세스를 지속적으로 점검하고 앞을 내다보는 것이라면, 리스크 관리는 계속 확장되는 범위에서 자신의 주변을 탐색하고 이 탐색을 지속할 수 있는 프로세스를 만드는 것이다. 〈그림 5-1〉은 이러한 공생관계symbiotic relationship를 보여준다.

통제 기능은 어디에서 가장 잘 작동할까? 낮은 수준의 리스크는 목표가 명확하고 결과를 측정할 수 있고 개입의 효과가 알려져 있으며 활동이 반복적인데(제4장의 〈그림 4-4〉 참조), 대부분 견고한 통제를 통해 관리할 수 있다. 송장처리 작업을 예로 들 수 있는데, 모든 지불 요청이 유효한지 평가해야 하고, 지불이 적시에 이루어지고 계정에 적절히 기록되었는지 확인해야 한다. 물론 여기에는 리스크가 있지만 견고한 통제 장치가 갖춰져 있다면 이를 발견해 낼 수 있다. 구성원들이 적절한 교육을 받지 못하거나 부정행위에 노출될 수도 있지만 포괄적인 통제 시스템은 이러한 사항도 발견해 낼 수 있어야 한다.

낮은 수준의 리스크 사건이 누적되어 일어나거나 동시에 일어나 갑자기 예측하지 못한 재앙을 초래하는 경우는 예외일 수 있다. 2011년 3월 후쿠시마 제1 원자력 발전소 사고[3]처럼 원자력 시설의 노심 용융meltdown을 일으키는 다중화 시스템redundant systems의 동시 고장이나, 비행기 충돌을 초래하는 사람에 의한 여러 실수는, 종종 하나의 큰 실수가 아니라 일련의 작은 실수에서 비롯된다. 따라서 통제 시스템은 보호해야 하는 시스템 전반에 걸쳐서 리스크들 사이의 상호연결성interconnectivity을 찾아낼 수 있어야 한다.

여기가 위험을 감수해야 할 곳이다. 높은 수준의 리스크는 일반적으로 목표에 대한 불확실성이 더 높고 단일 리스크의 결과가 훨씬 더 크기 때문에

그림 5-1
리스크와 통제의 관계

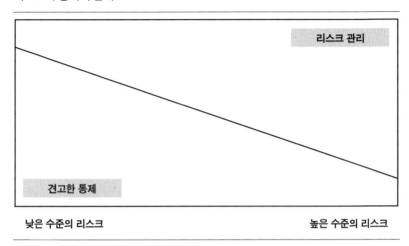

통제 시스템을 통한 관리 능력은 상당히 제한적이다. 이러한 높은 수준의 리스크에 대해서는 잘 정립된 리스크 관리 사고방식에 더 의존해야 한다. 잠재적인 리스크를 적극적으로 탐색하고 학습하려는 욕구가 있는 CFO를 지원할 조직이 필요하다. 이러한 높은 수준의 리스크는 대형 시설에서의 치명적인 운영 실패 가능성과 같이 회사의 비즈니스 모델에 내재되어 있을 수 있다. 또 직무에 지나치게 익숙한 사람들의 인적 실수나 새로운 작업과 같은 특정 상황으로 인해 발생할 수 있다.

재무에서 이러한 높은 수준의 리스크는 새로운 사업부문, 신기술, 새로운 국가에 대한 주요 신규 투자와 인수 및 매각과 같은 새로운 거래 모두에서 발생할 수 있다. 일련의 낮은 수준의 리스크지만 누적적으로는 재앙적인 사고를 촉발한 후쿠시마 제1 원자력 발전소 사고에서의 지진과 같은 자연 재해, 거시경제적 변화, 공급망의 붕괴, 지정학적 사건들은 모두 회사가 통제할 수 없는 상황이 파괴적인 영향을 미칠 수 있음을 보여준다. 통제하거나 예방할 수는 없지만, 그럼에도 불구하고 그것들을 신속하게 복구할 준비가 되어 있어야 한다. 이것은 리스크 관리 사이클의 구체적인 단계이다.

이는 가치 경영자로서 해야 할 일이다

오늘날의 비즈니스 환경에서는 리스크 관리가 더욱 중요하다. 세계화의 증가, 이윤 축소, 급속한 기술 발전, 데이터 침해, 지속적인 경제 불확실성, 기후 변화climate change는 그저 떠오르는 몇 가지 문제일 뿐이다. 또 선진국에서는 장기간 저성장 시대에 새로운 성장 방법을 찾아야 하는 과제도 계속되고 있다. 가치 경영자로서의 CFO는 기업의 경쟁적 성공 면에서 점점 더 중심이 되고 있으며, 이를 위해서는 리스크에 대한 총체적이고 지속적인 엔드투엔드 검토가 포함되어야 한다.

리버티아프리카의 CFO에서 CEO가 된 버나드 카톰파의 이야기를 다시 들어보자.

> CFO는 조직이 감당해야 할 리스크의 양에 대해 올바른 결정을 내릴 수 있도록 지원해야 한다. 사업의 해당 부분을 종료하거나 매각해 일부 리스크를 제거할 수도 있다.
>
> 사업에서 리스크를 유지하기로 결정한 경우에는 적절한 예방과 적발 통제를 마련하는 것이 좋다. 또한 보험, 헤지, 파생상품 등을 통해 리스크를 제삼자에게 이전하는 것을 선택할 수도 있다. 이 경우 부담하는 리스크 비용이 조직에 예상되는 수익보다 작은지 확인해야 한다.

이는 CFO가 중추적인 역할을 통해 제거·감수·완화할 리스크를 신중하게 선택하는 리스크 관리 사고방식의 좋은 예시다. 여기에서 버나드는 리스크를 어떻게 다루었는지 그 옵션을 제시해 주었으며, 이에 대해서는 이 장의 뒷부분에서 다시 살펴볼 것이다.

유감스럽게도 해야 할 모든 일이 시급하기 때문에 리스크 관리는 완전히 개발되거나 배치되지 않고, 최우선순위에 있지도 않은 경우가 많다. 최악의 경우는 아마도 위험 보장 범위는 제한되어 있는데 스스로 안전하다고 착각하는 경우일 것이다. 아인슈타인의 표현처럼, '셀 수 있는 것이라고 해서 모두 중요한 것은 아니며, 중요한 것이라고 해서 모두 셀 수 있는 것은 아니다'. 단지 겉으로 드러나 분명한 것만 다룬다면 예상치 못한 일에 취약해질 수 있다. 왜 기대하는 만큼 리스크를 완화하는 데 능숙하지 않은지 생각해 보자.

왜 일반적인 리스크 관리 접근법이 실패하는가? _____

리스크 관리에는 체크리스트 유지, 리스크 매트릭스 업데이트, 보험 가입 등 많은 것들이 포함되어야 한다는 것을 모두 알고 있다. 그것은 사고방식, 즉 인식의 상태여야 한다. CFO로서 리스크에 대해 어떻게 생각하는가? 그리고 지금의 비즈니스 세계에 적합한 리스크 사고방식을 조직에 어떻게 내재화하는가? 몇 가지 흔한 함정이 있다.

또 다른 블랙스완이 아니다

역사적으로 우리 중 일부는 리스크를 관리하기 위해 손실 확률과 그 영향을 결합해야 한다고 배웠다. 이것은 숫자를 계산하고 더 큰 숫자에 주의를 기울이도록 만든다. 이 논리에 따르면 확률이 높을수록, 또 영향이 클수록 더 주의를 기울여야 할 부분이 된다. 하지만 이는 충분하지 않다. 만약 결과의 영향이 너무 커서 확률을 능가할 경우에는 확률이 높고 낮음에 관계없이 주의를 기울여야 한다. 앨리스터 윌슨[4]은 이에 동의한다.

나는 재난이 일어난 후에 블랙스완[5] 사건을 언급함으로써 일어난 일이 어떤 일인지 합리화할 수 있고, 퍼펙트스톰[6]이나 예측할 수 없는 일련의 사건이라고 강변할 수 있다는 것을 발견했다. 하지만 내막을 들여다보면 리스크를 어떻게 보고 관리했는지가 드러난다. 소위 블랙스완 사건도 종종 완전히 예측 가능하며, 사후적인 판단으로만 알 수 있는 것이 아니다. 영향이 크고 확률은 낮은 리스크를 포함해 발생 가능한 리스크를 식별하고 이해하며, 그 리스크에 대해 어떤 조치를 취할 것인지 결정하고, 리스크를 관리하며, 모니터링하고, 커뮤니케이션해야 한다. 폐쇄적인 곳에서는 리스크를 볼 수 없다. 따라서 리스크 관리 방식이 훨씬 더 투명해져야 한다.

제5장 시작 부분의 사례 속 CFO인 수전은 공장 폐쇄가 예상치 못한 일이라는 발표에 대해 정확히 이런 통찰을 가지고 있었다. 수전은 회사가 처음부터 그것들을 예측할 수 있는 정보를 가지고 있었다는 것을 찾아냈다.

그러니 자기도 모르게 자신의 운명을 탓하고 있다면 여러분도 다시 생각해 보길 바란다. 나쁜 하루를 보낼 때와 마찬가지로 일련의 무작위적인 사건을 가정할 수 있고, 아니면 무엇이 잘못되었는지 스스로에게 물어볼 수 있다. 특별히 피곤하거나, 스트레스를 받거나, 아니면 무슨 일이 있는가? 그런 일이 있다면 그에 대한 근본 원인이 있을 것이다. 리스크도 마찬가지다.

실수만 피하면 된다?

리스크를 다루는 방식에서 실패하는 단순한 이유 중 하나는 실수를 피함으로써 리스크를 관리할 수 있다고 생각하는 것이다. 물론 몇몇 명백한 실수는 피할 수 있는데, 세금 신고서에 부정확한 데이터가 포함되어 있는 것, 투자 평가에서 타당하지 않은 가정을 사용하고, 외부 감사인으로부터 한정의견 qualified opinion을 받을 수 있는 회계정책 결정을 내리는 것 등이 그런 실수에 해당한다. 불충분한 손해보험 보장 범위, 투자 평가에서의 부적절한 하방 민감도 테스트, 재해 발생 시 거래기록의 백업 실패와 같은 누락 오류들도 피할 수 있다. 기초적인 실수를 막지 않으면 그로 인해 골머리를 앓게 된다. 실수를 피하는 것은 리스크 관리보다는 품질 유지에 더 가깝다. 이기기 위해 경기하는 것이 아니라 지지 않기 위해 경기하는 것과 같다. 수비력도 좋아야 하지만 장기적으로 꾸준히 승리하기 위해서는 공격력도 좋아야 한다.

리스크를 분산시키라

리스크를 분산시키라는 것은 보다 정교한 접근법 같지 않은가? 수익률은 그것을 위해 감수한 리스크의 양에 비례하며, 다양한 리스크 범위를 가진 기회 포트폴리오를 구축하는 것이 효율적 투자선efficient investment frontier에 따라 의사결정을 하는 데 도움이 될 수 있다는 것을 배웠다. 그에 따르면 적절한 조합을 통해 리스크 단위당 이익을 극대화할 수 있다. 그래서 '모든 계란을 한 바구니에 담지 말라'고 말하는 것이다. 기업은 투자 유형을 다각화해 가치사슬의 다른 영역, 다른 국가, 다른 사업부문에 투자한다. 기업은 다양한 공급업체, 파트너 및 고객과 협력하는데, 이는 어느 한 이해관계자의 생존 가능성에 지나치게 의존하는 것을 피하기 위함이다. 그러므로 리스크를 분산시키는 것은 바로 해야만 할 올바른 일이다.

하지만 포트폴리오를 구축하면서 각 포트폴리오에 내재되어 있는 리스크를 정말로 이해하고 있는가? 리스크 분산이 사전 예방적 리스크 관리의 한 측면일 뿐이라면 대답은 아마도 "그렇다"일 것이다. 그러나 수익률 스프레드가 예상보다 나은 결과를 낳거나 예상치 못한 리스크 노출에 대해 헤지하고자 한다면, 행운을 빈다. 무심결에 기업을 의도하지 않은 심각한 리스크에 여전히 노출시킬 수 있다. 이것이 CFO로서의 접근 방식이라면 진정한 리스크 관리를 달성하지 못한 것이다. 이것은 스프레드 베팅에 가깝고 순풍에 의존하는 것과 같다.

좁으면서도 선형적인 관점?

리스크 인식 측면에서 보면 일부 재무 전문가는 신용 리스크 노출, 환율 및 세율과 같은 재무 중심의 리스크만을 평가하고 관리하는 데 그치고 있다. 물론 기본은 지켜야 한다. 그러나 재무에서는 비즈니스 목표와 전략 달성과 관련된 리스크를 포함해 리스크 전체를 관리하는 것이 중요하다. 앨리스터 윌슨이 주의를 준 바와 같이, 리스크는 항상 깔끔하게 독립적으로 오지 않으며, 하나의 비즈니스 조직에만 국한되는 경우도 드물다. 그것들은 서로 상호작용해 더 큰 리스크나 혼란을 일으킬 수 있다.[7] 2011년 중동과 북아프리카 전역에서 일련의 시민 소요 사태[8]를 일으킨 튀니지의 자살사건과 같이, 겉보기에는 관련이 없어 보이는 요인들의 미묘한 상호의존성은 정보 전달이 자유롭고 빠르게 이루어지는 글로벌 네트워크 세계에서 악화되고 있다. 슬금슬금 다가오는 리스크가 큰 혼란을 일으킬 수 있다. 그런 리스크는 시간이 지나서야 나타나며, 그 영향은 과소평가될 수 있고, 결과를 바꾸려 할 때는 이미 너무 늦어버린다.

앨리스터 윌슨은 또한 "궁극적으로 안전과 운영 리스크는 재무 리스크와 동일하다. 왜냐하면 비즈니스 운영 자격을 상실할 수 있기 때문이다. 따라서 재무는 사업 전반의 리스크에 주의를 기울여야 한다"라고 믿는다. 그러므로 CFO가 재무 분야에서 앞서나가려면 비즈니스 리스크의 모든 영역에서 민첩해야 한다. 여기에는 비용, 생산 및 일정 리스크 노출과 같이 운영성과의 바탕이 되는 리스크도 포함된다. 입법 및 규제 정책 변경을 포함한 정치적 리스크, 핵심 자재의 품질과 배송 같은 공급망 리스크를 예측하려고 애쓰는 것, 환경과 안전 성과 및 지역사회 관계 활동과 같은 평판 리스크에 대해 생각해 보라. 공급업체가 자신의 리스크를 관리하는 데 대해 규정을 준수하고 있거나 규제 기관이 자신들이 만든 의무적인 규칙의 범위를 넘어 전체 시스템을 모니터링하고 있다고 가정하지 않아야 한다. 가능한 한 가정을 적게 하라.

리스크의 넓은 스펙트럼에 주의하라. [영화 〈핑크팬더〉(1963)에 등장하는] 탐정 자크 클루조Jacques Clouseau[9]처럼 리스크 사고방식을 가져라. CFO 리더로서 필요한 용기에 대해 제2장에서 말한 것을 기억하는가? 모두가 꺼림칙해하고 얘기하고 싶어 하지 않는 문제를 과감하게 꺼내어 기꺼이 말할 용기가 있는가? 최고경영진 회의에서 운영과 평판 리스크가 간과되는 것을 보면서도 조용히 고개를 저으며 갈등을 피하는 것만으로는 충분하지 않다. 가치 경영자로서 적극적인 리스크 관리자가 되어야 한다. 모든 리스크는 쌓이고 변화하면서 조직의 평판과 가치에 해를 끼칠 가능성이 있다.

리스크 인식에 처음부터 실패하는 이유

사람은 이미 알고 있는 리스크에 집중하는 경향이 있다. 기업이나 산업의 시야에서는 보이지 않는, 확장되고 있는 조직의 사각지대나 불확실성을 어떻게 표면화할 수 있겠는가? '모르고 있는데 모르는 것'은 무엇인가?[10] 볼 수 없는 것을 관리하기는 매우 어렵다. 불빛이 리스크 대시보드에서 크고 분명하게 깜박이고 있는데, 보이지 않는 다른 곳에 신경 쓰는 것은 매우 어려운 일이다. 이것이 바로 활성 외부 네트워크를 직접 만들 것을 제안하는 이유 중 하나다. 다른 사람들은 현재 보지 못한 리스크에 대해 경고해 줄 수 있다. 이러한 사각 지대와 불확실성을 알아내기 위해서 단기적 긴급성 그 너머를 보라. 확률이 낮고 영향이 큰 사건을 식별하고, 그것이 결코 일어날 수 없다고 생각하지 말라. 그 일이 어딘가에서, 또 다른 산업에서 일어난 적이 있는가? 또 여러분이 맡은 사업에서는 유추해 볼 만한 것이 있는가?

이제 리스크를 체계적으로 모니터링하고 관리할 수 있는 모델을 살펴보자.

리스크 관리 프로세스 사이클

리스크 관리는 1년에 한 번 수행하는 것이 아니라 전체 비즈니스 전략의 일부여야 한다. 장 시작 부분의 사례에서 잘못을 깨달은 CFO 수전에게 물어보라. 이 장에서 지금까지는 리스크가 통제와 어떤 관련이 있는지, 왜 CFO와 다른 재무 전문가가 전사 리스크를 전체적으로 관리하는 데 종종 어려움을 겪는지에 대해 살펴보았다. 리스크 관리는 커다란 과업이며 CFO와 재무 조직만을 위한 것이 아니다. 적절한 리스크 관리 사고방식을 구현하는 한 가지 방법은 모두가 볼 수 있는 일관되고 규율화된 접근 방식을 취하는 것이다.

리스크와 회복력

효과적인 리스크 사고방식은 리스크와 회복력resilience을 동일한 이슈의 양면이라고 본다. 리스크는 일어날 수 있는 일, 즉 '사건으로 인한 잠재적인 원치 않는 부정적 결과'다. 회복력은 그것에 대해 할 수 있는 것, 즉 그러한

그림 5-2
사전 예방적 리스크 관리 체계

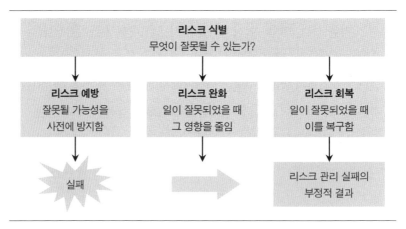

사건을 견디고 회복할 수 있는 능력이다. 실용적인 측면에서 보면 사전 예방적 리스크 관리에는 네 가지 일련의 활동이 포함된다. 첫째, 무엇이 잘못될 수 있는지 이해함으로써 리스크를 식별한다. 둘째, 일이 잘못되지 않도록 예방하는 방법을 찾는다. 셋째, 일이 잘못되었을 때 부정적인 결과를 최소화함으로써 리스크를 완화한다. 넷째, 불가피하게 일이 잘못되고 난 후에는 회복하여 다시 일어설 수 있도록 리스크 복구 계획과 절차를 수립한다. 리스크를 보고, 중지시키고, 최소화해 다시 일어서는 것이다.

따라서 리스크 식별risk identification, 리스크 예방risk prevention, 리스크 완화risk mitigation, 리스크 복구risk recovery는 리스크 관리 사이클의 네 단계를 구성한다. 리스크 관리 사이클은 그 자체로 반복되므로 리스크 사건으로부터 학습하면 향후에는 더 나은 식별과 예방 그리고 완화가 가능해질 수 있다. 리더가 실수를 인정해도 괜찮다고 생각한다면, 그 구성원 모두는 실수를 고치고 그 실수에서 배우는 데 집중할 수 있다. 조직의 구성원들이 리더에게 실수를 숨기는 것이 더 안전하다고 느낀다면, 그런 일은 다시 일어나기 마련이다.

리스크 관리 사이클의 각 단계를 검토해 보자. 가장 큰 리스크 관리 요령은 아마도 처음부터 리스크를 식별해 올바로 보는 것이다.

1단계:
리스크 식별

수전은 스프레드시트, 차입금 만기, 공장의 신뢰성으로 인해 발생하는 누적 리스크를 보지 못하고 넘어갔다. CFO로서 이런 일이 일어나지 않도록 하라. 첫 번째로 해야 할 일은 무엇이 잘못될 수 있는지, 얼마나 잘못될 가능성이 있는지, 그 결과가 어떨지 이해하는 것이다. 이는 일반적으로 세 단계 절차 각각의 과정에서 체계적인 검토를 통해 수행되며 필요한 경우 주관적으로 추정하기도 한다. 첫 번째 절차는 무엇이 잘못될 수 있는지 파악하는 것으로, 전통적 접근 방식에서는 어떤 단서가 있는지 활동을 조사하고 감사한다. 감사는 적절해야 하고, 점검 프로세스는 충분한 횟수와 포괄적 범위여야 하며, 감사를 수행하는 사람은 충분한 지식과 경험을 가지고 있어야 한다. 그러나 감사와 조사를 통해 잠재적인 실패를 찾아낼 수 있다는 생각은 점점 더 부분적으로만 맞는 말이 되고 있다. 비록 분명히 실패에 대한 조사가 첫 단계이긴 하지만, 100% 신뢰할 수 있는 단계는 아니다. 연구와 실제 사례를 통해 쌓인 증거들은 대부분의 사람들이 바로 앞에 가까이 있는 것들을 잘 보지 못한다는 사실을 일관되게 보여준다.[11] 따라서 감사와 조사를 계속 활용할 필요가 있지만, 이를 실패를 예방하는 여러 방법 중 하나로 간주해야 한다.

두 번째와 세 번째 절차에서 리스크로 인해 얼마나 잘못되고 결과가 어떨지 확률을 추정해 실패 가능성과 그 결과를 평가하는 것은 매우 공식화된 방법이고, 심지어 주관적인 리스크도 표준 프레임워크를 사용해 산출한다. 이런 접근 방식은 보건과 안전 문제, 환경 규제 등에 의해 종종 촉발된다. 주요 재무 리스크도 동일한 프레임워크를 이용해 기록하고 다루면서, 모든 리스크를 한 곳에 모아 그것들 사이에 가능한 상호작용이 어떻게 될지 생각해 봐야 한다. 프레임워크를 완성할 때는 스스로의 편견을 조심하고, 자신이 특별히 객관적이라고 가정해서는 안 된다. 리스크에 대한 개인의 태도, 주의를 기울이기로 선택한 항목, 의사결정을 내리는 방법은 복잡하다. 많은 연구에 따르면 사람들은 일반적으로 리스크 관련 판단risk-related judgement에 서툴다.[12] 복권이 당첨될 확률보다 복권을 사러 가는 길에 교통사고로 죽을 확률이 훨씬 더 높은데 왜 우리는 복권을 사는 걸까? 하지만, 실패 가능성에 대해 항상 합리적인 결정을 내리지 않는다고 해도, 합리적인 의사결정 시도를 포기할 수는 없다. 실패를 예측하는 데 대한 자신의 합리성 한계를 인식하고 가능한 한 다양한 각도에서 문제를 바라보며 스스로의 편견을 깨라. 이를 통해 실패를 예측하는 일이 조직에서 하나의 팀 스포츠가 된다.

리스크 식별 레이더 향상시키기

따라서 세 단계 절차에서 가능한 모든 리스크를 검토하고, 그것들의 확률을 추정한 다음, 그 리스크 사건이 발생할 경우의 영향을 평가하는 것이다. 이 작업은 리스크를 사분면으로 분리한 기업의 리스크 확률 매트릭스에 표시하는 것으로 마무리되며, 이를 〈그림 5-3〉에 요약했다.

　높은 확률의 리스크high probability risks는 회사의 시설 중 하나에서 또는 재무 운영조직 중 한 곳에서 1년에 한 번 정도로 빈번하게 발생할 수 있는 반면, 낮은 확률의 리스크low probability risks는 일반적으로 글로벌 비즈니스 전반에 걸쳐 10년에 한 번 정도로 드물게 발생할 수 있다. 영향이 큰 리스크

그림 5-3
리스크 확률 매트릭스

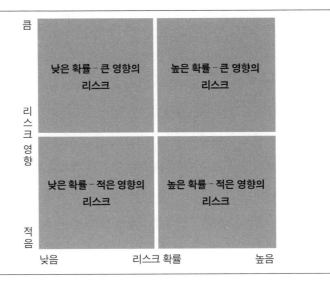

high impact risks는 치명적이며, 회사를 무너뜨릴 수 있는 인적, 환경적, 재무적, 브랜드 및 평판 손상을 포함한다. 영향이 적은 리스크low impact risks는 예기치 않은 24시간 가동 중단과 같이 복구 가능한 사고다. 매트릭스를 사용해 확률을 결과에 곱하라는 것이 아니라, 평가되고 계획되어야 하는 모든 리스크를 레이더에 포착하도록 매트릭스를 활용하라는 것이다. 리스크를 예방하고 완화하고 복구하기 위한 계획 수립 방법은 다루어야 할 리스크 유형에 따라 매우 달라진다.

리스크 매트릭스 작성에서 CFO가 해야 할 역할을 살펴보자.

리스크 매트릭스 작성에서 재무 리더십의 역할

재무조직은 재무 기능의 아웃소싱, 전문 인력의 변경, 세무나 회계정책으로 인해 발생하는 자신의 리스크를 관리하고, 데이터를 실행하는 동안 가끔 버벅거리는 정보 시스템을 관리하는 일을 종종 탁월하게 수행한다. 우리는 이미 사례를 통해 재무 분야 밖의 리스크에 대해서도 검토해야 한다고 했다. 이는 노후 시설과 연계된 서서히 진행되는 리스크, 주재국 정부, 공급자와 비즈니스 파트너에 대한 외부 압력의 변화 같은 상호 의존적인 리스크, 합병·인수·매각을 포함한 새로운 계약 체결 같은, 의도했거나 의도하지 않은 리스크에서 발생할 수 있다.

리스크 식별을 위한 대부분의 데이터는 조직의 경험과 판단에 있지만, 그렇다고 이 데이터들이 조직의 기능이나 비즈니스 단위 전체를 언제나 다루고 있는 것은 아니다. 따라서 리스크 식별은 재무조직에서 촉진하거나 주도할 수 있지만, 이는 비즈니스 조직이 소유해야 하고 경험이 풍부한 사업적 판단에 근거해야 한다. 그래서 상향식 접근 방식과 하향식 접근 방식을 모두 지지한다. 기업에서 어떤 한 조직은 다른 조직보다 먼저 리스크를 인지할 수 있다. 예를 들어, 자금 기능은 비즈니스 조직이 추세를 인지하기 전에 스프레드가 축소되고 신용한도에 제약이 발생하며 채권 회수기간이 증가하는 것을 알 수 있다. 또 물류조직은 경기 둔화를 나타내는 컨테이너 운송량과 운송 가격 하락을 목격할 수 있다. 이 두 가지 사례가 보여주듯이, 개별 리스크나 상향식 리스크를 종합한 후에야 큰 그림이 나타날 수 있다. 상향식 접근과 하향식 접근 방식으로 동시에 일하는 것은 기업 문화가 실시간 학습과 열린 소통을 지원해야 한다는 의미다. 리스크를 처음부터 예측하지 못했다는 이유로 조직 구성원들이 처벌받는 것을 두려워한다면 이렇게 일하는 것은 제대로 작동하지 않을 것이다. 조직 구성원들은 정보를 공유해 다른 조직에 중요한 지표를 제공한 것에 대해 보상을 받아야 한다.

리스크에서 인적 요소를 간과하지 말라

가장 놓치기 쉬운 리스크 중 하나는 바로 인적 리스크people risk다. 활동(새로운 비용정책)과 사건(공장 가동 중지)에 대해서는 생각하는 경향이 있지만 사람에 대해서 반드시 그렇게 하지는 않는다. 어떻게 하면 인적 리스크를 레이더에 넣을 수 있을까? CFO로서 리스크 관리의 여러 측면에서 경험과 판단력을 이미 개발했을 수 있지만, CFO 산하의 재무조직이나 그 하위 조직도 그러한가? 인적 리스크는 단순히 전문가가 부족하다거나, 지원을 위한 교육 훈련 없이 사람들을 이동시키는 문제가 아니다. 그보다 더 심각한 문제일 수 있다.

조직을 살펴보라. 여러분이 최고경영진에 속하든 아니든 간에 회사의 최고경영진을 살펴보라. 리더에 대해 아는 것 하나는, 리더는 가장 어려운 결정을 내릴 냉정한 사람을 찾는다는 것이다. 그들은 운영을 중단하고 비즈니스 모델을 변경하며 전략을 새롭게 만들 수 있다. 하지만 그들에게 문제가 있는 조직 구성원을 제거하라고 요청하면 이는 마치 예전 방식으로 치아를 뽑는 것마냥 어려운 일이 된다. 그들은 망설이면서 심사숙고하고, 조언을 구하며, 이런저런 것들을 한다.

이럴 때 객관적인 CFO로서 어떤 의견을 제시할 수 있는가? 그래서 우리는 무례한 구성원이 있는 경영위원회를 자주 관찰해 왔다. 가끔은 그냥 무해한 행동일 뿐이다. 회의에 늦게 나타나거나 아예 참석하지 않는다. 진지한 논의 중에 농담을 하기도 한다. 중요한 결정에서 갑자기 여유가 있다. 가끔은 최악의 경우도 있다. 그들은 위원회에서 경영진을 이간질한다. 그들은 하지 말아야 할 곳에서 험담을 한다. 그들에게는 조직 내 파괴적인 추종자가 있다. 때로는 조직의 평판과 명성에 즉각적이고 분명하게 위협이 된다. 그들은 행동하지만 조직의 구성원들과 소통하지 않는다. 그들은 개성이 강한 독불장군maverick이다. 그들은 비용에 관한 회사정책을 어긴다. 그들은 위험한 생활 방식을 가지고 있다. 그런데도 아무도 그들과 맞서지 않는다. 실제로, 그런 사람 반대편에 서 있는 CEO나 조직의 리더는 종종 특정 전문 지식을 갖고 있다는 이유로 그런 사람들의 행동을 적극적으로 봐주거나 그들이 자신의 통제 아래 있다고 항변하기도 한다. 그러나 이는 큰 영향을 미칠 가능성이 있는 리스크다.

조직 생활에서 많은 부분이 예측 불가능하지만 아마 사람에 대해서가 가장 그러할 것이다. 잘못된 행동이 보이면 그것에 대해 말하라. 이것은 도널드 럼즈펠드Donald Rumsfeld의 매우 현명한 분류[2002년 2월 12일 국방부 브리핑에서 럼즈펠드가 이야기한 앎에 대한 세 가지 것으로, ① 알고 있다고 알고 있는 것, ② 모르고 있다고 알고 있는 것, ③ 모르고 있는데 모르는 것]에 네 번째 차원을 더해준다. 바로 '알고 있는데 모르는 것'이다. 모두가 그것을 보고 있으며 분명한 것이지만, 무의식적인 것이어서 결과를 예측할 수 없으며 아무도 그것을 큰 소리로 말하지 않는다.

조직 외부를 살펴보라

회사 안의 대부분의 일은 결과적으로 높은 확률의 리스크를 식별할 수 있도록 한다. 심각한 영향을 미칠 수 있는, 확률은 낮고 그 영향은 큰 사건을 포함해 다른 사건들을 강조하려면 조직 외부를 지속적으로 살피라. 여기서 외부 네트워크가 다시 빛을 발한다. 이는 단순한 지적 운동과는 거리가 멀고, 정보 수집, 분석, 비즈니스 판단의 한계를 시험하게 될 것이다. 이때 몇 가지 질문이 도움이 될 수 있다.

• 회사가 속한 산업 전반과 비즈니스 전반에 걸쳐 일반적으로 어떤 일이

일어나고 있는지 얼마나 잘 예측하고 모니터링하며, 어떤 원천에서 자문을 받고 있는가?

- 다른 기업에게 일어난, 실제로는 예측 가능했을 수도 있는 소위 블랙스완 사건에서 무엇을 배웠는가?
- 외부의 감시를 통해 확인된 리스크를 어떤 프로세스를 사용해 내부적으로 간결하고 신속하게 커뮤니케이션하는가? 그것을 누가 알아야 하는가?
- 어떻게 나쁜 소식이 경영진에게 빠르게 전달되도록 하여 회사의 내부 환경을 '깜짝 놀랄 일 없는' 상태로 유지할 것인가?

확률과 영향: 실제로 얼마나 나빠질 수 있는가?

리스크를 식별했으면 확률과 영향을 통해 리스크를 평가해야 하는데, 이는 실제로 자신의 가정을 이해해야 한다는 것을 의미한다. 리스크 완화 도구는 인간의 판단 없이는 쓸모가 없다. 인간은 컴퓨터 프로그램이 할 수 없는 '만약 ~라면what if'이라는 질문을 할 수 있다. 중동 지역 전역에 걸쳐 여러 전쟁이 일어난다면 어떻게 될까? 유럽연합 회원국 중 일부가 부채를 갚지 못한다면 유럽연합은 어떻게 될까? 지속적인 경기 침체나 기업 스캔들로 인해 규제가 증가해 기업에 부담이 된다면 어떻게 될까? 중국의 성장률이 갑자기 감소하거나 중국이 국채 매입을 중단하고 상당한 자본을 원자재와 같은 상품에 투자한다면 어떻게 될까? 신흥 시장이 향후 20년 동안 경제 성장의 70%를 주도한다면 어떻게 될까? 이것은 밤잠을 이루지 못하게 하는 몇몇 사례일 뿐이다.

리스크에 대한 인식을 높이고자 한다면 결론의 기초가 되는 편견과 가정을 고려하라. 예를 들어, 많은 기업은 표준 차입비율 내에서 관리함으로써 자기자본에 비해 낮은 부채비용을 활용하고 지나친 차입에 따른 과도한 리스크를 감수하지 않으려 한다. 그러나 그 바탕에 깔린 가정은 차입하지 못할 리스크는 전혀 없다는 것이다. 실제로 대부분의 기업은 단기 신용으로 운영되며, 재난이 발생할 경우 단기 신용한도가 차단될 수 있고, 장기 대출기관은 상환을 가속화할 방법에 대해 대출 계약조건debt covenants을 면밀히 검토할 수 있다. 만약 돈줄이 막히면 어떻게 하겠는가?

인수합병은 또한 수많은 숨겨진 리스크에 기업을 노출시킨다. 롱테일 부채long tail liability*나 부정적인 평판과 같은 가장 큰 리스크는 매물로 나와 있는 인수 건들에 대해 우선적으로 고려해야 하는 것들이다. 그러나 인수합병 대상의 리스크 관리 실무가 느슨해서 뻔한 리스크에도 노출된다면, 잘 보이지 않는 영역에서는 얼마나 견고하겠는가? 그렇다면 CFO로서 여러분은 그 상황을 얼마나 빨리 바로잡을 수 있는가?

회사 내에 팽배한 내재적 낙관주의를 중단시킬 필요가 있다. 누군가가 "이런 일이 일어날 수 없는 이유는"이라고 말할 때 오히려 더 조심해야 한다. 좋은 소식만 경영진에게 보고하지 말고, 만일의 사태에 대비하도록 구성원들을 격려하라. 버나드 카톰파의 말처럼 리스크를 검토하고도 회사를 리스크에 노출시키는 사업부문은 철수하는 것이 더 낫다고 결정할 수도 있다. 리스크가 레이더에 포착되었다면 이것이 일어나는 것을 어떻게 예방할 것인가?

• 롱테일 부채는 상환 기간이 긴 부채 유형이다. 계약 등에 따라 이미 부채로, 또 잠재적 부채로 존재하고 있지만, 오랜 기간 후에 정산이나 상환이 이루어지거나 부채로 현실화되기 때문에 재무보고에서 누락될 가능성이 있다(IBNR: incurred but not reported). 특히 M&A에서 매도자가 매수자에게 (의도적으로) 부채의 존재를 알리지 않는 경우 이런 상황이 발생한다. 이 경우 롱테일 부채는 매수자에게 부외부채(簿外負債, unrecorded liability)가 되어 인수 후 위험과 부담을 가중시킨다.

2단계:
리스크 예방 _____

리스크 예방은 실패와 그로 인한 부정적인 결과를 피하는 것이 실패로부터 회복하는 것보다 거의 언제나 더 낫다는 생각에 기반을 두고 있으며, 이것이 리스크 예방이 회복력 향상에 중요한 이유다. 그리고 리스크 예방을 위한 가장 확실한 접근법은 일이 잘못될 가능성을 미리 설계해 보는 것이다. 이 작업은 제3장에서 설명한 프로세스 매핑이나 그와 유사한 방법을 사용해 수행할 수 있다. 프로세스에서 특히 실패하기 쉬운 활동이나 단계와 성공에 중요한 단계를 파악하는 것부터 시작해 그것들을 제거하거나 더 견고하게 만들 수 있다. 실제로 이것은 시뮬레이션 프로세스로, 활동이나 프로세스를 가상으로 진행하면서 각 단계를 차례로 논의하고 잠재적인 리스크 지점을 파악하여 공학적으로 제거해 간다.

안전장치 메커니즘

리스크를 공학적으로 제거해 가는 또 다른 방법은 안전장치 메커니즘을 사용해 실패를 유발할 수 있는 실수를 방지하는 것이다. 이 개념은 일본의 운영 개선operations' improvement 방법이 도입된 이후 등장했다. 일본어로 포카요케ポカヨケ, poka-yoke[13] •라고 불리는 이 방법은 '인간의 실수는 피할 수 없다'는 원리에 기반을 두고 있다. 포카요케는 리스크를 초래하지 않도록 하는 것이 중요하다. 포카요케는 간단하면서도 가급적 저렴한 장치나 시스템으로, 프로세스에 통합되어 부주의한 실수로 인해 결함이 발생하는 것을 방지

• 신고 시게오(新鄕重夫)가 품질관리를 위해 개발한 작업자 실수 방지 방법이다.

한다. 간단한 안전장치 메커니즘의 예로는 활동을 준비하거나 완료해야 할 때 완성해야 하는 체크리스트를 사용하는 것, 또는 데이터가 잘못 입력되었을 경우 이것이 명확하게 표시되도록 화면상의 문자 필드 수를 제한하는 것이 있다. 이러한 기본적인 접근 방식은 점보제트기의 조종석에서부터 극장 운영에 이르기까지 다양한 상황에서 매우 효과적으로 활용되었다.

예비 자원

또 다른 방법은 여분의 중복 자원을 준비해 일이 잘못되었을 때 이를 백업에 이용하는 것이다.

예비자원을 보유하는 것은 실패 가능성을 줄이는 데 비용이 많이 드는 해결책이 될 수 있으며, 따라서 보통은 실패가 심각한 영향을 미칠 수 있는 경우에 사용된다. 이중화redundancy는 프로세스에서 일부 요소를 두 배나 세 배로 늘려서 주 요소가 고장 났을 때 대체 요소로서 작동할 수 있도록 하는 것을 의미한다. 우리는 병원과 여타 공공 건물이 주 전력 공급 장치가 고장 날 때를 대비해 예비 발전기를 가지고 있다는 생각에 익숙하다. 그러나 이 개념은 비기술적 환경에서도 적절할 수 있다. 예를 들어, 예상치 못한 수요가 발생하거나 주요 인력의 작업이 방해될 경우에 대비해서 예비 인력을 둘 수 있다. 스포츠 팀은 예상할 수는 없지만 피할 수 없는 부상에 대비할 수 있도록 모든 주요 포지션에 백업 선수를 두고 있다. 재무의 경우, 만약을 대비해 컨설턴트와 변호사를 고용하고 있는 상황에 대해 생각해 보라.

재무 전문가에게 리스크 예방 적용하기

HSBC의 회장인 더글러스 플린트는 정기적으로 그의 조직과 함께 리스크 완화 전략을 수립하는 데 적극적인 역할을 한다.

나는 우리 조직을 시험하기 위해 질문을 한다. 통제 취약점으로 인해 계정에 중대한 오류가 있다고 가정하는 것일 수 있다. 그것이 어디에서 발생했을 가능성이 있다고 생각하는가? 조직 구성원들은 질문의 답을 개별적으로 적은 후 그것을 비교한다. 종종 조직 구성원들은 모두 같은 내용을 적는다. 일단 모두 동의하고 나면, 그다음에 할 질문은 "리스크가 거기에 있다고 생각한다면, 그것에 대해 무엇을 할 것인가?"다.

재무 리더는 리스크 관리에서 좋은 모범을 보여야 할 책임이 크다. 만약 리스크 관리가 더글러스와 마찬가지로 CFO로서 갖는 의제라면, 재무 기능 또한 리스크에 주의를 기울일 것이다. 더글러스는 리스크에 단지 주의를 기울이는 것이 아니라 그의 조직이 최악의 시나리오에 대비해서 계획을 세울 수 있도록 정비할 것이다.

재무에서 리스크 예방은 보상받지 못하는 리스크unrewarded risk에 주의를 기울이는 것에서 시작된다. 보상받지 못하는 리스크는 공사 구역에서 안전모를 쓰지 않기로 선택하는 것과 같다. 기업은 날마다 보상받지 못하는 리스크를 얼마나 많이 감수하고 있는가? 리스크를 감수하더라도 기업에 경쟁력 가치를 더해주지 못하는 경우에는 프로세스를 개선해 리스크를 줄이거나 제거해야 한다. 재무의 예로는 과도한 환율 리스크를 부담하지 않거나, 최저 입찰가를 수락하는 것 이상으로 생각하여 회사의 운영 기준을 충족하는 계약자와 계약하는 것이다. 보상받지 못하는 이러한 리스크를 가시화하는 것이 중요하다. 왜냐하면 이런 리스크들은 보이지 않는 경우가 많고, 신속하게 해결해야 하기 때문이다.

다시 말하지만, 리스크 예방 계획에 인적 요소를 고려하라. 데이터 흐름은 특히 사람들이 장시간 작업으로 피곤해할 경우 걷잡을 수 없게 될 수 있다. 따라서 중요한 리스크 지표에는 자동으로 플래그를 지정하는 보고서를 사용해 단순화하라. 제2장에서는 훌륭한 커뮤니케이션 기술이 재무 전문가로 성공하는 데 얼마나 중요한지 다루었다. 더글러스 플린트는 다음과 같이 강조한다.

CFO는 분석적 그 이상이 되어야 하고 분석 결과를 해석해 보고하는 것을 뛰어넘어야 한다. 데이터를 지나치게 많이 보여주면 임직원들은 주의를 기울이지 못하거나 요점을 놓쳐버리고 말 것이다. 예를 들어, 예상치 못하게 지급 기한이 많이 지났거나 사소한 운영 사고가 기준치 이상으로 오랜 시간 지속된 경우에는 이를 확실하게 표시해서 분명히 하고 싶을 것이다. 그러나 임직원들이 그것을 알아서 해결할 것이라고 기대하지 말라.

또한 리스크 인식 교육, 중요한 활동에 대한 업무 분장, 리스크를 염두에 둔 능동적 내부감사 기능을 통해 인적 오류를 방지할 수 있다.

리스크 방지의 계층화

큰 리스크를 제거할 수 없다면 안전장치 메커니즘과 여유 자원 단계를 계층화하는 것도 고려해 보라. 모든 리스크가 동일한 것은 아니기 때문에 리스크 방지risk protection 방법을 고려 중인 리스크 수준에 맞게 조정해야 한다. 당연히 영향이 큰 리스크에는 다중 보호층이 필요하다. 결과적으로 방어선 중하나가 사람의 실수나 시스템 또는 장비 오류로 인해 실패할 수 있기 때문이다. 새로운 주요 시스템이나 프로세스로 전환하거나, 새로 인수한 비즈니스를 통합하려고 하거나, 주요 파트너 중 한 곳의 위기 상황에 대처하고자 할 때는 모르는 것을 신속하게 해결할 수 있는 추가적인 전문 지식과 검토 절차가 필요할 것이다. 조직의 다른 부분이나 외부의 사례를 활용해 리스크 방지 계층화와 관련된 지출 근거를 만들어라. 조직에서 더 넓은 범위의 동의가 필요하기 때문이다. 더글러스 플린트가 제1장에서 언급했듯이, 재무에 자금을 사용하는 것은 종종 경기순환과는 반대되는데, 기업 상황이 가장 어려울 때 재무에 투자하는 것이 가장 필요하기 때문이다. 또, 리스크 예방은 응급 상황이 일어났을 때 화재 진압을 하고 일상을 구해내는 영웅이 되는 것마냥 신나는 일이 아니다. 그러나 만약 관련자들이 후쿠시마의 원자력 발전소를 고지한 대로 이전하고 원전의 노심 용융을 일으킨 침수를 막았었다면 어땠을지 상상해 보라. 이런 것이 바로 CFO로서 만들어야 할 예방 사례다.

더 심각한 리스크에 대해서는, 리스크 방지 체계를 구축하기 위한 우선순위 단계에 대해 사업부와 협력하고, 지표와 마일스톤 같은 성과관리 도구를 채택하며, 이러한 단계가 예정에 맞게 실제로 구축되었는지 확인한다. 감사 프로그램이 현재 시행 중인 보호 기능의 견고성을 테스트하는 데 초점을 맞추고 있는지 확인하라. 그리고 다시, 계약업체와 같은 제삼자를 통해 발생할 수 있는 숨은 리스크hidden risk에 노출되는 것을 생각해 보고, 그들이 스스로의 리스크 예방 관행에 대해 생각해 보게 하라.

따개비들이 배를 막아서 움직이지 못하게 할 수 있다

리스크 방지층들은 적절한 때에, 혹은 종종 특정 장애가 발생한 후 도입된다. 그러나 시간이 지남에 따라 이렇게 도입된 것들이 따개비처럼 쌓일 수 있다. 도입된 후에는 이러한 내용이 어떻게 상호 연관되어 있는지 조사하고 그것이 여전히 효과적인 리스크 방지층으로 작동하는지 아니면 잘못된 확신을 제공하는지를 잘 살펴보지 않는다. 그리고 이와 같은 중복된 리스크 방지층이 다른 사람에 의해서 서로 다른 시간에 추가되는 경우에는 오히려 리스크를 가중시킬 수도 있다. 그것들은 서로 반대되거나, 잘못된 노력을 기울이게 하거나, 그야말로 형식적인 절차에 빠지게 할 수 있다. 바로 그때 리스크 예방에 대한 평판이 나빠진다. 감사인에게 체크리스트를 이용해 차질이 빚어졌던 부분을 기록해 보관하도록 요청함으로써 리스크 관리 시스템이 어떻게 구성되어 있고 실제로 작동하고 있는지 조사해 확인하라.

주기적 검토

다행스럽게도 처음부터 시작하는 것은 아니다. 리스크 예방 관행이 정착되면 리스크 방지를 위해 어느 영역을 지속적으로 개선해야 하는지 찾는 데 에너지를 집중할 수 있다. 특정 리스크 영역을 더 깊이, 보다 쉽게 집중할 수 있도록 리스크 방지 프로세스를 정기적으로 점검 목록에 올려 검토하는 것을 고려해 보라. 예상치 못한 중요한 부분을 파악하거나, 특정 리스크 방지 영역에의 과도한 투자 규모를 축소하고 비용을 줄이면서도 리스크는 지나치게 증가하지 않도록 결정할 수 있다.

또한 리스크 예방 및 완화 계획에 대해 회복력과 관련된 기본적인 가정을 검토하고, 계획이 실패할 경우 실질적으로 겪을 수 있는 최악의 리스크 노출 상황을 보다 근본적으로 살펴봐야 한다. 모든 것을 예방할 수는 없으며, 나쁜 일은 일어나기 마련이고, 시스템과 프로세스는 시간이 지나면서 품질이 나빠지며, 작은 리스크는 누적되고, 그것들이 임계점에 다다르면 '바라는 일'이 아니라 '일어날 것이라고 생각하는 그 일'에 대해 확신할 수 있어야 한다.

3단계:
리스크 완화 _____

그러던 어느 날, 실제로 그 일이 일어난다. 슬프게도, 여러분이 예상한 것처럼 뭔가 잘못되었을 때만 이 모든 계획이 지혜로운 것이었음을 축하하게 될 것이다. 그러나 축하할 기분이어서는 안 된다. 어떻게 하면 일이 잘못되었을 때 그 영향을 줄일 수 있겠는가?

리스크 완화는 실패를 부정적인 결과로부터 분리하는 것을 의미한다. 여기에는 여러 완화 조치가 이루어질 수 있다. 리스크의 정확한 특성에 따라 취하는 조치가 달라질 수 있지만, 몇 가지 일반적인 범주가 유용한 리스크 완화 유형의 특징을 제공해 준다.

- **경제적 완화**: 여기에는 손실에 대한 보험, 실패에 대한 재무적 결과 분산, 실패에 대한 헤징(버나드 카톰파가 제삼자에게 리스크를 이전하는 것이라고 불렀던 그것) 같은 조치가 포함된다. 이 중 보험이 가장 잘 알려져 있으며 널리 채택되고 있다. 실패의 재무적 결과를 분산하는 것은, 예를 들어 공급 계약을 복수의 공급 회사들로 분산해 공급 회사가 잘못될 경우 발생할 수 있는 재무적 결과를 줄이는 것이다. 헤징은 산출 결과에 상관성이 없는 모험 포트폴리오를 만들어 총변동성을 줄이는 것이다. 이는 종종 금융 상품의 형태를 취하는데, 예를 들어 기업은 금융 헤지 상품을 매입함으로써 중요한 원자재 가격이 설정 가격에서 크게 벗어나는 가격 리스크를 피할 수 있다.
- **공간적 격리**: 이는 실패가 내외부 공급 네트워크의 다른 부분에 영향을 미치거나 물리적으로 확산되지 않도록 하는 것이다. 예를 들어, 오해의 소지가 있는 데이터가 파트너에게 전송되는 것을 방지하는 일은 데이

터의 이상을 발견하는 데 사용되는 예측 알고리즘에 따라 달라질 수 있다. 마찬가지로 용도 지정된 계좌_{ring-fencing account}를 사용해 한 계좌의 금액으로 다른 계좌의 부족분을 메꿀 수 없도록 함으로써 계좌 사기를 막을 수 있다.

- **시간적 차단**: 이는 시간이 지남에 따라 실패가 확산되는 것을 차단함을 의미한다. 특히 장애나 잠재적 장애 정보를 지연 없이 전송해야 하는 경우에 적용된다. 계좌 도용의 예를 들면, 소프트웨어에 투자해 계좌에 비정상적인 접근 행동 징후를 감지하는 것이 시간적 차단의 한 예다.

- **손실 축소**: 어떠한 결과를 겪을 가능성이 있는 자원을 제거해 실패의 치명적인 결과를 줄이는 모든 조치가 포함된다. 예를 들어, 사기를 방지하기 위해 주요 출금에 대해 승인이 이루어질 때까지 이체를 지연시키는 것이다.

- **대체**: 이것은 실패로 인해 피해를 입은 것을 대체할 수 있는 다른 자원을 제공함으로써 실패에 대해 보상하는 것이다. 앞서 설명한 여유 자원 개념과 약간 비슷하지만, 장애가 발생하지 않았다고 해서 항상 초과 자원을 의미하는 것은 아니다. 예를 들어, 이체를 관리하기 위해 예비 자금과 인력을 신속하게 투입할 수 있도록 하면 계좌 사기의 영향을 줄일 수 있다. 최근 들어 퇴직자를 다시 데려오는 것을 포함해, 재무조직 구성원의 핵심 위기관리 능력을 지속적으로 파악하고 긴급 상황에 필요할 경우 퇴직자를 정규 업무에 신속하게 배치할 수 있도록 하는 것도 한 예다.

준비하라

아무도 자신의 리스크 예방 시스템이 정말로 실패할 것이라고는 예상하지 않는다. CFO를 가치 경영자로 만드는 것은, CFO가 현실적이며, 리스크 예방은 언젠가 그리고 어딘가에서 실패할 것이고, 그 결과를 완화해야 할 필요가 있다는 것을 알고 있기 때문이다. 위의 예와 비교할 때, CFO로서 리스크 매트릭스상의 리스크와 관련한 비상 대처 계획의 회복력은 얼마나 되는가? 손실로 인한 재무적 영향을 완화할 수 있는 적절한 보험이 있는가? 정부, 고객, 공급업체가 대응할 때 손실이 빠르게 확산되는 것을 어떻게 막을 것인가? 이해관계자들의 신뢰가 지속적으로 잠식되는 것을 어떻게 방지할 것인가? 불안해하는 채권자들이 벌이는 압류와 같은 사건에 희생되지 않도록, 다른 자산들을 어떻게 보호할 것인가? 그리고 사고가 회사의 고객에 대한 요구 사항 충족 능력에 영향을 미칠 경우 대체 공급원을 어떻게 찾을 것인가?

[리스크 수습은] 비교적 간단한 완화 단계에서 멈추는 경향이 있다. 이는 결과가 더 작은 리스크의 경우라면 수용 가능하지만, 주요 리스크에 대해서는 그렇지 않다. 리스크 관리는 리스크가 발생했을 때 CFO와 재무조직이, 그리고 회사가 그것을 완화하기 위해 무엇을 해야 하는지 심각하게 생각하는 것이다. 그리고 준비가 되어 있을 경우, CFO와 재무조직은 앞으로 직면할 상황에 신속하게 대처하기 위해 창의적인 해결책을 채용할 수 있는 더 큰 자신감을 갖게 된다.

예를 들어 아웃소싱 서비스 업체 중 한 곳에서 중대한 시스템 장애가 발생한 경우, 장부를 마감하고 송장 지불 방법을 찾아내야 한다. 그렇지 않을 경우에는 회사에 대한 우려가 빠르게 확산될 수 있다. 의도치 않게 규제 준수를 잘못했거나 규제 기관이 규칙을 잘못 적용했을 경우, 당해 이슈를 건설적으로 처리할 수 있을 만큼 규제 기관을 잘 알고 있어야 한다. 그렇지 않으면 작은 사건이 확대될 수 있다. 주요 비즈니스 파트너가 벤처 투자를 계속할 수 없거나 원하지 않는 경우, CFO로서 여러분은 사업이 강제로 매각

되지 않도록 백업 계획을 원할 것이다. 또한 비즈니스 계획의 기반이 되는 주요 신규 거래가 소송과 규제 기관의 승인 지연으로 인해 막혀 있는 경우, 그 거래를 해결하는 동안 나머지 비즈니스를 정상 궤도로 순조롭게 진행해 수익을 창출해야 한다.

리스크 완화 계획을 테스트하고 적용하라

대부분의 조직에는 비상대응계획emergency response plan이 있다. 그것을 실제 연습과 함께 생생한 시나리오에 따라 테스트해 적절성과 생동감을 유지하라. 조직 구성원들은 무엇을 해야 하고 누가 어떤 활동을 책임져야 하는지 알고 있는가? 실제 연습 도중에 몇몇 새로운 반전, 구성원들에게 일어나지 않았을 듯한 문제들을 추가한다면 좋을 것이다. 연습은 주요 공급업체의 채무 불이행으로 시작할 수 있을 것이다. 그로 인해 회사가 고객에게 계약상 인도 의무를 이행하지 못할 것이라는 소문이 돌아 복잡해질 것이고, 회사의 신용 한도가 과도하게 축소되어 회사의 장기적인 미래에 대해 주주들이 갑자기 우려하면서 상황 악화는 가속화될 것이다. 그리고 주요 시설 중 하나에 화재가 발생하면서 [시나리오는] 최고조에 달한다. 이때 실제 사고를 재현하려고는 하지 말라. 현실은 계획한 연습처럼 예상한 대로 정확하게 진행되지 않기 때문이다. 대신, 이러한 비상대응계획 연습을 활용해 리스크 완화에 대한 개인의 사고방식을 강화하라. 여러 가능성을 파악하고 별개의 실패들 사이에 작용하는 상호의존성에 대해 경고하라.

과민하게 반응하라

사고가 실제로 발생한다면, 그 순간은 평소와 같이 객관적인 자제력을 발휘할 때가 아니다. 과민하게 반응하라. 다시 말해, 리스크 방지층이 뚫렸다는 것을 알게 되면, 대응이 시작되는 처음 한 시간 동안 가지고 있는 모든 것을 동원해야 한다. 여유 자원은 나중에 언제든지 공급을 중단할 수 있다. 그러나 위기를 신속하게 조기에 진압하는 데는 강력한 힘을 사용하는 의사결정이 결정적이었다고 드러날 것이다. 두 가지 예를 살펴보자.

2011년 여름 동안 허리케인 아이린Irene이 뉴욕시를 강타할 것으로 예측되었다. 뉴욕시 지도부는 종합적인 대응책을 마련하는 데 24시간 이상이 소요될 것임을 알고 비상계획을 실행하기 위해 힘든 결정을 했다. 이 결정에는 대중교통 운행을 중단하고, 수십만 명의 사람들을 대피시키며, 재산 피해를 입지 않도록 하는 것이 포함되었다. 허리케인이 뉴욕에 이르렀을 때는 비교적 작은 폭풍이 되어 있었다. 그렇다면 사람들은 대피를 해야만 했는가? 이를 둘러싼 많은 토론이 있었는데, 바로 그 점에서 판단이 필요한 것이다. 뉴욕시 지도부는 발생 가능성이 있는 광범위한 인명 피해를 피하기로 결정했다. 여러분이 벌인 회피 행동도 비슷한 비판을 받을 수 있으므로, 잠재적인 리스크 대응에 대해 충분한 이유와 근거를 가지고 준비해야 한다. 물론 2005년 허리케인 카트리나Katrina의 위협과 여파에 대한 미국 정부의 선제 조치 부족도 비슷한 비판을 받아왔다. 뉴올리언스New Orleans는 황폐해졌으며, 거의 1500명에 이르는 사람들이 목숨을 잃었고, 수십억 달러의 피해를 입었지만 도시는 여전히 복구되지 않았다.

모든 사람이 잘 알게 하라

관련된 중요한 사람들에게 실패에 대해 무엇을 제안하고 있는지 말하라. 단순히 문제를 해결하는 것만으로는 안 된다는 사실이 중요하다. 사람들이 알아야만 한다. 서비스 운영에서 이는 고객에게 안심을 줄 뿐만 아니라, 무언가를 수행하고 있음을 보여주기 위해 그들에게 지속적으로 정보를 제공해야 하는 경우 특히 중요하다. 그러나 모든 작업에서는 어떤 조치가 이루어질 것인지 커뮤니케이션해 모든 사람이 각자의 계획을 세울 수 있도록 하는 것이 중요하다. 그리고 실패에 따른 결과가 확산되고, 그리고 그보다 더한 실패를 초래하지 않도록 리스크 완화 노력이 정말로 실패를 억제하고 차단·격리했는지 확인하라. 정확한 격리 조치는 실패의 성격에 따라 달라질 것이다. 마지막으로, 격리 조치가 실제로 그 문제를 항구적으로 해결했는지 확인하기 위한 일종의 후속 조치가 필요하다.

리스크로 인한 사건을 완화하는 실제 작업은 힘들고 또 스트레스를 주지만, 놀라울 정도로 짜릿한 경험이기도 하다. 리스크는 그냥 사라지는 것이 아니라 이를 악물고 헤쳐나가야 하는 것이기 때문에 그것을 완화하는 작업이 어렵다. 스트레스 또한 심한데, 그것이 얼마나 나빠질지, 얼마나 오래 지속될지, 또 궁극적으로 성공할 수 있을지 모르기 때문이다. 때로는 이와 같은 혼란이 진정한 리더로 하여금 책임지게 하고, 어려운 결정을 내리게 하며, 혼란을 끝까지 지켜보고 또 지나오는 동안 최선의 것을 이끌어내도록 하기 때문에 매우 신나는 일이다. 눈앞의 위기가 지나간 후, 사람들은 종종 일상적인 책임에 비해 자신들이 누릴 수 있었던 더 큰 자율성과 가시적인 결과를 떠올린다. 잘 처리된 위기는 사람들을 하나로 뭉치게 하고 사기를 높인다. 그렇기 때문에 연습할 가치가 있다.

이제 리스크가 구체화되고 나면, 좋지 못한 결과에서 회복하는 마지막 단계를 살펴보자.

4단계:
리스크 복구 _____

초기 사고가 마침내 해결되고 나면, 또는 조만간 해결될 것이라면, CFO는 조직이 복구될 수 있도록 지원을 해주고 무엇이 잘못이었는지 배울 수 있도록 조치를 취해야 한다.

잘 수립된 복구 계획은 다양한 모든 유형의 작업에 도움이 되는데, 이는 실패에 대한 사람들의 인식을 형성하기 때문이다. 예를 들어, 고객이 실패를 볼 경우라도 그것이 반드시 불만으로 이어지는 것은 아니다. 사람들은 가끔은 '일이 잘못되기도 하는구나'라고 인정한다. 사람들이 불만스럽게 여기는 것은 실패 그 자체보다는 그에 대한 조직의 대응 때문인 경우가 많다. 이것이 실패를 다루는 방법이다. 공개된 실패로부터 잘 회복하면 기업의 평판도 높일 수 있다.[14]

기회로서의 리스크 복구

불리한 리스크는 역경에 직면했을 때 진정한 리더로서 자신이 누구인지 보여줄 수 있는 기회와 리스크 관리 사고방식을 배우고 더욱 강화할 수 있는 기회 모두를 제공해 준다. 사고로부터 회복하고 배우는 것은 조직이 가지고 있던 지시적인 명령 체계, 통제, 컴플라이언스 접근 방식으로부터 상시적인 리스크 관리 프로세스를 공동으로 만들어가는 사고방식으로 리스크를 바라보도록 전환하는 데 도움이 될 것이다.

초기 사고가 해결되고 나면 승리를 선언하고 관련자 모두를 축하하며 긴 스트레스에서 회복하기 위해 휴식을 취하고 싶은 유혹이 생긴다. 이는 절대로 해서는 안 되는 일이다. 그것이 이미 지나간 일이라 하더라도, 실제로 무슨 일이 일어났는지 그리고 왜 일어났는지 확인하고 다시는 그런 일을 겪지 않도록 해야 한다. 또한 평판을 회복하고 관계를 재구축하는 작업을 통해 사고가 기업에 미칠 수 있는 장기적인 영향을 최소화해야 한다. 기업의 모든 이해관계자는 회사가 사고에 어떻게 대응하는지를 볼 것이며, 리스크 사건이 시사하는 더 깊은 의미를 숙고할 것이다. 이해관계자들에게 무슨 일이 일어났는지 말할 수 있다면, 그리고 그들에게 복구 계획에 대해 계속 알려준다면 기업이 올바른 판단을 내리고 훌륭한 기업시민이 될 수 있는 능력이 있음을 그들이 계속 신뢰할 수 있을 것이다. 그렇지 않을 경우, 이 사고는 이해관계자들 사이에서 안타깝게도 더 심각한 우려를 불러일으킬 수 있다.

실패로부터 배우기

사고 직후는 사고로부터 무엇을 배웠는지 알 수 있는 이상적인 시간이며, 이는 리스크를 예측하는 능력, 리스크 예방 시스템의 강점, 리스크 완화 프로세스의 능력, 훈련과 리더십 개발 프로그램의 적절성에 대한 것이다. 자신의 리스크 사건으로부터 배우는 것은 매우 중요하다. 실수한 사람을 처벌하기 위한 마녀사냥witch hunt이 아니라 왜 리스크가 제대로 식별·평가·관리·완화되지 않았는지 그 진상을 규명하기 위한 조사가 이루어져야 한다.

실패는 배움을 도와준다. 계획 수립이 실패한 경우, 학습은 근본 원인을 찾기 위해 실패를 다시 검토한 다음 새롭게 설계를 함으로써 실패의 원인이 다시 일어나지 않도록 하는 것을 포함한다. 실패에서 교훈을 얻는다고 끝이 아니다. 미래의 실패에 대응하기 위해 이를 계획에 공식적으로 반영하지 않는 한, 절대로 많은 것을 배우지 못할 것이고 개선에도 실패할 것이다. 이는 2단계의 리스크 예방 활동으로 다시 돌아가는 제대로 된 활동이다. 사고가 매우 심각할 경우, 학습할 내용이 너무 많아서 기존의 리스크 매트릭스, 리스크 방지층, 비상대응계획으로 돌아가기 어려울 수도 있다. 그 대신 배운 것을 리스크 관리 수준 높이기에 활용할 가능성이 높다. 새로운 리스크 예방 단계가 마련되면, 1단계인 리스크 식별로 돌아가 재구성된 시스템으로 미래의 실패 가능성에 어떻게 대응할 수 있는지 이론적으로 검토한다. 다시 이야기하지만, 이는 발생 가능한 모든 실패를 파악한 다음, 파악된 각 실패 유형에 대해 조직이 따라야 할 절차를 공식적으로 정의하는 것이다.

리스크 관리 프로세스를 지속적으로 개선하기

전체 리스크 관리 사이클인 리스크를 식별하고, 예방하고, 완화하고, 리스크에서 복구하고, 학습하는 것에 대해 살펴보았다. 조직 내에서 이미 잘 작동하고 있는 영역을 파악하고, 또 조사가 필요한 잠재적인 격차도 발견했기를 바란다. 사실 격차가 있음을 발견했다면 이는 이미 리스크 관리 사고방식이 있음을 보여주는 것이다. 이 모든 것을 연결하는 고리는 지속적인 프로세스 개선에 대한 근본적인 철학이다. 그리고 다행히도 리더들은 결코 만족하지 않고 일을 더 잘 할 수 있는 방법을 항상 찾고 있다.

그런 마음으로 스스로에게 몇 가지 질문을 해보라.

- 리스크 식별 프로세스가 의도한 대로 작동하는지 확인하기 위해 얼마나 잘 모니터링하고 있는가?
- 더 큰 리스크를 예방하고 완화하기 위해 어떤 종류의 개선 계획을 수립하고 있으며, 이러한 개선 계획이 제대로 진행되고 있고 거기에 적절한 자원을 제공하고 있는가?
- 리스크 관리 사고방식이 조직 내부에 얼마나 깊이 스며들어 있는지, 그 결과 리스크 관리 사고방식이 얼마나 잘 이행되고 있는지 결정하기 위

해 어떤 종류의 확인 프로그램을 가지고 있는가?

　기업 전체에 걸쳐 리스크 관리를 지속적으로 개선하는 것은 큰 과제다. 그래서 이 과제에 대한 투자로서 상근 리스크 관리자들을 투입해야 한다. 이러한 리스크 프로세스 관리자는 리스크 관리에 대한 회사의 접근 방식을 일관되게 적용하고 합리화해, 모든 다양한 요소가 서로 잘 부합하도록 지원할 수 있다. 그들은 내용과 품질이 서로 다른 다양한 출처의 수많은 리스크 데이터를 통합하고, 추세를 보여주는 의미 있고 날카로운 분석을 준비해야 한다. 그들은 경영위원회가 사려 깊은 논의를 하고 학습을 쌓아가도록 촉진하는 데 도움을 줄 수 있다. 선행 투자가 필요하겠지만 방법과 계획이 개발되면 좋은 결과를 얻을 수 있다.

＊　　　＊　　　＊

재무에서 발생하는 리스크에 주의를 기울이는 것 외에도 리스크 관리에서 폭넓은 역할을 수행할 수 있는 근거를 살펴보았다. 회사 어느 곳에서 일어나든 모든 리스크가 숫자에 영향을 미치기 때문이다. 결국 CFO는 최고경영진이 재무, 법률, 운영, 안전, 환경, 보안, 정치, 공급망, 인적자원 같은 모든 리스크에 대해 균형을 맞추는 데 집중해야 한다. CFO로서 프로세스와 탁월한 리더십으로 리스크 관리 핵심 능력을 강화하면 더욱 강력하고 효과적인 경영진이 될 수 있다.

　리스크 관리 사고방식은 가치창출에 영향을 미칠 수 있는 보다 전략적인 리스크 문제에 대해 질문하고 답할 수 있도록 해줄 것이다. 파괴적인 비즈니스 모델이 산업을 변화시키려 하고 있는가? 혹은 기업가와 혁신적인 비즈니스 모델을 위한 공간을 만드는 동시에 기존 비즈니스 성과를 계속 끌어올려야 하는 딜레마 사이에서 어떻게 균형을 유지하고 있는가? 혹은 부실한 경영진 승계 계획이 기업을 위험에 빠뜨리고 있는가?

이 장에서 설명한 리스크 관리 도구를 구현하고 제4장에서 설명한 견고한 통제 환경을 유지하면 CFO로서 경영진 사이에서 입지를 확보하거나 입증하는 일이 순조로울 것이다.

투자

지금까지 통제와 리스크에서 재무 기능의 역할과 이러한 활동이 주로 손실을 예방하면서 어떻게 가치를 뒷받침하는지 다루었다. 퍼즐의 마지막 조각은 조직이 비즈니스를 구축하기 위해 필요한 건전한 투자를 할 수 있도록 재무가 어떻게 지원할 것인가 하는 문제다. 투자는 내일의 이익을 위해 오늘 자본을 지출하는 것이다. 투자는 프로세스 개선과 제품 개선에 대한 것일 수도 있고, M&A 거래와 함께 이루어질 수도 있으며, 둘 다일 수도 있다. 대부분의 사람들은 비즈니스 투자의 중요성에 대해서는 쉽게 동의하지만, 재무 자체에 투자해야 할 필요성을 인식하는 경우는 많지 않은 것 같다. 재무는 비즈니스 안에 있는 비즈니스다. 그러므로 재무는 비즈니스 소유자로서 예산을 맞추는 데 주력해야 하고, 적절한 자원을 재무에 배치했는지도 확인해야 한다. 재무는 재무에 투자해 창출할 수 있는 추가적인 가치에 초점을 맞춰야 하고, 단지 일상적인 활동을 계속하는 것에만 집중해서는 안된다.

재무 기능의 부가가치를 높이려고 할 때 우리는 무엇을 생각하는가? 그렇다, 원가절감cost reduction이다. 적극적인 비용관리cost management는 재무와 회사의 가치창출에 중요한 기여 요인이다. 그러나 비용관리는 전략적으로 수행되어야 하며, 이는 흔히 보는 쥐어짜는slash and burn 접근 방식과 정반대이다. 재무는 재무가 가치 보호와 창출을 통해 기업 전체에 제공하는 가치를 적극적으로 보여주어야 한다. 통제와 리스크 관리를 통한 근본적인 가치 보호 서비스는 손실을 방지함으로써 가치를 유지한다. 재무의 가치창출 서비스는 일반적으로 투자 결정이나 인수합병과 같은 기업 거래에 대한 평가와 실행이다. 재무는 기대 가치를 꽤 잘 계산한다. 기대 가치가 실제로 실현되도록 하는 역할을 재무가 수행하는 것은 전혀 다른 문제다. 그럼에도 재무는 재무가 제공하는 서비스를 지속적으로 개선하고, 경쟁력 있게 벤치마킹하며, 주기적으로 조정해 이를 지원할 수 있다.

투자를 통해 가치를 전달하는 최선의 방법에 대해 한 권의 책을 쓸 수도 있지만, 그보다는 투자 사고방식에 대한 몇 가지 핵심 통찰을 제6장에서 제공할 것이다. 재무 전문가로서 재무 서비스 포트폴리오에 대해 어떻게 생각해야 하는지, 비용은 어떻게 관리해야 하는지, 수익 흐름은 어떻게 이해해야 하는지, 그리고 이 모든 것이 중요하다는 것을 확장된 재무조직과 사업에 어떻게 전달해야 하는지를 다룰 것이다.

제6장

투자를 통해 가치가 성장하게 하라

우리는 통제와 리스크 관리가 어떻게 가치가 조직 외부로 유출되는 것을 방지하고, 조직을 보다 효율적이고 효과적으로 만들어 가치를 얻게 하는지를 다루었다. 그러나 가치창출을 위해 사용할 수 있는 가장 큰 수단은 단연코 투자다. 비결은 일상 활동에 너무 빠져서 투자를 활용할 기회를 놓치는 일이 없도록 하는 것이다. 비즈니스를 운영할 자격은 리스크와 통제를 엄격하게 관리하는 것으로부터 나온다. 이것이 바로 CFO를 이사회의 일원이 되게 해준다. 그리고 CFO가 이사회 일원이 되고 나면, HSBC 회장인 더글러스 플린트가 말했듯이, 재미있는 부분은 이것이다.

● ●

[사례연구] 일과에 빠지지 말라

고든Gordon은 2년 후 은퇴하는 것에 대해 진지하게 생각하고 있었다. 그래서 경영진과 함께 금년의 승계 계획을 검토할 때가 오자, 각별한 주의를 기울여 누가 자신의 후임으로 적합한지에 대한 논리를 다듬었다. 여러 명의 직속 부하 중에서 세 사람이 후임자로서 준비가 되어 있다고 보았다. 그러나 자신의 주장을 펼 때가 되자 고든이 세 사람의 이름을 언급하는 정도로 이야기하고 있는데, CEO가 끼어들어 이렇게 말했다. "고든, 나는 이 후보들에 대해 그렇게 확신하지 못하네. 세 사람은 모두 좋은 사람들이며 현재 직무에도 적절한 사람들이네. 하지만 나는 그들이 당신의 뒤를 이을 만큼 큰 그림을 잘 보지는 못한다고 생각하네. 새로운 CFO는 기본만 다루어서는 안 되며, 가치를 만드는 데도 도움을 줄 수 있는 사람이어야 하거든."

CEO는 계속해서 다음과 같이 말했다. "예를 들어, 자금담당 마크Mark는 지난해 성과가 매우 고르지 못했고, 무엇보다 예산을 7%나 초과했네. 나는 오퍼레이션에 좀 더 강한 집중력을 가진 CFO가 필요하다네." 이 말에 고든은 충격을 받았다. 마크는 지난해 주요 은행의 취약점으로 인해 일어난 엄청난 차입 갱신

refinancing 문제를 아주 잘 처리했기 때문이다. 그 위기를 해결하기 위해서 외부의 도움을 받아야 했지만, 마크와 그의 팀은 비용이 초과되는 것을 최소화하기 위해 엄청난 초과근무를 했다. 고든은 마크가 직면해 힘들게 해결했던 그 어려움에서 경영진을 보호하려고 했던 자신의 결정을 후회했다.

이쯤 되자 신임 인사담당 임원이 맞장구를 쳤다. "회계담당인 샐리Sally는 하는 일만큼은 괜찮지만, 제가 방금 받은 벤치마킹 자료로 뒷받침된 타 산업에서의 개인적인 경험에 비추어볼 때, 회계팀은 인원이 너무 많은데도 샐리가 그에 대해 아무 조치도 취하고 있지 않아요." 고든은 이미 샐리에게 인원을 더 줄여서 관리하라고 이야기했기 때문에 이야기를 듣고는 흠칫하며 놀랐다. 하지만 샐리는 새로운 재무보고 규제로 인해 발생하는 다른 여러 변화들 때문에 바빠서 이를 우선순위에 두지 않았다. 그래도 고든은 이런 일이 일어날 것을 알았어야 했다. 신임 인사담당은 자신의 아이디어를 적용하려 했고, 마크는 벤치마킹에 의해 휘둘리는 것을 썩 마음에 들어 하지 않았다. 이론적으로는 벤치마킹 데이터가 맞겠지만, 회사 상황은 고려하지 않았기 때문이다.

이에 지지 않으려고 COO도 한마디 거들었다. "경영정보 담당인 캐런Karen에게 문제가 있는 것이 틀림없습니다. 캐런은 승인된 각각의 투자안이 주주가치를 높여줄 것이라고 예측했지만, 누적자본수익률aggregate return on capital은 매년 계속해서 하락하고 있어요." 실은 캐런에게 인력이 부족했었기 때문인데, 고든은 이에 대해 입을 다물어야 했다. 캐런의 경영정보팀은 경제성 분석 모델에 수치를 입력해 실행할 인적 자원이 거의 없었고, 결과를 경영보고 자료로 만들기까지 실제로 분석할 시간도 없었다. 엎친 데 덮친 격으로 수치와 중요한 가정 자체는 COO 담당 부서가 산출해 전달한 것이었다. 고든은 방어하고자 애썼다. "이건 제 잘못인 것 같습니다. 아무래도 그 직무를 수행하고, 경영진이 필요할 때 필요한 데이터를 얻을 수 있도록 하는 데만 너무 집중했던 것 같아요. 그 일이 어떻게 이루어지는지 보게 했더라면 우리가 직면한 몇 가지 어려운 과제들로 인해 얼마나 많은 어려움을 겪고 있는지 알 수 있었을 것입니다. 마크, 샐리, 캐런은 모두 충분치 못한 자원에도 불구하고 자신들의 능력을 최대한 발휘했는데 그것을 고려하지 않고 성과를 평가한다는 것은 그들의 역량에 대한 공정한 평가가 아닙니다." 그러나 경영진은 별다른 반응을 보이지 않았다. 잠시 정적이 흐른 후, CEO는 CFO 후보로 새로운 세 명의 후보를 제안했다. CEO는 "이들은 일선 조직에서 매우 유망한 사람들이라네"라고 말했다. "이들이 주주가치 증가 개념을 제대로 이해하고 있다는 데는 의심의 여지가 없지. 이들은 모두 뛰어난 리더이며, 재무 전문 지식의 부족함은 기존 조직의 분야별 전문가들이 보완해 줄 수 있을 것이라네. 고든, 이에 대해 생각해 보게."

● ●

그게 중요한가?

왜 일선 조직의 누군가가 CFO를 맡으면 안 되는가? 사실, 유럽[1]과 다른 곳의 CEO 대다수는 재무조직 출신이지만, 반대의 경우도 많이 있다. 중요한 것은 그 역할이 기업을 지원하기 위해 가장 많은 일을 할 최고의 후보자에 의해 채워진다는 것이다.

고든이 CFO에 가장 적합한 후보가 재무조직 내에만 있다고, 실제로 그중에서도 세 명뿐이라고 생각했던 것이 문제였다. 또 다른 문제는 이러한 점을 경영진에게 설득하지 못했다는 것이다. 재무의 각 후보자는 재무 기본 업무에서 성과가 저조한 것으로 보였는데, 이는 고든이 불충분한 자원으로 업무를 수행하면서 그들이 직면한 진짜 문제들을 숨겼기 때문이다. 더군다나 고든은 그들의 실패에 관련되어 있다. 고든은 회사의 긍정적 성장 전략의 일환으로 재무 기능에 더 많은 투자가 필요하다는 근거를 제시하지 못했고, 그래서 경영진으로 하여금 세 사람이 기본에서 실패하는 것처럼 보이게 했다. 고든은 의도치 않게 후보자들의 승진 자격을 빼앗은 것이다. 그리고 지금, 마크, 샐리, 캐런 세 사람은 후임 CFO로 충분하지 않다고 보이게 되었다.

이 장에서는 투자가 무엇인지와 투자하는 과정에서 직면하는 몇 가지 방해 요소들에 대해 다룬다. 그런 다음 재무의 한계를 넘어 기능으로서의 재무에 실제로 투자함으로써, 재무에 대한 투자가 단순히 간접 기능에 대한 투자가 아니라 가치창출을 둘러싸고 있는 신뢰할 수 있는 부분으로 인식되도록 하는 방법을 살펴본다. 비용 통제라는 주제에 집중하고, 벤치마킹과 지속적인 개선 같은 기법을 통해 기업의 기능과 비즈니스 전반에 걸쳐 비용을 절감할 수 있는 방법을 모색할 것이다. 마지막으로, 협상 현장에서의 역할을 포함해 기업의 투자 전략 수립에서 전략적 역할을 수행함으로써 재무가 가치창출을 위해 할 수 있는 구체적인 역할에 대해 살펴본다. 투자에 대한 정의부터 시작하자.

투자를 정의하라

1935년 발행된 공신력 있는 『웹스터 사전』에서는 투자를 "소득이나 이익을 목적으로 어떤 종류의 재산에 돈이나 자본을 투자하는 것"으로 정의한다. 위키피디아에서는 다음과 같이 정의하고 있다.

금융에서 투자는 이득을 기대해 무언가에 돈을 넣는 것으로, 철저한 분석을 통해 이루어지며, 예상되는 기간 동안에는 원금에 대해서 높은 수준의 보장을 할 뿐만 아니라 이익에 대해서도 보장한다. 이와는 대조적으로 철저한 분석 없이, 원금 보장 없이, 이익 보장도 없이, 어떤 것에 이득을 기대하며 돈을 넣는 것은 투기나 도박이다.

CFO의 역할을 투기나 도박으로 본다면, 모두가 곤경에 처하게 된다. 그러므로 당연히 건전한 투자를 통해 어떻게 가치를 더할 수 있는지 검토할 것이다. 반대로, 주식시장에서의 거래나 이와 유사한 활동은 다루지 않을 것이다. 이 장에서는 기업가치를 높이는 데 도움이 되는 투자에 대해서만 논의할 것이다. 또한 NPV, IRR,[2] 민감도 분석, 시나리오 분석 등과 같은 기본적인 투자분석 도구와 기법도 다루지 않을 것이다. 투자에서 가치를 창출하는지를 탄탄하게 검토하고, CFO와 재무조직이 제공하는 가치를 어떻게 파악하고 명확히 할지에 대해 초점을 맞출 것이다. 이것이 CFO로서 달성해야 할 두 가지 전략 과제다. 앞의 사례에서 알 수 있듯이 고든은 투자로부터 가치를 창출하는 데 능숙하다는 좋은 평판을 얻었으며, 또한 큰 그림을 볼줄 안다고 평가받고 있다. 고든이 실패한 것은 재무 기능이 제공하는 가치를 경영진에게 입증하는 것이었다. 이전 장에서와 같이 무엇을 해야 하는지 살펴보기 전에, 잠시 멈춰서서 앞으로 헤쳐 나가야 할 몇 가지 방해 요소가 무엇인지 살펴보자.

재무가 직면해야만 하는 이슈들 _____

여러분의 목표는 투자를 통해 회사가 성장할 수 있도록 돕는 것이다. 그런데 두 가지 방해 요소가 앞을 가로막을 것이다. 첫째, 재무가 단지 비즈니스 조직을 지원하기 위한 간접 기능으로 간주되고, 그 자체로 명확한 기능적 투자 전략을 가지고 있는, 조직에 필요한 전략적 투자 기능으로서는 인식되지 않을 수 있다는 것이다. 둘째, 재무가 일선 비즈니스 조직의 경영진이나 또 다른 곳에 영향을 미치기에는 신뢰성이 부족할 수 있다는 것이다. 분명히 이 둘은 연결되어 있다. 앞에서 말했듯이, CFO와 재무조직의 신뢰성은 경영진이 적시에 의사결정을 내릴 수 있도록 신뢰할 수 있는 데이터와 정보를 비즈니스 조직에 제공할 수 있느냐에 달려 있다. CFO와 재무조직이 어떻게 인식되고 있는지부터 시작해 보자.

비즈니스 조직에서는 어떻게 보는가?

기업가치는 성과 척도이다. 풋볼 리그의 순위와 같이 기업의 많은 승리와 패배의 누적치이며, 경쟁을 통해 평가된 장기간의 적합성 예측치이다. 재무가 어떻게 가치를 제공해 기업에 기여하는지 평가할 때도 같은 모델이 적용된다. 비즈니스 조직 경영진은 재무의 성공과 좌절에 주목하고, 재무조직이 기민하고 훈련되어 있는지 아니면 지쳐 있고 인원만 많은지를 평가할 것이다. 더 근본적으로 보면, 비즈니스 조직은 재무가 진정한 비즈니스 파트너로서 정말로 그들과 함께 비즈니스 현장에 있는지, 또 거기서 경쟁에 맞서며 전사 조직으로서 중요한 역할을 운영조직과 함께 수행하는지, 아니면 단지 보다 지엽적이거나 컴플라이언스 지향적인 역할만을 수행하는지 판단할 것이다. 비즈니스 조직이 CFO와 재무조직에 대해 가지고 있을 것 같은 몇 가지 이미지를 살펴보자.

심판, 기자, 구장 관리인, 치어리더?

비즈니스 조직에서는 CFO와 재무조직을 규정을 강제하는 심판이라고 보는가? CFO와 재무조직이 하는 일의 중요한 부분은 회사 전체에 재무 규율을 확실히 하는 것이지만, 그렇다고 비즈니스 조직이 그것을 재무조직이 하는 일의 전부라고 알고 있다면 CFO와 재무조직은 곤경에 처해 있다고 할 수 있다. 경찰이 필요하다는 것은 모두가 알고 있지만, 그렇다고 아무 잘못도 하지 않았는데 계속해서 경찰에 끌려가거나 현장 검문을 받는 것은 별로 재미가 없다. 젠팩의 CFO인 모힛 바티아는 이에 대해 다음과 같이 말했다. "나는 슈퍼캅super cop이자 내부 고객에 대한 최고서비스제공자chief service provider다." 슈퍼캅은 이 이야기의 일부일 뿐이다.

비즈니스 조직이 CFO와 재무조직을 이야기를 전하는 기자로 보는 건 아닐까? CFO는 분기 및 연간 재무보고서를 준비하고 발행하며, 이러한 보고서가 정확하고 투명하며 이해하기 쉽게 표시되도록 한다. 보고서의 수치는 객관적이고 공정하게 작성되어야 한다. 그러나 CFO가 그 수치 자체인 것은 아니다. 개인적인 이해관계가 전혀 없다는 인상을 줄 만큼 지나치게 독립적인 사고는 피하도록 노력하라. CFO가 하는 이야기는 다른 누군가에 관한 것도 아니고, 단순히 성취했거나 놓친 것에 대한 역사적 관점도 아니다. CFO는 경기장에서 뛰고 있을 뿐만 아니라 경기장 옆에서 보고도 하고 있다. 스포츠 팀이 단순히 사실을 보고하는 것보다는 자신의 통계를 유지해 팀의 경기력을 향상시키는 것처럼, 재무도 동일한 사고방식을 가져야 한다.

혹시, 비즈니스 조직이 CFO와 재무조직을 조용히 숫자만 입력하고 있는 구장 관리인groundskeeper으로 보고 있는가? 많은 기본적인 재무 작업은 잡초를 제거하는 것과 같아서, 대단한 일이라기보다는 누군가는 해야 하는 일에 해당한다. 그러나 많은 재무 전문가들은 예산이 충분하다면 혼자 일하고 싶어 하는데, 단순히 후선에서 조용히 일하는 것만으로는 충분하지 않다. 재무가 조용히 실행하는 것으로 충분하다면 이 기능은 간접비를 줄이기 위해 모든 기회를 이용할 수 있는 필수적이지만 부담스러운 비용센터로만 보일 수 있다. 물론 CFO는 아웃소싱과 다른 기회를 활용해 린lean 상태와 효율을 유지해야 한다. CFO가 원하지 않는 것은 전반적으로 비용을 10% 정도 절감하라는 생각 없는 명령이다. CFO는 자신의 재무조직을 질서 있게 유지하면서, 해야 할 일을 제대로 하고 있다는 것을 분명히 해야 하고, 또 재무가 기업에 제공하는 가치에 대해서도 이야기해야 한다.

재무에 대한 또 다른 가능한 관점은 재무가 투자와 거래를 위한 치어리더일 수 있다는 것이다. 경영진의 제안을 뒷받침할 수 있는 숫자를 계산하는 것은 중요한데, 이는 일반적으로 투자할 돈보다는 투자 아이디어가 더 많기 때문이며, 따라서 경영진의 여러 제안 중에서 우선순위를 정할 수 있도록 지원하는 CFO의 역할은 매우 중요하다. 하지만 숫자에서 한 발 물러서서 자신만의 객관적인 관점을 가질 수 있는가? 고위 경영진의 열정에도 불구하고 투자를 추진하지 말라고 반대 의견을 말할 용기가 있는가? 그러니까 때로는 치어리더가 되고 때로는 디멘터dementor[3]가 되어야 하는 딜레마 상황에서 균형을 잡는 것 말이다.

CFO의 목표는 비즈니스의 진정한 파트너이자 가치의 공동 창조자co-creator of value로 보이게 하는 것이다. 모힛 바티아는 이에 대해 이렇게 이야기한다.

> 효과적으로 일을 수행하기 위해서는, 명칭이나 직함이 아니라 신뢰와 존경이라는 두 가지가 모두 필요하다. 경영진은 CFO의 판단을 존중해야 하고, CFO가 회사를 위해 최선의 것을 찾고 있다는 사실을 알아야 한다. CFO는 다른 사람들과 건강한 관계를 형성하고 좋은 소통가가 됨으로써 이것을 달성할 수 있다.

지금까지는 투자 논의에서 안내자guiding voice가 되고자 할 때 직면할 수 있는 몇 가지 방해 요소를 다루었다. 이제 투자 자체에 대해 생각해 보자, 재무 기능에 대한 투자와 비즈니스에 대한 투자 둘 다에 대해서 말이다.

재무조직 투자 전략 _____

어떻게 하면 재무 기능에 대한 투자를 고정간접비가 아닌 기업의 전략적 투자로 인식될 수 있도록 재무 고유의 기능투자 전략을 활용할 수 있을까? 단순히 가치창출에 대해 이야기하는 것만으로는 충분하지 않고, 이러한 단어를 어떻게 CFO 자신과 재무조직을 위한 가치창출 사고방식으로 변환하느냐가 중요하다. 무엇보다 이는 CFO와 재무가 무엇을 하고, 그것이 어떻게 보이는지에 관한 것이다. 가치창출 사고방식을 보여주는 쉬운 방법은 재무 기능을 하나의 비즈니스처럼 운영하는 것이다.

재무에 투자해 가치를 창출할 수 있는 기회는 다양하며, 이러한 투자를 통해 재무는 비즈니스 조직과 중요한 신뢰 관계를 구축할 수 있다. 여러분은 이를 실행하고 있는가? 재무 전체를 이끌지 않고 있다면, 이끌고 있는 부서에서라도 그렇게 하고 있는가? 자신만의 전략을 개발하지 않는다면, 외부에서 전략이 제시될 수도 있다. 비용관리는 여러분이 가질 수 있는 커다란 전략적 가치 수단 중 하나다. 비용의 절대적인 규모 그리고 외부 벤치마크와 비교한 성과 측면 모두에서 비용효율성cost effectiveness을 높이는 데 얼마나 선제적이고 적극적인가? 비용효율성 관점에서 재무 기능이 적절한가, 과하게 나쁜가, 아니면 지나치게 높은가? 그것을 어떻게 아는가? 재무의 비용구조와 인재풀을 장기적으로 유지할 수 있는가? 가치 경영자로 보이고자 한다면 비용에 대해 수동적이거나 조심성 없이 접근할 여유가 없다. 그리고 재무조직의 비용에서부터 시작한다면, CFO와 재무조직이 다른 조직의 비용을 면밀히 조사하고 비판할 때보다 신뢰받을 수 있다.

리버티아프리카의 CEO인 버나드 카톰파는 비용에 대한 사고방식의 전환에 대해 흥미로운 견해를 제시한다.

전통적으로 비용을 고정비와 변동비로 나누어 생각한다. 그러나 모든 비용은 변동비로 간주해야 한다. 고정비는 전체 수준에서는 고정되어 있을 수 있지만, 단위 수준에서는 여전히 달라질 수 있다. 따라서 성과와 생산성을 향상시킬 수 있다면 단위 수준에서 비용을 절감해야 하며, 이를 통해 이익을 높일 수 있다.

CFO는 모든 수단을 동원해 효율성을 추구할 것이다.

마찬가지로, 재무조직에 대한 벤치마킹을 수행해 업계 안팎의 다른 기업들과 비교할 때 CFO와 재무조직이 얼마나 효율적인지 알 수 있어야 한다. 그렇지 않으면, 고든의 경우처럼 재무가 얼마나 잘 견디고 있는지에 대해 다른 사람의 관점에 지배되고 말 것이다. 재무 컨설턴트나 아웃소싱 회사들과의 외부 경쟁이 있는데, 이들과는 경영진의 관심과 예산, 궁극적으로는 재무시장 점유율을 놓고 CFO 및 재무조직이 사실상 경쟁한다.

재무 기능은 얼마나 가치가 있는가?

재무조직이 기업에 제공하는 가치를 어떻게 다른 조직과 사람들이 이해하게 할 수 있는가? 우리가 이미 다루었던 견고한 통제 환경과 리스크 관리 프로그램의 제공, 자본에 대한 저비용의 유연한 접근성 보장과 같은 방어 활동은 CFO와 재무조직의 평판에 매우 중요하다. 또한 이들 활동이 주주가치에 어떤 기여를 하는지 이해관계자에게 시간을 들여 설명하지 않는 한 이러한 활동들은 당연하게 여겨질 수 있다. 아무튼, 새로운 투자와 M&A 거래가 가치를 제공할 수 있도록 하는 데 기여하는 것과 같은 적극적인 활동의 가치는 측정하거나 인정받기가 훨씬 더 어렵다. 그럼에도 불구하고 그것은 재무가 해야 할 일이다.

회사의 비즈니스처럼 운영하라

재무에 대해 컨설팅 회사를 운영하는 것처럼 생각해 보라. 좋은 사업가처럼 정기적으로 시간을 내어 제공 서비스의 품질과 조합을 검토해야 한다. 현재 상황을 지속하지 말고 가치지향 측면에서 우위를 유지하기 위해 노력하라. 포트폴리오를 검토하고 제품 라인이 경쟁사와 어떻게 비교되는지 이해하라. 회사의 내부 고객들은 제공되고 있는 제품과 서비스를 정말로 가치 있게 여기고 있는가? 현재의 제품 라인에서 수익을 내고 있는가? 바쁜 일상으로 인해 많은 CFO와 재무조직이 이러한 질문을 스스로에게 충분히 하지 않거나, 재무가 기여하는 가치를 능동적으로 측정하거나 명확하게 표현하지 못하고 있는 것 같다.

CFO와 재무조직은 행동manouevre에 제약이 있다. 분명 세무와 같은 중요한 서비스를 회사에 제공하는 것을 그만두지는 않겠지만, 세무 조직이 제공하는 서비스 포트폴리오에 대해서는 자세히 들여다보아야 할 것이다. 동일한 방식으로 각각의 재무조직을 점검하라. 재무 서비스 각각의 비용 대비 성과와 가치에 대한 통찰을 바탕으로 〈그림 6-1〉과 같이 이들 서비스를 매트릭스에 표시할 수 있다.

그렇다. 이 매트릭스[4]가 오랫동안 사용되어 왔다는 것을 누구나 안다. 그리고 원래의 수학적 접근법으로는 그다지 사용자 친화적이지 않았다. 그러나 상위 수준에서는 재무 포트폴리오에 대해, 또 무엇을 유지하고 무엇을 버려야 할지에 대한 상당히 괜찮은 전략적 논의를 시작하기에 효과적일 것이다. 매트릭스를 적용할 때는 고객의 관점에서 가치가 높은 서비스를 찾고, 어떻게 하면 가장 가치 있는 것들을 개선할 수 있을지 모색하게 된다. 세무 분야와 같은 한 영역에 대한 분석 결과를 M&A와 같은 다른 분석 결과에 겹쳐서 완전한 그림을 만들 수도 있다.

그림 6-1
비즈니스 포트폴리오 관리

높음

퀘스천마크(question marks) 사업 • 중간 정도의 가치 • 평균 이상의 원가·비용	**스타(stars) 사업** • 높은 가치 • 평균 이하의 원가·비용
도그(dogs) 사업 • 낮은 가치 • 높은 원가·비용	**캐시카우(cash cows) 사업** • 중간 정도의 가치 • 평균 이하의 원가·비용

상대적 시장 성장률 (세로축)

낮음　　　　　　상대적 시장 점유율　　　　　　높음

[옮긴이] '가치-비용 매트릭스(value-cost matrix)'를 비즈니스 포트폴리오 관리 매트릭스에 겹쳐서 표시함.

　　이 매트릭스를 훌륭한 도구로 만든 것은 바로 재무 언어다. 높은 가치와 평균 비용 미만의 재무 서비스가 바로 'CFO와 재무의 스타star 서비스'다. 이는 아마도 차별화 요소인 비즈니스 전략뿐만 아니라 재무 전략에도 중요할 것이다. CFO는 그 서비스에 투자하고, 거기에 다른 서비스를 추가할지 아니면 내부화in-house할지 결정해야 한다. 인수합병을 예로 들자면, 표준 거래를 위한 내부 역량을 구축해 확정 보수retainers fees와 성공 보수success fees를 줄일 수 있다. 그 대신에 제삼자 서비스를 잘 선택해 더 많은 가치를 추가할 수 있다. 스타 서비스는 일반적으로 시간이 지날수록 비용은 증가하고 빛은

바래기 때문에 계속 유지하려면 주의를 기울여야 한다.

저가치·고비용 서비스는 '도그dog 서비스'다. 이들 서비스는 아마도 재무 비즈니스를 차별화하거나 재무 기능의 효율성을 지원하지 않을 것이다. 이 서비스는 아웃소싱의 주요 대상이지만, 왜 그런 서비스를 제공해야 하는지는 자세히 살펴봐야 한다. 그 서비스가 수년간 관례적으로 이루어진 것인가, 서비스 실행 초기에 해결하고자 했던 비즈니스 문제나 요청이 지금도 유효한가? 비용을 줄임으로써 그 서비스를 지속할 수 있겠지만, 그것이 가져다주는 낮은 가치를 고려할 때 정말 쓸모가 있겠는가? 이 서비스를 포기하도록 설득할 수 있다면 회사가 아쉬워하겠는가? 이 서비스가 법적 의무에 해당하는 업무라면, 비용을 줄이거나 아웃소싱해야 할 것이다.

그 사이에 가치가 중간 정도인 서비스가 있다. 비용 수준이 좋은 서비스는 '캐시카우cash cow'이며, 이 서비스는 지속하면서 가치를 창출해야 한다. 잘 운영되는 서비스센터는 캐시카우 서비스의 정의에 잘 맞는다. 그러나 캐시카우 서비스도 악화될 수 있기 때문에 모니터링이 필요하다. 이 서비스도 제대로 관리하지 않으면 가치를 잃고 비용이 증가해 철수해야 할 도그 서비스가 될 수 있다. 비용이 평균 이상인 서비스는 '퀘스천마크question mark'에 해당한다. 이러한 서비스는 비용을 줄임으로써 캐시카우 서비스로 바꾸는 것이 좋은 선택 중 하나다. 이들 서비스에 가치 잠재력이 숨어 있을 수 있으며, 따라서 내부 전문가를 모집하거나 역량을 갖춘 외부 전문가의 전문성을 더해 성장 서비스로 만들 수 있다. 어떻게 해서든 퀘스천마크인 서비스는 관리해야 한다. 그렇지 않으면 퀘스천마크 서비스도 철수해야 할 도그 서비스가 되는 경향이 있기 때문이다.

재무 서비스가 가치-비용 매트릭스에서 어디에 해당하는지 파악하고 분류하는 데는 시간이 걸리지만 그만한 가치가 충분히 있다. 그러므로 확장된 재무조직을 이 논의에 참여시켜 모든 구성원이 재무가 제공하는 가치를 발견하는 데 아이디어를 찾을 수 있도록 하라. 포트폴리오를 사전에 능동적으로 관리하다 보면, 경영진에게도 CFO가 가치창출에 대해 얼마나 진지한지 보여줄 수 있을 것이다.

마케팅

CFO와 재무조직만의 이야기를 전달하고 고객 기반을 유지하고 확장하기 위해, 재무가 제공하는 서비스를 회사 내부에 마케팅하는 데 얼마나 많은 관심을 기울이고 있는가? 일선 비즈니스 조직에서 CFO와 재무조직이 가치 창출하는 역할을 볼 수 있다면, CFO의 영향력은 커질 것이다. 그러나 마케팅은 CFO에게 그다지 힘이 되는 분야가 아니다. CFO와 재무조직의 주장은 때때로 다음과 같이 들린다. "재무조직의 노력을 가치로 매기는 것이 쉽지 않다는 것을 인정한다. 하지만 재무는 일을 잘하고 있고, 실수가 거의 없으며 마감 기한도 거의 놓치지 않기 때문에 비즈니스를 아는 사람이라면 누구나 감명을 받을 것이다." 일부는 좀 더 분석적인 접근을 시도한다. "재무조직은 풀타임 근무FTE: full time equivalent 기준 8459명의 인력으로 구성된 확장 조직과 함께 전 세계 124개 지역에서 120만 건의 데이터 입력을 처리했으며, 도전 목표인 3영업일•에 장부를 마감하고 결산할 수 있었다." CFO와 재무조직의 세계에서는 이해 가능한 말이지만, 일선 비즈니스 조직의 세계에서는 그렇지 않을 수도 있다.

분명히 이러한 예시는 희화화된 것이다. 하지만 자동차 판매 제안에 대해 생각해 보라. 자동차 딜러가 "저를 믿으세요. 이 차는 괜찮습니다"라고 하

• 원문에는 14영업일로 되어 있지만, 혁신 기업의 사례를 반영해 3일로 했다.

는가? 그렇게 하지는 않을 것이다. 대신 그는 고객과 이야기를 나누고 고객에 대해 조금 알고 난 후 "이 차는 고객을 위해 만들어졌습니다"라고 말하는 서너 가지 이유에 대해 이야기할 것이다. 중요하게 생각하는 서너 가지 요소는 고객마다 다르다. 젊은 가족, 첫 직장을 가진 22세의 사람, 55세의 임원은 각각의 요구 사항이 다르다. 경험이 많은 판매원은 각자에게 차를 팔기 위해 꼭 필요한 것을 선택해 자세히 설명할 것이다.

그렇다면 CFO와 재무조직은 CEO, 다른 비즈니스 조직 임원, 타 서비스 조직 각각의 고객에게 가장 중요한 것이 무엇인지 서너 가지를 알고 있는가? 그들의 우선순위에 맞게 각각을 얼마나 잘 수행하고 있는가? CFO와 재무조직의 성과가 최고의 벤치마크와 견줄 만한지 공유하고 이를 개선 계획에 반영하는가? CFO도 싫어하고 그것을 듣는 경영진도 싫어할, 말만 번지르르한 마케팅 캠페인을 지지하려는 것이 아니다. 그리고 설문조사를 작성해 달라고 요청하지 말라. 그것도 CFO가 실제로는 많이 알지 못한다는 인상을 주면서 말이다. 마케팅은 단순히 CFO와 재무조직이 무슨 일을 하는지, 왜 그 일을 잘하는지를 분명히 하는 것이다. CFO가 말하지 않는다면 그들이 그것을 어떻게 알겠는가?

끊임없이 소통하라

제3장에서 말했듯이 모힛 바티아를 만나면서 놀랐던 점 중 하나는 그가 얼마나 빨리 숫자로 소통할 수 있는가였다. 바티아는 데이터를 해석한 후 즉시 의미가 있는 방식으로 이를 전달한다. 그는 재무 기능이 어떻게 평가되는지 정확히 알고 있다.

회사의 재무는 비용 면에서 볼 때 업계에서 최고가 아니라 중간 정도다. 회사는 고성장 기업이며, 비용을 낮추기 위해 기존 시스템 수를 줄여야 한다. 비즈니스가 계속되는 한, 고객들을 즐겁게 하는 영역이 있는가 하면 더 갈고 닦아야 할 영역도 있기 마련이다. CFO로서 그것들이 무엇인지 알고 있으며, 재무는 고객들과 함께 노력하고 있고, 고객들도 그것을 알고 있다. 이는 지속적 개선의 여정이다. 고객에게 더 많은 정보를 실시간으로 제공하려면 프로세스와 시스템을 개선해야 한다.

바티아가 재무 기능을 책임지고 있고, 재무 기능의 강점과 약점을 알고 있기 때문만은 아니다. 또한 그가 고객과 고객의 요구에 대해 많은 이야기를 하면서 재무를 비즈니스처럼 운영하고 있기 때문도 아니다. 그것은 CFO로서 바티아가 재무를 얼마나 빨리 믿을 만한 방식으로 설명할 수 있는가에 달려 있다. CFO로서 여러분의 엘리베이터 스피치는 바티아처럼 잘 준비되어 있는가?

CFO의 존경 자본[5]

물론, CFO로서 개인적으로 신뢰할 수 있는 경우가 아니라면 이 중 아무것도 효과가 없다. 재무 전문가로서 신뢰를 쌓을 수 있는 다양한 측면에 대해 제2장에서 많은 것을 이야기했다. 성공 비결에는 용기와 윤리, 소통 능력, 다른 사람들과 구축하는 업무 관계가 포함된다. 또한 더글러스 플린트와 같은 뛰어난 전문가들의 경험을 바탕으로 한 조언을 들었다. 그들은 성공적인 경력을 쌓았고, 따라서 그들의 조언은 힘이 있다. 그것이 그들에게도 효과가 있었기 때문이다. 또한 서로 다른 배경과 경험을 가지고 서로 다른 산업에서 일하고 있지만, '존경 자본respect equity'이라는 동일한 주제가 그들의 이야기 속에서 표출되었다.

영향력 있다는 것이 최종 결정권을 가진 전문가로 보이게 한다는 것은 아니다. 경영진 수준에서는 너무 많은 난관이 있는데, 동료들이 CFO만큼이나 똑똑하고 고집이 세기 때문이다. 그러므로 투자 결정에 함께 참여하는 여러 이해관계자를 찾고, 그들의 동의를 어떻게 이끌어낼지 계획하라. 이것은 문자 그대로의 의미다. 주요 내부 이해관계자를 파악하고, 그들이 특정 주제에 대해 어떤 태도를 취하고 왜 그렇게 하는지 이해하며, 어떻게 그들과 함께해 영향을 미칠지 계획하라. 때로는 제2장에서 보았듯이 간접적인 방법으로 영향력을 행사할 필요가 있다. CFO를 대신해 이야기할 사람을 세우고, 직접 소통하기보다는 그가 그들과 이야기하게 계획하라. 외부 이해관계자와의 관계 구축, 이를테면 애널리스트와 인수 대상 기업의 상대방과 관계를 구축하는 데에도 똑같은 작업이 필요하다. 그러나 동료 CFO들을 설득하기가 가장 힘들 것이다.

UBM의 CFO인 밥 그레이는 이를 간결하게 말한다. "옳은 일을 하기로 결정했다면 긴장할 필요는 없다. CFO로서 내 일은 주가가 폭락하지 않도록 하고 그렇게 함으로써 해고되지 않는 것이다. 문제는 때때로 경영진 동료들이 투명한 숫자를 좋아하지 않는다는 것이다." 밥의 말은 동료들이 옳은 일을 하고 싶어 하지 않는다는 뜻이 아니다. 밥은 그들이 숫자를 나열하고 그것이 드러내는 것을 소신껏 밝히고 있지 않은 것이라는 의견을 지지한다. 숫자는 동료 경영진의 비즈니스 영역에서 사각지대였거나 바로잡는 데 시간이 걸릴 수도 있는 취약점을 드러낼 수 있다. CFO는 숫자를 발표하기 전에 미리 준비해야 하고, 또 경영진이 그 숫자를 받아들일 수 있을 만큼 신뢰할 만해야 한다.

용기

CFO에게는 아니라고 말할 수 있는 자신감과 용기가 필요한데, CFO가 보기에 가치 제안이 충분히 견고하지 않을 때, 또 심지어는 늦었다고 생각될 때에는 더 그렇다. 종종 이사회가 이와 관련한 논의에 관여하기 때문에 매우 어려울 수 있다. CFO가 조언해 줄 수 있다면 이사회의 신뢰를 얻을 것이다. 이것은 전문가로서 스스로 거리를 두는 것이 아니라 논의에 참여해 고생을 마다하지 않는 것을 의미한다. CFO는 사업계획을 수립하고 실행하는 데 도움을 주는 독특하면서도 핵심이 되는 역할을 하고 있다. 그러므로 더 광범위한 비즈니스 변화가 필요하다고 비즈니스 조직에게 제안하는 것을 주저하지 말라. 이는 비즈니스의 일부이자 중심적인 역할이기 때문이다.

용기가 필요한 또 다른 곳은 변화를 추진하는 것에 있다. 투자 결정에는 필연적으로 변화가 수반되며, 재무는 비즈니스 변화의 핵심 동인이 될 수 있다. 즉, 앞으로 나서서 일을 시작하고 변화를 주도할 수 있다는 뜻이다. 이것은 미래를 향한 담대한 목표를 설정하고 달성하는 것을 두려워하지 않는 것이다. 또한 이는 변화가 시작되었을 때 계속 반대하거나 변화를 저해하려는 사람들에게 도전하는 것이다. 그리고 다시 말하지만, 이것은 공감하며 사람들을 대하는 것이다. 변화에 대한 합리적 반응과 비합리적 반응 모두를 마주하게 될 텐데, 이런 반응들은 사람이기에 매우 당연하다. 숫자는 비즈니스 사례를 만들 때는 CFO의 친구이지만, CFO가 숫자를 따름으로써 초래되는 분노나 두려움, 흥분에 직면했을 때는 그 숫자가 CFO를 지지해 주지 않을 것이다. 다른 사람들과 쌓아온 관계와 그들의 CFO에 대한 신뢰는 CFO가 변화의 여파를 헤쳐 나가는 까다로운 과정을 감당할 수 있게 해줄 것이다. 밥 그레이가 말했듯이, "문제는 때때로 경영진 동료들이 투명한 숫자를 좋아하지 않는다는 것이다." 그럼에도 불구하고 동료들이 그 숫자들을 납득할 수 있도록 하는 것은 CFO 직무의 일부다.

재무조직의 전략적 비용관리 _____

어떻게 비용관리를 할지에 대한 포괄적인 문헌 연구 개요를 제공하려는 것은 아니다. 여기서는 중요하다고 생각하는 네 가지 비용관리 영역을 강조할 것이다. 첫 번째로, 재무가 비용을 실제로 얼마나 사용하는지 이해하라. 그런 다음, 재무의 사용 비용을 낮추기 위해 지속적으로 노력하라. 다음으로, 비용 사용 수준을 다른 재무조직과 비교하기 위해 벤치마킹하는 방법을 생각해 보라. 마지막으로, 기능으로서 재무가 하는 일의 가치를 산출하라. 먼저, 실제 사용하는 비용이 얼마인지 빠르고 간편하게 추정해 보자.

재무조직의 인원수 산출

스스로의 비용구조를 관리하는 것이 가치창출의 초석이다. '나에게 보고하는 사람들과 관련한 직접비 예산은 2132만 달러다'라는 것을 아는 것만으로는 충분하지 않다. 그것은 단지 시작에 불과하다. 재무조직의 총비용이 얼마인지 계산해 보라. 신속하게 점검해 연봉뿐만 아니라 다른 내부 서비스 비용도 모두 포함된 비용이 예산에 반영되어 있는지 확인해 보라. 이는 조직 구성원들을 다양하게 나눔으로써 회사가 총액으로 얼마나 지출하는지 아니면 절감할 수 있는지를 보여주는 훨씬 더 나은 지표다.

다음으로, 비즈니스 조직에 재무 인력이 몇 명이나 투입되고 있고 그들이 사용하는 비용은 얼마나 되는가? 다른 기능의 내부 비용까지 배부하려고 최소단위까지 계산하지는 말라. 대략적으로 추정해도 괜찮기 때문에 가능하다면 연봉 등급별로 인원수를 계산하고 여기에 평균 연봉과 간접비율을 곱하면 된다. 이러한 비용이 1186.2만 달러인지 알고 싶은 것이 아니라 1000만 달러, 2000만 달러 또는 5000만 달러인지를 알고 싶은 것이다.

셋째, 재무조직에 서비스를 제공하는 업체의 비용은 얼마인가? 이 비용 목록에는 외부 감사인, 아웃소싱 서비스 제공업체, 거래은행 관련 비용과 M&A 자문사의 확정 보수와 성공 보수, 다른 컨설턴트의 비용이 쭉 나열될 것이다. 이러한 제삼자 서비스 비용이 실제로 가변적인지 아니면 이들 계약을 해지해 그 서비스를 사용하지 않을 경우 내부적으로 추가 인원을 투입해야 하는지 여부를 파악해야 한다.

이런 분석을 통해 비용을 추적하고 있지 않다면 지금 바로 시작하라. 조만간 아웃소싱이나 벤치마킹의 맥락에서 이와 같은 질문이 제기될 것이다. 앞서서 대응하라. 그렇지 않으면 CEO가 불만스러워하고, 결국 신뢰를 잃을 수 있기 때문이다. 이러한 종류의 비용가시성cost visibility을 확보하면 CFO는 비용효율성을 추구할 수 있다.

지속적인 비용 개선 문화: 인플레이션을 이겨내라

비용이 얼마인지 알았다면, 다음 단계는 어떻게 비용을 통제할 수 있는지 알아보는 것이다. 재무 전반에 걸쳐 비용을 지속적으로 개선하는 문화를 어떻게 정착시킬 수 있는지와 같은 질문을 해보라. 연도별 비용 추세는 어떤가? 실질적으로 비용을 일정하게 유지하는 데 만족하지 말라. 실제 공장장이라면 그렇게 소극적일 리가 없으며, 그렇게 하는 것은 사실상 현상 유지를 정당화하는 것이나 다름없다. 좋은 첫 단계는 인플레이션을 흡수하는 것이지만, 경쟁력 있는 제조 조직은 인플레이션을 2~3% 초과한 수준의 비용절감을 목표로 한다. 이러한 진전을 이루기 위해서는 실질적인 비용관리 전략과 비용을 지속적으로 개선할 수 있는 재무 리더십 조직이 필요하다.

회사가 정체되고 있는지, 성장하는지, 축소하고 있는지를 반영할 수 있도록 노력의 규모를 조정하기를 제안한다. 회사의 성장 관련 상태가 재무 서비스 수요에 영향을 미치는 것은 분명하기 때문이다. 이러한 추세에 맞추어, 인플레이션을 극복하는 데 필요한 수준과 그 이상을 대략적으로 추정해보라. 이렇게 함으로써 CFO와 재무조직의 목표를 설정할 수 있다. 목표가 설정되고 나면 비용절감을 달성할 수 있도록 3~4개의 실행 과제를 파악하라. 과제가 너무 많으면 안 된다. 이들 실행 과제의 전략적·재무적 영향을 평가하고, 노력의 우선순위를 정하고, 진행 상황을 대외적으로 알려라. 이는 재무조직 사람들 사이에서 축하받을 만한 빠른 성공으로 이끌어줄 것이고, 또한 회사 전체를 위한 가치창출 기회로 활용될 것이다.

전략적 비용관리strategic cost management를 채택하면, ERP[6] 시스템, 스태프 교육 및 개발 같은 재무조직에 대한 중요한 투자를 쉽게 끌어낼 수 있다. 이와는 반대로 회사의 연간 예산 목표를 달성하기 위해 이를 계속해서 미루면 재무 기능에 대한 투자가 과소해질 것이다. 그것이 무슨 뜻인지 모두가 알고 있고, 그래서 언제나 그러면 안 된다고 조언한다. 재무에 과소하게 투자할 경우 해가 거듭될수록 리스크에 대한 노출과 비효율이 증가한다는 뜻이기 때문이다. 회사의 경영진이 CFO가 재무를 적극적으로 관리하고 있는 것으로 판단한다면, 그것은 재무 기능에 대한 투자를 요청하는 CFO의 신뢰도를 높여줄 것이다.

재무의 지속적인 비용 개선 알리기

지속적인 비용 개선 활동에 재무 전문가를 참여시키는 것은 어려운 과제일 수 있다. 다수의 재무 전문가들은 비용절감을 보고서 이를 오류 발생 리스크 증가, 제출 기한 초과, 과도한 초과 근무, 임직원 사기 저하와 동일시한다. 유감스럽게도, 그들은 경력 어딘가에서 아마도 이러한 모든 문제를 초래한 쥐어짜는 듯한 비용절감 활동의 대상이 되었을 것이다. 좀 더 깊이 있게 살펴보면, 어떤 사람들은 조직 개편이나 아웃소싱을 통해 개인적인 힘을 상실할까 두려워할 수 있다. 그러나 팀워크를 만들고, 재무가 전체 조직에 기여하고 있다는 사실을 부각시킬 수 있다면 효과가 있을 것이다. 확장된 재무조직은 서로의 작업을 상호 검토하도록 장려함으로써 재무가 가치를 창출할 수 있는 추가 기회를 찾는 데 도움을 줄 수 있다. 이를 통해 지속적으로 투자하고 수익을 창출하는 개선과 가치창출의 자생적self-sustaining 선순환이 이루어질 수 있다. 이제 세 번째 비용관리 영역인 벤치마킹에 대해 살펴보자.

개선 실행 과제를 찾기 위한 벤치마킹

재무조직의 동료들이 벤치마킹을 활용하기보다 오남용하는 것을 본 적이 있는가? 슬프게도, 그들이 재무조직을 긍정적으로만 보이게 하는 지표와 비교 대상을 선택하는 이유는 뻔하다. 그들은 실질적인 비용절감을 추구하기보다는 현 상황을 정당화하고 있는 것이다. 오남용의 또 다른 예는 벤치마킹에서 얻을 수 있는 모든 가치를 완전히 깎아내리면서 재무조직의 상황은 독특하고 비교할 수 없다고 주장하는 것이다. 이들 중 어떤 접근법도 경영진의 신뢰를 얻지 못할 것이다.

벤치마킹의 주요 이점은 사실 양적 분석이 아닌 질적 논의에서 얻을 수 있다. CFO와 재무조직이 다루고 있는 이러한 영역 중 하나에서 진전을 이루고자 노력한 회사의 재무조직을 벤치마킹하라. 다른 재무조직이 문제에 어떻게 접근했는지, 프로그램을 추진하면서 사용한 지표는 무엇이고, 시간이 지남에 따라 달성한 결과는 무엇인지 전반적으로 파악하라. 그들은 어떤 도전에 직면했는가? 그들은 절감 효과를 지속할 수 있었는가, 아니면 시간이 지남에 따라 절감 효과가 축소되었는가? 이는 CFO와 재무조직의 외부 네트워크 역량을 발휘할 수 있는 또 다른 곳이다. 때때로 일반적인 벤치마킹 서베이 결과를 제공받을 수 있고, 그것을 재무의 마케팅 보고서를 위한 플랫폼으로 실제 활용할 수 있을 것이다. 하지만 이것이 CFO와 재무조직이 원하던 바로 그것은 아니다. 보유한 네트워크를 샅샅이 뒤져서 신뢰할 수 있는 외부 조언자를 찾아 그에게 업계 외부의 일부 고객을 포함한 자신의 핵심 고객과 연결해 달라고 요청할 수 있다면 모두의 기준을 높일 수 있다.

이렇게 할 경우 추가적인 혜택도 얻을 수 있다. 신뢰할 수 있는 벤치마킹 기술로 명성을 얻고 나면 CFO와 재무조직은 회사 전체에 걸쳐 광범위한 벤치마킹을 지원해 달라고 요청받을 것이다.

재무의 가치 부각시키기

네 번째이자 마지막 영역으로, 어떻게 다른 조직을 도와서 그들이 재무조직이 제공하는 가치를 알게 할 것인가 하는 것이다. 앞에서 이야기했듯이 재무가 하는 일의 상당 부분은 통제 시스템을 유지하고 리스크를 관리해 방어를 하는 것이다. 재무조직이 기업가치에 어떻게 기여하는지를 보여주는 것에 대해 주저하지 말라. 재무조직의 방어 활동 가치를 평가하는 것이 재무조직에 동기 부여를 하는 데 도움이 될 것이기 때문이다. 재무조직은 보호벽을 세우고 맞서 싸우는 사람들로, 고객과 공급업체의 신용도를 평가하고, 재무상태표를 견고하게 유지해 이자율과 환율 변동으로부터 보호하며, 세무당국과 재무 규제 기관과의 업무를 관리한다. 재무조직은 인정과 격려를 받을 자격이 있다.

그러나 재무조직이 제공하는 방어 서비스의 가치를 평가하고 이를 비용과 연관시키는 것은 어려울 수 있다. 다음과 같은 지표를 고려해 보라.

- 활동 및 일정: 합의된 통제 프로토콜의 진행, 합의된 리스크 예방 및 완화 목표 내재화
- 품질: 오류 감소
- 컴플라이언스: 벌금과 처벌 방지

신용에 대한 접근성 부족, 단기 자금조달 의존도와 같이 2008년 글로벌 금융위기 때 드러난 허술한 방어전술과 관련된 일화와 사례가 많이 있다. 이러한 실패와 또 다른 실패에 대해 CFO와 재무조직은 어떻게 대처하고 있는가? 금융위기로부터 더 발전시킬 수 있는 강점을 개발했는가? 고객, 공급업체, 경쟁업체, 다른 산업에서 배운 좋은 것과 나쁜 것은 무엇인가?

좀 더 구체적인 지표

방어를 정말 잘한다는 것을 보여주는 수치를 어떻게 포착할 수 있는지 자세히 살펴보자. 때때로 발생하는 즉각적인 손실을 보여주는 것 이상을 의미하며, 일이 잘못되었을 때 추가적인 손실을 방지하는 것이 더 중요함을 보여줄 수 있어야 한다. 이는 리스크 관리에 대한 재무의 기여 가치를 명확히 표현할 수 있다는 뜻이다.

예를 들자면 다음과 같다.

- 공급업체, 고객, 공급망에 문제가 있는 경우, CFO로서 재무조직이 어떻게 손실을 최소화했는지 보여줄 수 있는가?

- 금융시장이 불안정할 경우, 헤지 계약을 통해 최악의 시나리오와 비교해 무엇이 절감되었는지 판단할 수 있는가?
- 규제 기관 및 입법 기관과 협력하면서, 그들과의 좋은 협력 관계가 벌금, 처벌, 세금, 다른 변경 사항의 한도를 어떻게 최소화했는지 설명할 수 있는가?
- 위기가 다른 회사에 닥쳤을 때, 동일한 문제에 대해 재무의 리스크 관리 도구가 얼마나 효과적인지 평가하고 이것이 회사의 가치를 어느 정도 보호했는지 가상의 가치로 전환해 볼 수 있는가?

방어 활동을 통해 제공하는 가치를 더 잘 이해하면, 비용관리를 둘러싼 대화를 보다 전략적인 방향으로 이끌 수 있다. 또한 이를 통해 재무조직이 기업의 가치를 수동적으로 관리하기보다는 능동적으로 관리하고자 노력한다는 것을 강조할 수 있다. 이제 투자를 통해 비즈니스를 확장하려는 공격적인 활동을 CFO가 어떻게 지원할지에 대해 살펴보자.

건실한 투자에서 재무의 역할 _____

투자의 중심에 바로 재무가 있다. CFO는 투자 결정에서 여러 역할을 수행해 비즈니스의 전반적인 그림을 제공하는 전략계획 사이클을 촉진하고, 특정 투자안을 평가하며, 연간 예산 수립 활동을 조정한다. 하지만 이러한 모든 계획, 평가, 예산 수립 활동에도 불구하고, 기업은 가치를 성장시키는 데 어려움을 겪고 있다. 아마도 이들 투자가 결과적으로 그렇게 건전하지 않기 때문일 것이다. 가치 경영자로서 CFO는 대체로 그리고 시간이 지남에 따라 새로운 아이디어 포트폴리오 전반에 걸쳐 평균적으로 그리고 시간이 지남에 따라 회사가 승자가 되도록 해야 한다. 이것은 CFO가 가진 모든 역량을 시험할 것이다.

커다란 아이디어인가 아니면 큰 꿈인가?

투자 제안은 여러 형태로 제시되는데, 새로운 시설과 새로운 연구, 새로운 시장으로의 확장, 자산과 회사 전체를 구매하고 매각하는 아이디어 같은 것이다. 이러한 각각의 아이디어는 저마다 뚜렷한 특성을 가지고 있지만, 모든 아이디어를 아우르는 주제가 있다. 근본이 되는 주제는 바로 아이디어를 가치로 바꾸는 프로세스이며, 〈그림 6-2〉에 나와 있다.

재무조직은 규율 있는 의사결정 프로세스를 보호하고, 종종 보다 광범위한 결과와 리스크를 고려하지 못하는 프로젝트 사고방식을 견제counterweight해야 한다. CFO가 투자를 일종의 프로젝트로 생각하면 '예/아니오'라는 답을 향해 곧장 나아가기 쉽다. 그래서 프로젝트가 아닌 프로세스 사고방식이 필요하다. 〈그림 6-2〉에서 볼 수 있듯이, 프로세스는 조직 전체에서 생성된 새로운 아이디어와 기회를 파악하는 것으로 시작된다. 재무조직은 아이디어 창출에 참여해 발전하는 대화를 지원하고, 아이디어가 성숙해짐에 따른 진행 상황을 모니터링해야 한다. 프로세스의 다른 쪽 끝에는 실행이 있으며, 실질적으로 투자 잠재력이 제대로 실현된다. 그 중간에는 강조 표시된 중요한 프로세스 루프가 있다. 아이디어를 평가하고, 더 진행할지 여부를 결정하며, 더 진행하기로 결정한 경우 이를 실행하고, 진행을 모니터링해 초기 결정이 여전히 유효한지 여부를 재평가할 수 있다. CFO가 투자를 프로세스처럼 생각하면 환경 변화를 지속적으로 인식할 수 있고, 상황이 발전함에 따라 열린 태도로 결정을 변경할 수 있다.

그림 6-2
투자 기회를 모니터링하는 프로세스

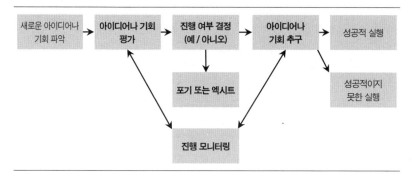

GIGO[7]

기회를 평가하기 위한 절차를 수립했을 것이다. 그러나 계산이 정확한지 확인하는 것만으로는 충분하지 않다. 비즈니스 조직과 프로젝트 팀은 본질적으로 낙관하는 경향이 있는데, 재무조직이 이러한 낙관론을 현실로 만들 수 있도록 지원해야 한다. 재무조직의 역사와 경험을 바탕으로 투입 가정과 결과의 확률분포를 세밀하게 파악하라. 업계 안팎의 외부 비교 대상을 살펴보고, 가치 제안을 개선할 수 있는 지침을 제공하라. 모두가 GIGOgarbage in, garbage out는 피하고 싶어 하지 않겠는가?

넓은 어깨가 필요하다

궁극적으로는 투자 제안에 대한 실행 혹은 중단 결정을 통해 무엇에 자금을 지원하고 무엇을 연기·중단·매각할지 정해야 한다. 종종 이러한 결정은 감정적으로 이루어진다. 경영진은 시스템을 통해 이 제안을 추진함으로써 개인적인 명성을 쌓았을 수 있으며, 이사회 구성원은 이에 대한 지지자가 될 수 있다. CFO로서의 역할은 방향을 잘 잡는 것뿐만 아니라 조언하는 것도 있으므로, 논의에 참여하더라도 감정에 휘말려서는 안 된다. 경영진과의 관계와 자신감이 있어야 재무조직과 함께 냉철하게 무엇이 회사의 가치를 창출하는 데 최선인지를 결정할 수 있다. CFO로서 존경 자본을 적절히 사용해야 한다.

일단 긍정적인 결정이 내려지면, CFO의 의견이 받아들여지지 않았더라도 그 기회를 추진하는 데 도움을 주어야 한다. 협상에 대해서는 조금 뒤에 논의하겠지만, 다른 중요한 지원 분야가 있으며, 적절한 자금조달 보장, 필요한 규제 승인 획득, 투자 커뮤니티에 투자 기회를 설명하는 것이 이에 해당한다. CFO와 재무조직이 최대한 긍정적인 결과를 얻을 수 있도록 지원하는 것을 적극적으로 생각해 보라.

투자를 진행하다 보면 실행 자체에만 몰두하기 쉽지만, 계속해서 앞으로 나아가더라도 진행 상황을 모니터링해야 한다. 새로운 정보를 얻었으면, 운영조직과 함께 투자 분석에 사용한 가정을 계속 재검토하고, 투자 관련 모델, 실행 조치, 기법을 업데이트해 기대에서 벗어나는 편차를 조정해야 한다. CFO의 임무는 투자를 성공적으로 진행하기 위해 재무조직이 가능한 한 많은 일을 하도록 만드는 것일 뿐만 아니라 합리적 의견을 내는 이성의 목소리voice of reason를 내는 것이기도 하다. 최악의 경우에는 매몰비용sunk cost[8] 카드를 사용하고, 우아한 출구전략exit strategy을 찾아야 할 수도 있다. 동료나 미디어가 진행을 잠시 중지하거나 변경하라고 조롱하더라도 말이다. CFO가 비즈니스 파트너로 보인다면, 목소리 또한 그들에게 들릴 것이다.

완전히 이해하지 못한 것 평가하기

투자에 대해 자신 있게 의견을 표현할 수 있을 만큼 충분히 알지 못한다면 어떻게 하겠는가? 전문가들은 종종 자신의 전문 분야가 아닌 것에 대해 조언하는 것을 꺼리는 경우가 많으며 재무도 예외는 아니다. 이제 잠시 멈춰서 운영조직의 엔지니어링 가치관리와 설비 수용성을 살펴보고, 어떻게 하면 재무 지식 기반에서 한 발짝 물러나서도 여전히 건전한 조언을 제공하고 있다는 사실에 편안함을 느낄 수 있는지 살펴보자.

운영조직 밖의 사람들은 종종 운영조직 구성원들이 날마다 다루는 기술을 항상 이해하고 있다고 가정한다. 비밀은 그들이 실은 그렇지 않다는 것이다. 현대 공정기술의 모든 기술적 세부 사항minutiae에 대해 전문가가 되는 것이 어떻게 가능하겠는가? 그렇다고 해서 투자 결정을 전문가에게 맡기거나 단순히 전문가의 조언을 따르라는 것은 아니다. 일련의 간단한 구조화된 질문을 해서 비즈니스 전반에 대한 투자안들의 의미를 이해할 수 있어야 한다. 이러한 질문은 운영조직의 투자가 왜 전략적 우위를 제공할 수 있는지와 경영자가 그러한 투자를 어떻게 실행할 수 있는지를 명확히 해준다.

재무조직에는 이를 다음과 같이 적용할 수 있다. 또한 CFO의 전문 분야가 아닌 투자 기회도 평가해야 한다. 이때 도움이 될 수 있는 세 가지 일반적인 평가 기준이 있다.

① 투자의 **실현 가능성**feasibility, 즉 투자 실행의 어려움 정도와 그에 필요한 시간, 노력, 자금
② 투자의 **수용 가능성**acceptability, 즉 재무적 이익을 달성하거나 초과하면서 비즈니스의 전략적 목표를 얼마나 실현해 주는지 여부
③ 투자와 관련된 **취약성**vulnerability, 즉 투자가 잘못될 경우 회사가 부담할 노출 정도와 투자를 실행함으로써 발생하는 리스크

차례로 하나씩 살펴보자.

실현 가능성 심층 분석하기

투자가 성공적으로 실행되기 위해서는 모든 결정에 재무적 자원이나 기술적 자원 같은 다양한 자원이 필요하다. 투자를 실행하는 데 필요한 자원이 이용 가능하거나 획득할 수 있는 자원보다 많다면 그 투자는 실현이 불가능하다. 투자에 필요할 수 있는 다양한 유형의 자원이 사용 가능한 자원과 어느 정도 일치하는지를 어떻게 알 수 있는가? 다음의 세 가지 포괄적인 질문이 도움이 될 수 있다.

① 어떤 기술적 또는 인적 역량이 투자를 실행하기 위해 필요한가? 각각의 투자에는 그것을 성공적으로 실행할 수 있는 일련의 역량과 기술이 필요하다. 파악한 역량과 기술을 내부적으로 보유하고 있는지 아니면 획득할 수 있는지를 확인해야 하며, 특히 완전히 새로운 것에 대한 투자라면 더 그렇다.

② 투자를 실행하는 데 필요한 자원의 양은 얼마나 되는가? 투자를 실행하기 위해 필요한 인원, 시설, 공간, 시간과 같은 자원의 양을 결정하는 것은 중요한데, 이는 이들 자원이 시간 의존적이기 때문이다. 예를 들어, 프로세스 엔지니어가 부족할 경우라도 특정 투자를 배제할 수는 없지만, 투자 실행 시기를 제한할 수는 있다.

③ 투자 운영이 필요 자원의 변화 정도를 따라갈 수 있는가? 회사가 투자에 필요한 자원을 확보할 수 있다고 해도, 전체 자원 상황이 어떻게 변하는지에 따라 실행이 불가능할 수도 있다. 자원 요구 사항의 변화가 너무 심하다면 투자 실행은 불가능할 수 있다.

수용 가능성 분석하기

재무 전문가는 재무 관점에서 투자의 수용 가능성을 평가하는 데 익숙하다. 그러나 때때로 두 가지 추가적인 평가 범주를 무시한다. 이는 투자가 프로세스의 성과와 자원 특성에 미치는 영향이다. CFO와 재무조직은 투자가 어떻게 품질과 고객 서비스를 개선하고, 부족한 자원을 확보할 수 있게 하는지 좀 더 넓은 관점을 가지려고 노력하고 있다. 몇 가지 다음과 같은 질문이 도움이 될 것이다.

프로세스 성과와 관련된 질문이다.

- 투자가 품질quality에 어떤 영향을 미치는가? 투자가 고객이 가치 있게 여기는 더 낫거나 다른 어떤 것을 제공하는가, 아니면 변동성을 줄여 적합성 품질에 기여하는가?
- 투자가 속도speed에 어떤 영향을 미치는가? 투자로 인해 고객에게 더 빠르게 대응할 수 있는가, 아니면 내부 프로세스의 처리 속도를 높일 수 있는가?
- 투자가 신뢰성dependability에 어떤 영향을 미치는가? 투자로 인해 제품이나 서비스를 보다 믿음직스럽게 제공할 수 있는가, 아니면 운영조직 내 프로세스의 신뢰성을 향상시킬 수 있는가?
- 투자가 유연성flexibility에 어떤 영향을 미치는가? 투자로 인해 운영조직이 고객 요구의 변화에 보다 신속하게 대응할 수 있는가?

자원 특성과 관련해서는, CFO와 재무조직은 투자를 통해 역량을 구축하고 지속가능한 경쟁우위를 확보할 수 있는 방안을 만들려고 노력한다.

- 투자를 통해 희소한 자원을 확보하고, 그 자원이 경쟁자에게 제공되지 않도록 하는가?
- 투자를 통해 회사 외부로 이전하기 어려운 자원을 확보하는가?

- 투자를 통해, 예를 들면 특허 보호와 같이 복제가 어려운 자원을 확보하는가?
- 투자를 통해 대체재를 만들기 어려운 자원을 확보하는가?

취약성 분석하기

이것은 리스크를 의미하며, 이에 대해서는 이미 충분히 논의했다. 예를 들어, 투자를 효과적으로 실행하고, 유지하며, 업그레이드하고, 통제하려면 특정 역량과 기술이 필요할 수 있다. 그런 역량과 기술을 현재 가지고 있는가, 아니면 획득할 수 있는가? 제5장에서 설명한 대로 '리스크 측정기 riskometer'를 실행해 투자 전체에 대한 리스크를 측정해 보자.

여기가 끝이 아니다. 지금까지 투자 결정을 내리는 방법과 효과적으로 실행할 수 있는 능력을 의사결정 과정의 일부로 어떻게 고려하는지 살펴보았다. 이에 더해 CFO와 재무조직은 미래에 사용할 수 있는 일련의 올바른 옵션들을 가지고 있을 필요가 있다. 이에 대해 살펴보자.

옵션 가치 이해하기

재무는 회사의 기회와 관련한 옵션 가치를 이해함으로써 경쟁우위를 제공하는 데 도움을 줄 수 있다. 옵션을 고정된 성과나 여러 발전 가능성 중 어떤 것으로 생각하는가? 명확하게 정의된 프로젝트 단계로 생각하는가, 아니면 하나씩 밟으며 이동할 때만 드러나는 일련의 디딤돌로 생각하는가? 당연히 목표한 결과를 향해 나아갈 수 있어야 한다는 데 동의한다. 그러나 옵션 가치 관점에서도 생각할 수 있는 능력을 개발해야 한다.

옵션은 다양한 모양과 크기로 제공된다. 옵션에는 마음을 바꿀 수 있는 유연성, 활동의 기본 수준에서 확장할 수 있는 기회, 새로운 기술이나 시장을 낮은 리스크로 테스트할 수 있는 기회, 리스크 결과를 다른 사람이나 기업에 전가할 수 있는 가능성이 포함된다. 투자 기회는 다양한 범위의 옵션을 제공하며, 옵션 가치 관점에서 생각해 보면 회사의 자본투자 프로그램의 우선순위를 다시 설정할 수 있다. 투자 포트폴리오에 있는 현재의 옵션이 회사의 전략적 의도와 맞지 않는다면 재조정해야 한다. 옵션이 무료인 경우는 드물기 때문에, 지불할 가치가 있는지 확인하고, 제공되는 것 중 무료인 옵션은 확실하게 취해야 한다.

옵션의 가치와 비용을 평가하는 것은 부분적으로는 지적 활동이고, 경험을 기반으로 하며, 직관에 따라 이루어진다. 이 분야에서 역량을 기르기 위해서는 옵션에 대한 경험을 기록하고 논의하는 것이 좋다. 최고의 경쟁자와 상대방이 바로 그 일에 집중하고 있는 것은 틀림없다.

실행

계약서 서명도 끝났고, 빈 샴페인 병들은 모두 치워졌으니, 이제 새로운 기회의 자랑스러운 소유자가 되었다. 지금은 〈그림 6-2〉의 실행 단계에 있다. 그런데 실행 단계에는 두 가지가 있다는 것을 알아차렸을 것이다. 하나는 실행에서 성공한 것이고, 다른 하나는 실패한 것이다. 계약서에 서명했다고 해서 가치가 창출되는 것이 아니고, 단지 가치를 창출할 가능성만 있을 뿐이다. 가치는 서명일 이후 기존 비즈니스에 변화를 주고 대응하면서 창출된다. 따라서 CFO와 재무조직은 투자완료 후에도 여전히 큰 책임을 져야 하며, 변화에 따른 리스크를 관리해야 한다. 어떻게 하면 기대 가치를 계획에서 실행 결과로 만들 것인가?

변화에 따른 리스크 관리하기

정확히 무엇을 말하는가? 예를 들어보자. 북아프리카에 천연가스 채굴 시설이 있는데, 처음에는 노천공 시설open air facility로 지어졌다. 몇 년 후, 작업자에게 그늘을 제공하기 위해 햇빛 가리개sun-cover가 설치되었다. 10년 후, 새로운 컴퓨터 시스템이 설치되었고 벽과 단열재가 에어컨과 함께 추가되었다. 모든 것이 잘 돌아가던 어느 날 오후 모든 것이 폭발하고 말았다. 지금은 폐쇄된 시설에 소량의 가스가 시간이 지남에 따라 축적되었던 것이다. 이것이 바로 변화에 따른 리스크 관리다.

기존 비즈니스를 지원하는 것과 새로운 기회와 관련해 완전히 이해하지 못한 수많은 것을 파악해 내는 것은 전혀 다른 일이다. 이때는 물러설 때가 아니다. CFO와 재무조직이 더 많은 가치를 더할 수 있기 때문이다. 각각의 기회마다 특유의 세부적인 고려 사항이 있겠지만, 각각에 대해 실행 조직execution office을 만들어 거기에 거래를 이해하고, 계약을 제대로 이해하며, 모든 조건을 살펴보고, 리스크에 노출되는 것을 신속하게 종결할 수 있는 재무 전문가를 참여시키도록 고려해야 한다.

실행조직에서 다루어야 하는 몇 가지 활동은 다음과 같다.

- 현금흐름을 모니터링하고, 운전자본이 갑자기 부족해지거나 정해진 한도 이상으로 지출이 이루어지지 않도록 한다.
- 중요 단계들이 달성되지 않은 경우 운영성과를 추적하고 개입해 조치를 취한다. 여기에는 인력의 적시 충원, 리드타임이 긴 품목의 적시 주문, 새로운 시스템의 적시 설치, 부지의 적시 확보 같은 것이 있다.
- 실행 조직의 권리를 옹호한다. 실행 조직이 자리를 잡아가는 동안 다른 사람들이 실행 조직을 무시하려고 할 수 있기 때문이다.

투자가 이루어진 첫해가 특히 중요하다. 실행 조직이 작업을 완료하면, 변화 단계에 대한 마지막 관리가 실행된다. 바로 이 기회를 지속적으로 관리할 재무조직으로 원활하게 전달하는 것이다. 이러한 투자완료 후 문제에 적절한 주의를 기울이고 지속적인 후속 조치를 취한다면, CFO의 노력은 회사 가치에 대한 확고한 기여자로서 재무조직의 명성을 공고히 하는 데 도움이 될 것이다.

투자 관련 거래가 구체화되는 과정에서 협상에 참여했는가? 가치를 창출하는 또 다른 방법은 협상가로서의 능력이며, 여기에 대해서는 이어서 살펴본다.

재무와 비즈니스 협상 _____

여기서의 협상은 가장 일반적인 의미로, 인수, 매각, 합병과 같은 거래뿐만 아니라 계약, 마케팅 협약, 연구 합의, 합작 투자도 포괄한다. 이러한 방식으로 정의된 협상에는 새로운 아이디어, 파트너, 잠재적 거래를 찾는 과정이 포함되며, 서면이나 법적 구속력이 있는 계약서에 조건을 합의하고 거래를 기록하는 과정도 포함된다.

대부분의 CFO가 협상을 최소한 간접적으로는 경험했을 것이다. 그런데 CFO로서 직접적인 협상 경험은 갖고 있는가? 갑작스럽게, CFO가 경영진 회의에서 중요한 리더 역할을 할 것이란 기대를 받게 되었다. 그럼에도 여기서는 비즈니스 전망이나 대면 협상을 위한 자세한 기법을 제공하지는 않을 것이다. [9] 다만, 거래에 익숙하지 않거나 단순히 집중력 유지에 필요한 새로운 자극제를 원하는 CFO를 위해서 여덟 가지 중요한 주제에 대한 체크리스트를 제시한다.

① 제안된 거래의 **가치 제안**value proposition과 이 가치 제안의 평가를 뒷받침하는 가정의 타당성을 파악하라. 제시된 가격headline price에 주의를 빼앗기지 말라. 어떻게 상품과 서비스가 결합되어 가치를 창출하는지, 리스크와 부채가 어떻게 배분되는지를 포함한 거래의 전체 비즈니스 모델이 서로 들어맞는지 확인하라. CFO는 전술적 차원에서 주요 역할을 수행해 뛰어난 심사 프로세스를 보장함으로써 거래의 각 요소를 적절하게 평가하고 리스크를 완화한다.

② 협상에서 **물러설 지점**walk-away position을 확인하라. 협상 한계와 이익 및 자원 활용 관점에서 계속할지 물러설지의 기준이 되는 경계 조건boundary conditions이 그것이다. 협상 과정에서 종종 '조금만 더'를 요구하는 경우가 많다. 여기에는 문화적 특성도 있다. 러시아인과 협상하는 것은 인도인과 협상하는 것과 매우 다르다. 거래를 성사시켜야 한다는 열기에 휘말리지 말라. 특히 큰 성공 보너스가 걸려 있는 경우에 [열기에] 휘말리는 것은 최악이 될 수 있다. 모든 거래를 성사시킬 필요는 없으며, 실망스럽더라도 물러서는 것이 패자로서 계약하는 것보다 훨씬 낫다는 것을 인식하라. 따라서 CFO로서 사업부 경영진과 경계 조건을 완화하기 위한 권고 사항을 논의할 때는 강력한 프로세스가 필요하다.

③ 거래를 성사시키기 위해 필요한 **거래 의존성**transaction dependencies**을 이해하라.** 사업계획이 현실적이며, 회사의 실행 가능하고 가치창출이 가능한 부분으로 만들기 위해 서로 맞아야 하는 모든 부분을 상세하게 구성했는가? 예를 들어, 승인권이나 거부권 행사 주체인 소재국 정부와 새로운 해외 합작법인joint venture을 만들려고 하는 경우, 정부가 국가안보라는 명목으로 어떻게 진행을 차단할 수 있는지 이해하고 있는가?

④ 합병이나 합작투자를 할 때에는 상대방과 **전략적·전술적 연계**strategic

and tactical alignment를 확실히 해야 한다. 각 당사자가 협상 테이블에 무엇을 올려놓고 또 거래에서 무엇을 원하는지 이해하면서, '한 침대에서 함께 자면서도 다른 꿈을 꾸고 있'지는 않는지 확인하라. 협상 사안 negotiating case이라고도 하는 '추정 사업계획pro-forma business plan'을 작성하는 것은 매우 도움이 될 수 있고, 협상 양측에 서로 다르고 잠재적으로 잘못 이해될 수 있는 관점을 알려줄 수 있는 수단이 된다. 상대방 내부에 여러 접촉점을 만들어 상대방의 우선순위, 의사결정 프로세스, 창의적 접근에 따른 허용치를 이해하라. 그들이 스스로 옵션 가치를 창출하려고 노력할 것이라고 기대하라. 특히 "이건 너무 사소해서 고민할 가치가 없다"라는 말을 듣는다면 더 기대하라. 때로는 기꺼이 양보할 수 있는 옵션을 주는 것이 거래를 성사시키는 열쇠가 된다.

⑤ **경쟁 프로세스**competitive process**와 경쟁자**competitors**를 이해하라.** 투명한 입찰 과정에 참여하고 있는지, 아니면 동등한 양자 간 협상에 참여하고 있는지 분명히 하라.[10] 3~4개의 경쟁 입찰 업체가 참여하는 투명한 입찰 상황에서는 가치를 창출하기가 매우 어려운데, 이는 언제나 '들러리 서는 바보marginal idiot'가 될 가능성이 있기 때문이다. 이것은 이런 상황을 잘 파악하지 못하고 지나치게 높은 입찰 가격을 써서 봉인된 봉투에 담아 제출한 입찰자를 거칠게 묘사한 것이다. 누구나 그럴 수 있다. 동등한 양자 간 입장의 협상도 어렵기는 마찬가지다. 구매자가 최대한의 가치를 끌어내려고 얼마나 허세를 부리는지, 매도자가 승자가 되려면 실제로 무엇을 해야 하는지에 대해 진정 어린 피드백을 하는지 구분하기는 매우 어렵다. 협상에서 압박과 위협에 대비하려면 경쟁자를 완전히 이해해야 한다. 협상 당사자로서 각자가 할 수 없는 무엇인가를 서로에게 제공하는가? 예를 들어, 국영기업은 정부 간에 제공할 수 있는 이익을 줄 수 있는 반면, 사기업은 시장이나 기술에 접근

하게 할 수 있다.

⑥ 거래의 **추적 비용**chase costs을 관리하라. 손실 가능성이 있는 거래에 희생할 준비가 얼마나 되어 있는지 확인하라. 장기간 거래를 쫓다가 상당한 가치를 잃을 수 있다. 이것은 마치 미터기가 돌아가고 있는 채 멈춰 있는 택시에 계속해서 앉아 있는 것과 비슷하다. 때때로 이러한 일은 대규모로 추진되는 프로젝트에서 발생되며, 이 경우 단위 비즈니스에 지출되는 기본 비용으로 인해 추적 비용이 매우 작게 보일 수 있다. 수년에 걸쳐 지출되는 소액의 연간 투자라도 거래가 실패하면 달갑지 않은 상각write off을 해야 하고, 거래가 성공하더라도 상당한 매몰비용이 발생할 수 있다.

⑦ **시간도 관리하라**watch the clock. 거래에는 일반적으로 자연스럽지만 쓰이지는 않는 리듬이 있다. 노련한 협상가는 서로에게 '지금 아니면 절대 안 되는' 시점, 곧 상대방이 마지막 제안을 정말로 포기하는 때를 알고 있다. 똑똑한 협상가는 겉보기에는 관련이 없어 보이는 사건을 주시하며, 그것을 활용해 시간을 자신에게 유리하게 관리할 수 있다. 상대방이 현지의 정치와 관련해 드러내지 않은 마감 시한이 있는가? 그렇다면 이 마감 시한은 거래의 중요성을 주도할 수 있고, 마감 시한을 놓치면 거래의 예상 가치perceived value를 감소시킬 수 있다. 재미있는 실화이지만 분명히 극단적인 사례 하나를 살펴보자. 중동에서 국가수반이 시작하고 그의 서명만 남은 한 거래가 있었다. 그러나 국가수반이 사망하고, 후임자가 그 거래에 관심을 갖지 않자, 거래를 중단하고 추적 비용을 상각하는 것 외에는 할 수 있는 일이 아무것도 없었다.

⑧ 마지막으로, **기업의 명성**enterprise's reputation을 **보호해야 한다.** 때때로 사업 개발 조직은 경쟁 포지션을 확고히 하기 위해 구속력 없는 양해

각서MOU: memoranda of understanding를 체결할 수 있다. 그러나 이는 절제된 방식으로 수행해야 하는데, 근거가 되는 상업적 분석이 완료가 되기도 전에 계약의 성사를 암시하는 보도자료와 대규모 공개 행사를 하면 돌이키기 어려운 평판 손상이 발생할 수 있기 때문이다. 거래가 완료되면, 그 거래를 알리거나 언론에 보도하는 것에 주의하라. 거래 상대방이나 이를 승인하는 정부가 너무 비싸게 샀다고 결론을 내리면 불필요하게 불만을 가질 수 있기 때문이다. 그리고 무엇보다 중요한 것은, 앞에서 언급한 바와 같이 그 거래를 실행해 새로운 비즈니스가 모든 이해관계자의 기대대로 진행되도록 하는 것이다. 이것은 평판이 지속되게 하고 다음 거래의 가능성도 높여준다.

이 여덟 가지 주제는 협상을 시작하고, 협상에 대한 의식과 자신감을 가능한 한 빨리 갖게 하는 데 도움이 된다. 경험이 최고의 스승이다. 확장된 재무조직에서 이러한 역량을 교육하는 것도 잊지 말라. 전문가가 주도하는 협상에 그들이 참여하도록 하는 것도 한 가지 좋은 방법이다. 사실, 관찰자observer의 역할은 협상에서 중요한 역할 중 하나다. 재무 전문가는 신체 언어body language를 관찰하고, 세부 사항을 기록하며, 거래 협상 팀이 사전에 합의한 전술pre-agreed tactics을 얼마나 잘 실행하는지 확인할 수 있다.

*　　　*　　　*

이 장은 가치 관리자로서의 역할에 초점을 맞추었다. 다시 제5장에서 블랙스완의 의미가 '상황이 뭔가 잘못되어 가고 있다고 알려주는 것'이라고 도움을 준 언스트앤영의 파트너 앨리스터 윌슨은, 다음과 같이 확고한 견해를 갖고 있다.

재무 숫자는 오직 하나의 진실만 담고 있어야 한다. 외부와 커뮤니케이션할 때 사용하는 것과 다른 숫자를 내부에서 사용해서는 안 된다. 시장이 회사 숫자의 진실성과 엄격함에 대해 불신해서는 안 되며, 회사에서 받은 숫자를 시장이 신뢰할 수 있어야 한다.

CFO가 된다는 것은 흥미로우면서도 도전적인 일이다. CFO는 본질적으로 비즈니스 안에서 비즈니스를 운영하고 있다. 일선 경영진이 CFO가 재무 기능에 비즈니스 원칙을 적용하는 것을 볼 때, 비즈니스 파트너로서 CFO에 대한 그들의 신뢰가 높아질 것이다. CFO가 말로만 하는 것이 아니라 재무에도 동일한 원칙을 적용하고 있는 것을 그 사람들이 보고 있기 때문에 가치창출을 주장하는 CFO의 신뢰성이 높아지는 것이다. CFO는 제공할 것이 많기 때문에 회사의 가치창출에 적극적으로 참여해야 한다. CFO와 재무조직은 기업가치에 크게 기여해야 할 뿐만 아니라 CFO가 후임자에게 그 직무를 넘겨줄 때 길이 남을 값진 유산의 토대를 만들어야 한다.

지금까지 투자에서 재무 기능의 역할과 활동, CFO가 투자를 통해 어떻게 가치를 창출하고 성장시킬 수 있는지를 다루었다.

다음 장에서는 디지털 전환과 CFO의 역할에 대해 살펴본다. 디지털 전환은 최근 급격히 진행되고 있으며, 기업에서 디지털 기술을 적용하여 혁신하는 것은 CFO와 경영진에게 거스를 수 없는 압력이 되고 있다. 따라서 CFO는 디지털 전환과 관련된 실제 사례와 방법을 이해하고, 비즈니스에 기여할 수 있는 과제를 발굴하고 먼저 적용해 모범사례로 만들어야 한다. 그뿐만 아니라, 이를 전사 차원으로 확산하여 전체 기능이 디지털 기술을 활용해 비즈니스 성과를 높일 수 있도록 해야 한다. 재무조직에 먼저 적용한다면 재무 업무의 정확성과 효율성도 높일 수 있다. 그것은 CFO로서 전사 관점에서 디지털 전환 이니셔티브를 주도하고 가치창출에 기여하는 데 도움이 될 것이다.

디지털 전환 리더가 되라

※ 제7장 『디지털 전환 리더가 되라』는 원저자의 허락 아래 번역자들이 추가한 것입니다.

[사례연구] CFO와 디지털 기술

CEO와 사업부 경영자들이 모두 참석한 경영회의에서 CFO인 제이크는 긴장하지 않을 수 없었다. 논의 주제와 질문이 여느 때와는 달랐기 때문이다. 외부 전문기관의 글로벌 조사·연구 발표 자리에 CEO와 사업부장들이 함께 참석하고 돌아온 직후 열린 회의였다. 국내 여러 기업의 경영진도 같이 참석한 그 발표회의 핵심 주제가 '디지털 전환과 경영에 미치는 영향', 그리고 '경영진, 특히 CEO와 사업부문 경영자, CFO는 디지털 전환에 어떻게 대응할 것인가?'였기 때문이다. 글로벌 전문가 조직들은 CEO, CFO, CIO와 같은 기업의 최고경영진이 사업 경쟁력을 높이기 위해 어떤 부분에 관심을 가지고 있고, 고민하는 주요 내용은 무엇인지를, 전 세계 여러 국가의 많은 기업 최고경영진을 대상으로 주기적으로 서베이하여 분석한 후 그 결과를 발표한다. 그런데 회사의 CEO와 사업부장들은 이번 발표 내용을 듣고 고민이 많아진 것 같다.

회의에서 CEO와 사업부장들은 제이크에게 집중적으로 질문을 했다. 질문은 "회사의 CFO로서 이러한 변화에 어떻게 대응하고 있고, 최신 디지털 기술들을 활용하여 회사 비즈니스 혁신을 주도하며, 사업 경쟁력이 향상될 수 있도록 영향력을 얼마나 발휘하고 있는가? 특히 B2B와 B2C, B2BC 등 변화하고 있는 사업 환경에서 회사가 장기적으로 성장하면서도 수익성을 낼 수 있도록 하는 데 매우 중요한 데이터, 인공지능AI, 클라우드 같은 최신 디지털 기술을 활용하여 비즈니스 프로세스를 혁신하고 있는가? CFO로서 또 재무조직은 업무 시간의 몇 퍼센트 정도를 전통적인 역할이 아닌 새로운 역할에, 회사에 필요한 신기술에, 전체 조직이 디지털화를 수용하고 활용하여 더 많은 성과를 창출하도록 혁신하는 데 할애하고 있는가? CFO와 재무조직이 현재와 미래 혁신에 적합한 플랫폼과 생태계를 구축해 신속한 혁신이 가능하도록 회사의 조직문화를 혁신하는 데 기여하고 있는가? 회사가 환경 변화를 민첩하게 인식하고 대응할 수 있도록 CFO와 재무조직이 전사적인 디지털 기술 내재화에 앞장서고 있는가?"와 같은 내용이었다.

제이크는 스스로를 돌아보며, '나와 재무조직은 과연 디지털 전환에 적극적으로 영향력을 발휘하고 있고, 첨단 기술 도입에 열려 있으며, 회사의 디지털 전환을 주도하고 있는가?'를 자문했다. 기업에 따라 CFO의 역할과 새로운 디지털 기술에 대한 대응에 편차가 클 텐데, 다른 기업과 CFO들은 어떻게 AI와 빅데이터 고급분석advanced analytics 같은 최신 기술을 활용하여 비즈니스 예측과 기업 성과에 기여하고 있는지 제이크는 고민이 되었다.

● ●

디지털 기반으로 급변하고 있는 환경 _____

글로벌 경쟁 심화, 급격한 도시화, 기후 변화 및 자원 고갈과 같이 오랫동안 이어져 온 사회적·환경적 메가트렌드megatrend와 더불어, 오늘날 전 세계에서 새로운 트렌드가 대두되고 있다. 바로 혁신적인 기술의 등장과 급격한 데이터 증가를 기반으로 한 '디지털 전환digital transformation'의 확대가 그것이다.

지난 10여 년 동안 기업에서는 데이터 증가 및 신기술 도입이 지속적으로 화두가 되었으나, 2019년부터 시작된 코로나19 팬데믹으로 인해 디지털 전환이 급격히 진행되어 거스를 수 없는 중요한 메가트렌드가 되었다.

디지털화digitalization를 포함한 다양한 메가트렌드의 영향으로 비즈니스 환경이 더욱 복잡해지고 경쟁 상황은 치열하게 변화했다. 기존의 사업 영역은 제조, 금융, 유통으로 구분이 가능했고, 사업 모델은 B2B나 B2C로 정형화되었던 상황이라면, 이제는 제조와 금융, 유통이 융복합되고, 고객이 기업 고객뿐 아니라 개인 고객으로 확장(B2B 비즈니스가 주력이던 형태에서 B2B2C로

그림 7-1
디지털 + 언택트 시대의 도래[1]

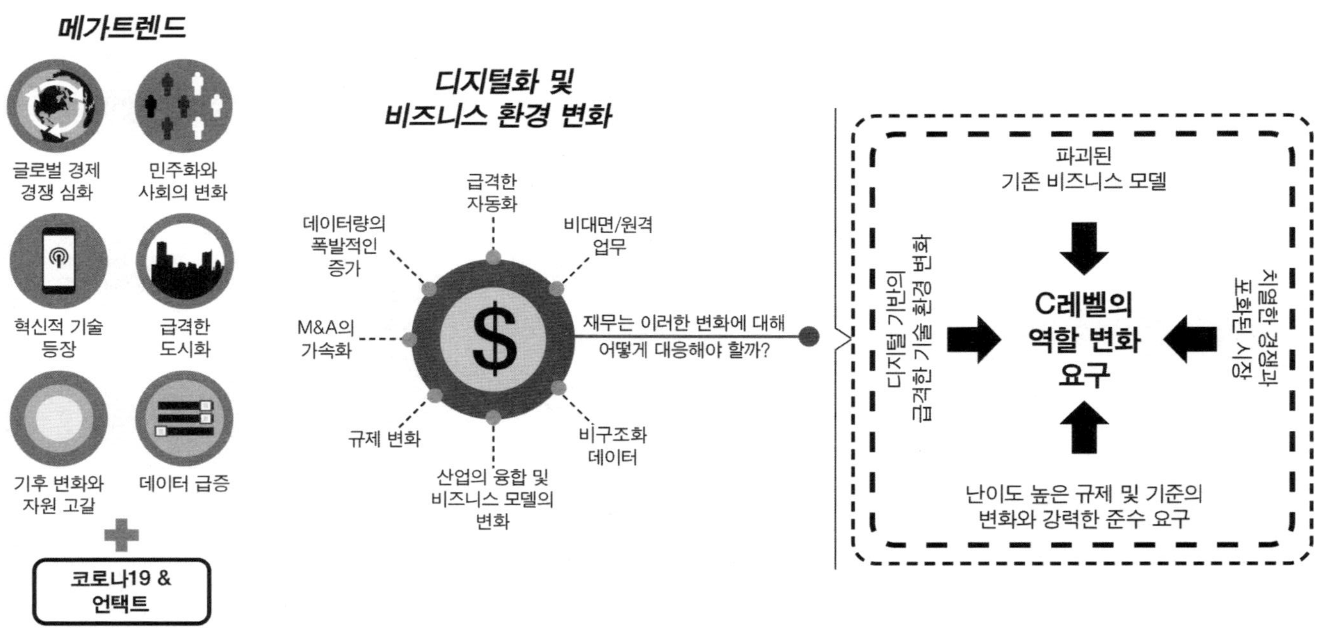

메가트렌드

민주화와 사회의 변화

급격한 도시화

데이터 급증

글로벌 경제 경쟁 심화

혁신적 기술 등장

기후 변화와 자원 고갈

+ 코로나19 & 언택트

디지털화 및 비즈니스 환경 변화

비대면/원격 업무

비구조화 데이터

급격한 자동화

산업의 융합 및 비즈니스 모델의 변화

데이터량의 폭발적인 증가

규제 변화

M&A의 가속화

재무는 이러한 변화에 대해 어떻게 대응해야 할까?

C레벨의 역할 변화 요구

치열한 경쟁과 포화된 시장

파괴된 기존 비즈니스 모델

난이도 높은 규제 및 기준의 준수 요구

디지털 기반의 급격한 기술 활용 증가

변화와 강력한 변화와 강력한

제7장 디지털 전환 리더가 되라   263

변화)되는 등 비즈니스 환경이 변화무쌍해졌다. 또한 새로운 기술과 비즈니스의 출현으로 인해 규제 영역도 계속 변화하며 강화되고 있다. 이러한 환경 변화에서 살아남고 성장하기 위해 기업들은 치열하게 혁신하고, 성장을 위해 M&A를 가속화하는 것과 같이 다양한 노력에 집중하고 있다.

기존 비즈니스 모델은 파괴되고 있고, 기술 환경은 디지털 환경으로 급격하게 변화하고 있으며, 기업과 비즈니스에 적용되는 기준과 규제는 난이도가 점점 높아지고 있고, 그에 대한 준수 요구도 더욱 강력해지고 있다. 이러한 변화의 압력은 기업에서 각 기능 영역을 담당하고 있는 C레벨C-level 경영자의 역할을 변화시키고, 최고경영진으로서 변화와 적응 노력을 통해 혁신하도록 하고 있다.

여러 변화 중 기술 환경의 디지털 전환이 가장 중요하게 이야기되고 있다. 기업에서 가장 많은 영향을 받고 있는 기능은 영업, R&D, 구매, 제조 등과 같이 외부의 고객이나 생태계 주체들과 직접 접촉하며 업무를 수행하는 비즈니스 프론트오피스front office 영역이다. CFO와 재무 기능 또한 아날로그 시대의 역할을 뛰어넘어 디지털 전환에 필요한 새로운 역할을 수행하고 관련 역량을 발휘하여 비즈니스 프론트오피스와 사업을 효과적으로 지원해야 한다.

이러한 변화는 CFO와 재무조직에게는 선택사항이 아니라, 동시에 수행해야 할 필수적인 변화다. CFO와 재무조직의 주요 역할은 외부의 이해관계자에게 경영실적 정보를 투명하고 신속하게 제공하고, 내부의 경영진에게 경영 의사결정에 필요한 정보를 적시에 제공하며, 리스크를 줄이고 효율성을 높여 업무를 수행하는 것이다. 그러므로 CFO는 기업이 기술 환경의 변화에 대응할 수 있도록 디지털 전환을 충분히 검토해, 전사적으로 활용 효과를 높이는 조언자이자 촉진제가 되어야 한다. 이를 통해 다양한 이해관계자의 요구를 충족하는 동시에 기업가치 증대와 성장에 기여할 수 있기 때문이다.

이번 장에서는 CFO가 '디지털 전환 리더'의 역할을 어떻게 수행하고 디지털 전환 업무를 어떻게 추진할지 그 방향과 업무혁신 사례, 즉 최신 디지털 적용 사례use case를 살펴본다.

디지털 전환 리더로서의 CFO의 역할 _____

CFO는 기업의 비즈니스 성과창출 지원, 프로세스 효율화, 리스크 관리 및 컴플라이언스 준수와 같은 중요한 업무를 수행한다. 이들 업무는 지금도 유효하다. 그러나 다양한 기술과 빅데이터big data 분석을 통해 기업의 경영자들과 의사결정자들이 경영 의사결정을 좀 더 효율적이고 효과적으로 실행할 수 있도록 지원하거나 실행을 독려하는 것이 최근의 가장 중요한 CFO의 역할 변화 중 하나라는 것 또한 부정할 수 없다.

CFO는 사업에 필요한 의사결정을 효율적이고 효과적으로 실행하기 위해서 최신 디지털 기술에 대해 이해해야 하고, 그 기술이 회사의 프로세스에 어떻게 적용되고 활용될 수 있는지 충분히 학습해야 한다. 그래야 디지털 기술을 활용하여 업무를 혁신하고 변화시킬 수 있기 때문이다.

디지털 전환이 CFO와 재무조직에 미치는 영향 _____

디지털 전환의 가속화에 따라 CFO가 조직 내에서 수행하는 역할도 변화하고, 또 증가하고 있다. CFO는 재무에 집중한다는 기존의 역할을 뛰어넘어 다양한 디지털 기술을 통해 회사를 고객과 시장에 연결하여 비즈니스를 선도하는 역할도 수행해야 한다.

디지털 전환과 혁신은 많은 기업의 CEO와 경영진에게 실행해야 할 최우선 과제 중 하나가 되고 있다. 디지털 혁신 과제들을 기업의 특정 조직이 아닌 전사 차원에서 성공적으로 수행하고자 한다면, CFO는 실제 비즈니스 업무를 수행하는 조직, CIOchief information officer, 기존 IT조직과 긴밀하게 협력하고 협업해야 한다. 그뿐만 아니라 그와 관련된 예산과 비용을 집행하기 위한 기준을 디지털 전환에 맞춰 새롭게 정립해야 한다.

성공적인 디지털 전환을 위해서는 예산 통제 관점의 ROI에 대한 판단도 중요하지만, 관련 투자를 적극적이고 선제적으로 실행할 수 있도록 새로운 기준도 마련해야 한다. 이를 위해 CFO와 재무조직은 기술에 대한 이해와 더불어 기술 적용 시 얻을 효과에 대해 배워야 한다. 넓은 맥락에서의 디지털 혁신과 인프라 및 운영비용을 검토하고, IT 및 혁신 조직과 함께 다양한 디지털 영역의 IT 예산에 대해 검증할 수 있는 도구를 준비해야 한다.

CFO는 CIO 및 각 조직의 디지털 혁신 목표에 맞춰 디지털 전환 투자의 방향을 결정하고, 그 초점을 기업의 수익과 성과를 향상시키고 리스크를 줄이는 데 맞춰야 한다. 이를 통해 디지털 전환에 대한 조직 전반의 구체적인 요구 사항을 파악할 수 있고, 타당한 실행 로드맵을 수립하여 우선순위에 따라 실행할 수 있다.

의사소통은 모든 업무 진행에서뿐 아니라 사내 관계에서도 핵심이다. CFO는 회사의 여러 관련 조직이 디지털 전환과 관련해 투명하게 소통할 수 있게 해야 하며, 디지털 전환 목표와 기대치를 현실적으로 설정할 수 있도록 잘 협의하고 조정해야 한다.

재무조직의 디지털 전환 효과

CFO가 전사 관점에서 성공적인 디지털 전환을 이끌기 위해서는 당연히 재무조직이 수행하는 업무에도 디지털 기술을 적용하여 선도하는 노력이 필요하다. 그렇게 하려면 기존의 업무 영역과 시간 투입 변화는 불가피하다.

이전에는 재무조직이 통제나 일상적인 재무 오퍼레이션과 같은 기본 역할에 대부분의 시간을 투입했다면, 앞으로는 부가가치가 상대적으로 낮은 일상적인 거래 업무는 디지털 기반의 자동화 프로세스로 대체하여 재무 구성원의 시간 소비를 최소화해야 한다. 그래야 영업이나 제조와 같은 일선 비즈니스 활동을 효과적으로 지원하여 최적화할 수 있고, 리스크를 최소화하며, 경영진의 비즈니스 의사결정을 지원할 수 있는 통찰을 제공하는 데 더 많은 시간을 할애할 수 있기 때문이다.

이처럼 CFO가 혁신이나 디지털 전환 이니셔티브*를 주도하는 경우, 재무조직의 디지털 전환 정도와 성숙도는 그 주체로서 전사 차원의 디지털 리더 역할을 수행하는 CFO의 역할과 수행 결과를 평가하는 척도가 되기도 한다. 다른 업무 영역에 비해 재무 프로세스는 상대적으로 복잡하고 노동 집약적이며 세부 내용에 더욱 집중하는 영역으로 디지털 전환의 효과가 더 큰 영향을 미치기 때문이다. 그러므로 CFO는 다양한 디지털 기술을 재무조직과 확대된 업무에 적용하여 자동화·지능화하고, 조직 간 폭넓은 협업 체계를 구축해 회사의 생산성을 높이고 가치창출에 기여해야 한다. CFO와 재무조직은 디지털 전환을 통해 다음과 같은 세 가지 혜택을 누릴 수 있다.

---

* 특정한 문제 해결, 목적 달성을 위한 새로운 계획이나 주도적인 활동.

정확성의 향상

많은 현대 기업은 여러 복잡하고 다양한 시스템을 사용하여 데이터를 등록·입력하고, 의사결정에 필요한 정보를 정교하게 산출·분석한다. 이때 다양한 분석 모델이 사용되며, 데이터가 처음부터 얼마나 정확하게 입력되고 모델이 얼마나 정교한지에 따라 산출된 보고서나 정보의 정확성이 영향을 받는다.

각 조직에서 입력하고 재무조직에서 확인하는 다양한 데이터에는 기본적으로 오류 가능성이 상존하며, 특히 '인적 오류human error'가 그러하다. 일반적으로 사람은 100단계당 약 10개의 오류를 범하기 때문에 정보 산출과 분석 모델을 구동하는 데이터에는 종종 오류가 포함되곤 한다. 단일 데이터의 입력 오류라도 결과는 크게 왜곡될 수가 있다. 재무조직에서 분석하는 데이터의 양이 많을수록 데이터의 최초 입력 오류 가능성도 높아지며, 데이터 입력 실수는 회계나 재무상의 오류를 넘어 경영 의사결정의 오류로까지 확대될 수 있다. 그러므로 CFO와 재무조직이 디지털 전환을 위해 올바른 프로세스와 솔루션을 선택하고 경영 의사결정에 적합한 모델을 구축해 적용할 경우, 정보의 정확성이 향상되고 경영에 필요한 경영진의 의사결정도 정확한 정보와 분석에 기반해 이루어질 수 있다.

업무 효율성 및 속도의 증가

자동화 솔루션을 적용하여 디지털 전환을 하는 경우, 회사의 기존 시스템과 외부 시스템이 에이피아이API: application programming interface를 통해 연동되어 작동한다. 또한 조직 구성원들이 업무를 직접 수행할 경우 제공해야 하는 휴식 시간이나 다운타임downtime이 필요하지 않다. 사람과 달리 자동화 솔루션은 연중무휴로 작동하므로 사람이 한다면 완료하는 데 몇 주가 걸리던 것을 빠르게 완료하거나, 사람이 수행하기 어려운 작업을 새롭게 해낼 수 있다.

예를 들어 구매 거래처에 대한 대량의 지불 데이터를 다루어야 할 경우, 데이터량이 너무 많아 구매 담당자들은 중복지급 여부를 확인하고 검증하는 것이 어려웠다. 이때 재무조직은 자동화 도구를 사용해 별도의 담당자를 둔 것과 동일하게 다양한 거래처의 지불 데이터를 검증하고 예외나 이상 사항을 모니터링할 수 있다.

재무 구성원의 사기 향상

정확성, 업무 효율성 및 속도에 미치는 영향도 중요하지만, 디지털 전환이 재무조직에 미치는 가장 중요한 영향은 재무 구성원들의 업무 경험과 만족도 개선이다.

재무 구성원들은 부가가치는 상대적으로 낮으나 그 양은 많으며, 수행 시에는 스트레스를 많이 받는 다양한 업무를 매일 수행하고 있다. 예를 들어, 재무 구성원은 최근 중요하게 부각된 내부회계관리제도 감사에 필요한 증빙들을 시스템에서 찾아 내부회계 및 통제 조직과 감사인에게 제공해야 한다. 이 업무는 필요는 하지만 업무량이 많은 단순 업무로, 담당자의 열정이나 의욕을 불러일으키지 못한다. 따라서 담당자들은 이 업무 대신 비즈니스 통찰을 전사적으로 제공해 중요한 의사결정을 지원할 수 있는, 보다 의미 있는 일을 하고 싶어 할 것이다. 증빙과 같은 데이터 가져오거나 내부 이해관계자의 기본적인 질문에 응답하는 것을 디지털 전환으로 자동화할 수 있다. 그러면 재무 구성원은 더 어렵고 가치가 높은 업무에 시간과 에너지를 사용할 수 있다. 나아가, 재무조직은 구성원을 투자를 유치하거나 비즈니스를 더 잘 성장시킬 수 있는 조직으로 전환배치해 활용할 수 있다. 이처럼 디지털 전환은 재무조직과 구성원의 시간을 보다 가치 있게 사용하고, 재무 구성원의 사기를 높일 수 있는 분명한 방법이다.

디지털 전환, 어떻게 할 것인가?

디지털 전환을 성공적으로 진행하고자 한다면, 기업은 디지털 기술을 핵심 업무 영역에 우선 적용하여 모범 사례를 만들어야 한다. 그러면 모범사례 경험과 학습을 통해 디지털 기술과 데이터를 효과적으로 활용하여 프로세스와 업무를 자동화하고 자율적으로 수행되게 할 수 있고, 데이터와 알고리즘을 기반으로 의사결정이 스마트하게 이루어지게 할 수 있으며, 전사 관점에서 협업을 강화하고 리스크를 최소화하는 것을 회사 내부에 확대할 수 있다. 디지털 전환이 전사 차원으로 진행될 경우, CFO는 이를 활용하여 경영과 비즈니스를 보다 효율적efficiency으로 관리하고, 리스크를 더 견고하게 통제control하며, 회사와 비즈니스가 성장할 수 있도록 통찰insight을 발휘할 수 있다.

따라서 CFO는 전사 관점에서 적합한 과제를 도출하고, 핵심이 되는 세 가지 디지털 기술이 각 과제와 업무 영역에 적절히 활용될 수 있도록 디지털 전환을 진행해야 한다. 또한 디지털 전환을 효과적으로 진행할 수 있도록 필요한 조직을 적절히 구성하고, 비즈니스 조직 및 IT조직과 협업하고 협력하여 방향을 설정하고 구현하며 실행해야 한다.

① **스마트한 의사결정을 지원하는 인텔리전스 기술**: 머신러닝machine learning 이나 딥러닝deep learning 기술을 활용해 실시간으로 변경되는 다양한 내외부 데이터를 분석data analytics하여 고객 수요나 경영계획 같은 의사결

그림 7-2

디지털 기술 활용·지원과 CFO의 핵심 역할·기여

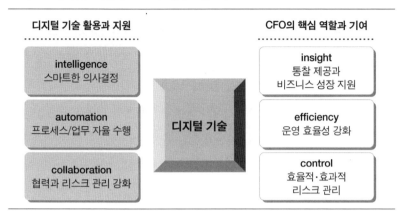

정 관련 정보를 체계적으로 예측한다. 또한 이들 정보를 활용해 시기별 또는 시나리오별로 최적의 대안을 결정할 수 있다.

한 커피 전문기업은 매장에서 판매하는 주요 제품의 고객 수요를 AI를 활용해 예측했는데, 그 정확성을 40% 이상 향상시키고, 자재 폐기량도 최소화할 수 있었다.

② **프로세스 자동화 및 자율 수행을 지원하는 자동화 기술**: RPArobotic process automation, OCRoptical character recognition, 텍스트 분석text analytics과 같은 여러 디지털 기술을 활용하여 업무량이 많거나 반복적으로 수행되어 시간 소요가 많았던 업무 영역을 최대한 자동화하고 자율 수행되도록 프로세스를 재구성한다.

한 물류회사는 RPA 기반으로 배송 아이템을 자동으로 확정하고, 그 결과를 배송 담당 기사에게 발송했다. 이 업무는 10명의 인원이 주말을 포함해 매일 아침 2시간씩 수행했는데, RPA를 적용해 자동화한 결과, 그 인원은 부가가치가 높고 경영에 의미가 큰 분석 업무에 시간을 활용할 수 있었다. 각자의 워라밸work & life balance도 이전보다 훨씬 좋아졌다.

③ **협력과 리스크 관리를 강화하는 협업 기술**: 조직 구성원의 니즈에 맞는 AI 도구와 같은 다양한 디지털 솔루션을 협업 포털로 구축해 제공함으로써, 회사의 구성원 모두가 업무를 효율적으로 진행하고 협업하게 할 수 있다. 예를 들어서 태블릿PC 또는 스마트폰을 활용한 AR_{augmented reality}• 기술을 적용하면, 현장의 업무 수행자와 전문가를 실시간으로 연결하여 전문가의 노하우를 필요한 때 필요한 곳에 전수할 수 있고, 작업 시 발생 가능한 오류나 에러 같은 리스크를 최소화할 수 있다.

한 제조회사는 태블릿PC와 AR 기술을 적용해 제조 라인의 설비 고장에 대응했다. 중앙 통제센터에 있는 전문가는 태블릿PC와 AR 기술을 통해 마치 현장에 있는 것처럼 고장 상황을 직접 파악하고, 현장의 담당자와 커뮤니케이션해 설비 고장을 효과적으로 해결할 수 있었다. 그 결과 설비 고장 대응 인력을 효율적으로 운영할 수 있었고, 고장 리스크도 최소화할 수 있었다.

큰 그림을 그리되 작은 성공부터 차근차근 _____

많은 기업들이 디지털 전환 진행에 어려움을 겪고 있다. 어떤 영역의, 어떤 과제를 대상으로, 어떤 방법론을 적용하여 디지털 전환을 진행할지 정의하고 결정하는 것을 어려워한다. 디지털 전환이 새로운 트렌드이기도 하고, 전사 차원에서 많은 자원을 투입해야 하며, 큰 변화를 수반하는 프로그램

• 증강현실: 실세계에 3차원 가상 이미지 등을 겹쳐 보여주는 기술.

(다양한 프로젝트의 묶음)이라는 성격을 갖고 있기 때문이다. 대규모 프로그램을 진행하기 위해서는, 먼저 이 프로그램으로 달성하고자 하는 목적과 방향을 포함한 '큰 그림big picture'과 이를 진행할 '상세한 추진 계획roadmap'이 수립되어야 한다. 따라서 디지털 전환의 대상이 되는 업무 프로세스, 조직 및 R&Rrole and responsibility, 관련 기술 및 인프라, 거버넌스와 같은 관련된 모든 영역을 종합적으로 고려할 필요가 있다.

많은 기업들이 목적과 기대효과를 면밀하게 검토하거나 명확한 방향을 정하지 않고 디지털 전환을 급하게 추진하다 시행착오를 겪고, 많은 기회비용을 지불한다. 경영진은 프로젝트를 시작하기 전이나 늦어도 진행 중에는 디지털 전환이 완료되면 이를 어떻게 운영할지에 대한 프로세스와 전사적 거버넌스 방향을 설정해야 한다. 그런데 그런 준비 없이 구축 자체에만 집중해 급하게 디지털 전환을 진행할 경우, 실제 운영할 때 성과를 제대로 내지 못하고 실패하거나 실패로 인식될 수 있다. 이런 결과는 전체적 관점이 담긴 디지털 전환의 큰 그림과 상세한 추진 계획이 얼마나 중요한지를 보여준다.

큰 그림과 상세한 추진 계획을 정의한 후에는 이를 바탕으로 각 개별 과제project에 대해 회사 상황에 맞는 최적의 방법론을 적용하는 것이 필요하다. 기업마다 고유의 업무 분위기를 갖고 있다. 그런데 이와 같은 조직문화나 업무 관련 규칙, 프로세스와 같이 디지털 전환의 바탕이 되는 인프라를 탄탄히 다지지도 않고 초기 계획부터 실제 운영까지 모든 과정을 포함해 대규모로 프로젝트를 추진하는 회사가 있는가 하면, 작게나마 실무에 먼저 적용해 보고 성공을 경험한 후에야 이를 확대 적용하는 회사도 있다.

각각 장단점이 있고, 회사의 상황에 맞게 적용하는 것은 대부분의 회사에서는 새로운 업무에 대규모로 투자하는 일이라 리스크가 크기 때문에 의사결정을 내리기 쉽지 않다. 이러한 상황 때문에 성공적인 디지털 전환 이니

그림 7-3

일반적인 디지털 전환 방법론 예시: RPA 사례
많은 기업이 PoC와 Pilot 수행을 통해 성공 체험을 얻은 후 본격적으로 디지털 전환을 추진한다.

디지털 프로세스/기술 도입 전략(approach)

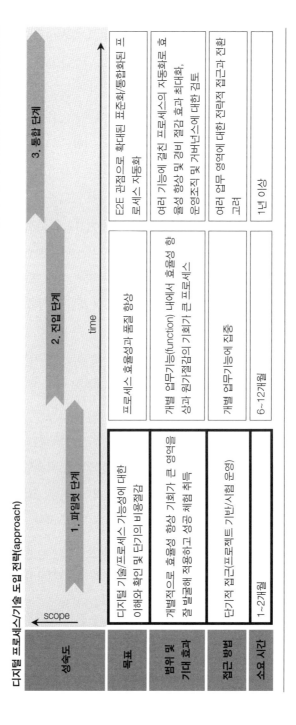

성숙도	1. 파일럿 단계	2. 전입 단계	3. 통합 단계
목표	디지털 기술/프로세스 가능성에 대한 이해와 확인 및 단기의 비용절감	프로세스 효율성과 품질 향상	E2E 관점으로 확대된 표준화/통합화된 프로세스 자동화
범위 및 기대 효과	개별적으로 효율성 향상 기회가 큰 영역을 잘 발굴해 적용하고 성공 체험 취득	개별 업무기능(function) 내에서 효율성 향상 성과 원가절감이 기회가 큰 프로세스	여러 기능에 걸친 프로세스의 자동화로 효율성 향상 및 정비 절감 효율과 최대화, 운영조직 및 거버넌스에 대한 검토
접근 방법	단기적 접근(프로젝트 기반/시범 운영)	개별 업무기능에 집중	여러 업무 영역에 대한 전략적 접근과 전환 고려
소요 시간	1~2개월	6~12개월	1년 이상

서티브 실행은 하나의 거대한 담론이 아닌 개별 과제를 중심으로 점진적으로 실행해 나가는 것이 바람직하다. 즉, 작게 적용해 본 후에 전사적으로 확대하는 것이 보다 효과적인 방법이다. 대규모 프로젝트는 소규모 단위나 단계로 세분화해 각 단위나 단계별로 진행하여 성공 체험을 하면, 조직 구성원 및 C레벨 경영진에게 디지털 전환으로 창출되는 비즈니스 가치를 쉽게 입증할 수 있으며, 일련의 작은 성과를 대규모 디지털 전환을 위한 토대로 활용할 수 있다. 단계별 접근은 조직의 효율성을 높이고, 생산성을 높이며, 기업 구성원과 고객의 경험을 개선해 수익을 증대시키고, 결국에는 디지털 전환 프로그램이 힘 있게 추진될 수 있게 한다.

예를 들어 〈그림 7-3〉의 디지털 전환 방법론의 RPA 적용 사례처럼, 조직 내에서 의미 있는 파일럿 과제 2~3개를 짧은 기간에 성공적으로 적용(ROI 관점과 및 조직 구성원의 변화 관리 측면 모두를 포함한다)하고 나면, 자연스럽게 전사 차원으로 확산해 나갈 수 있다.

디지털 전환 사례

디지털 전환에 앞서가는 기업들이 수행해 효과를 보았던 사례들을 간략히 소개한다. CFO와 경영진은 업무 효율화와 비즈니스 의사결정을 지원하기 위해 디지털 전환을 추진할 때 이를 참고할 수 있을 것이다. 보안 문제 등을 고려해 회사명은 이니셜로 처리하고, 적용 사례도 일부 단순화해 설명하고 있음을 양해 바란다.

[사례연구]

사례 1: 물류 회사의 디지털 기술 적용

글로벌 전자제품 산업 생태계에서 물류를 담당하고 있는 한 회사는 전자제품 제조회사인 고객의 주문을 받으면 그에 따라 각 가정에 주문받은 제품을 배송하고 설치하는 사업을 하고 있다. 이 회사는 규모가 꽤 크고, 상당히 혁신된 시스템과 프로세스를 적용하고 있음에도 불구하고, 고객의 주문 시스템, 회사의 물류 시스템과 ERP 시스템이 완전하게 연동되어 운영되지는 못한 상태였다. 기간계 시스템backbone system을 변경하기가 어렵다는 것과 같이 다양한 이유가 관련되어 있다. 이로 인해 10여 명의 물류 담당자가 새벽 5시에 출근하여 2시간씩 수작업으로 배송 아이템과 경로를 정리하고 확정해야 했다. 회사가 고객 요청에 대응하기 위해 주말 배송까지 하고 있기 때문에, 담당자들은 주말에도 출근해서 이 작업을 해야 한다. 그렇지 않을 경우 배송과 설치 담당자들이 제때 고객 회사로부터 전자제품을 받아 각 가정에 배송하고 설치하는 작업을 할 수 없기 때문이다. 조직 구성원들의 불만과 사기 저하는 상당히 컸고, 회사 입장에서도 시간 외 작업 비용이 계속 지출되고 있었다.

이 업무는 회사의 여러 시스템에서 관련된 정보를 다운로드하고, 사전에 정의된 규칙에 맞춰 데이터를 정리한 후 우선순위에 따라 배송 아이템과 경로를 확정해서 배송 및 설치 담당 기사에게 통보하는 규칙 기반rule-based 업무다. 회사의 CFO와 경영진은 이 업무를 혁신하고자 적용 가능한 디지털 기술을 혁신 담당자들과 함께 검토하면서 'RPA 기술'에 대해 알게 되었다. 마침 RPA라는 업무자동화 도구가 여러 기업들 사이에서 화두가 되고 있었고, 또 기업들에 적용이 확산되던 중이었다. CFO와 경영진은 RPA 기술이 회사의 물류조직이 직면한 현재의 어려움을 해결해 줄 수 있는 좋은 해결책이 될 것이라고 판단했다.

이 회사는 RPA 기술을 도입해서 물류조직의 업무 프로세스 중 수작업이 많아

비효율과 어려움이 많이 발생하던 부분을 해결하고, 구성원들의 '일과 삶의 균형'도 개선했다. 3~4개월 동안 업무를 분석하고 RPA를 구현하여 물류조직의 배송 아이템과 경로를 확정하는 프로세스에 적용한 결과 담당자들이 이른 새벽에 맞춰, 또 주말에 출근하지 않아도 되는 업무 환경을 만들 수 있었다. 이 회사는 해당 업무에 RPA 기술을 적용해 성공한 경험을 토대로 회사의 다른 업무 영역에도 RPA 기술을 확대하여 적용하려 준비하고 있다.

사례 2: 식품 유통회사의 디지털 기술 적용

한 회사는 수백여 개의 식음료 전문 프랜차이즈 점을 운영하고 있으며, 회사에 대한 고객충성도가 아주 높다. 고객에게 판매하는 식음료가 신선식품이라는 특성이 있고, 제품의 종류는 다양하며, 사업운영 방식이 프랜차이즈 형태이기 때문에 매장 수도 많다.

그렇다 보니 각 매장의 식음료와 원재료 폐기량이 계속 줄어들지 않고 있어 경영진에게 큰 고민거리가 되고 있다. 회사는 이를 해결하고자 여러 가지 방법을 사용하여 노력하고 있다. 구매 담당자들이 전년도 데이터나 전월 데이터를 토대로 각 매장별, 제품 종류별 수요를 예측하고자 땀 흘리며, 날마다 엑셀 등 도구를 활용해 원재료 주문 예측량을 산출하고 있다. 그러나 수요 예측 정확도는 50% 수준밖에 되지 않았다. 따라서 정확한 발주량을 관리하기에는 어려움이 많았으며, 다량의 원재료가 폐기되는 어려움은 계속되고 있었다.

2020년에 들어서자 막대한 데이터가 집적되고, 머신러닝(기계 학습)과 같은 AI 기술이 발전하면서, 빅데이터 기반의 수요 예측 알고리즘이 개발되고 고도화되었다. 이 회사도 AI 기술과 같은 기술적 변화와 진보 내용을 접할 수 있었고, CFO와 회사 경영진은 파일럿 프로젝트를 진행해 보기로 결정했다. 아직은 AI 기술에 대한 확신이 없는 상황에서 전면적으로 기술을 도입해 적용하고 이에 맞춰 사업을 운영하기에는 리스크가 상당했기 때문이다. CFO와 경영진은 주요 제품

몇 개에 대해 머신러닝 기반의 알고리즘을 구현하여, 디지털 기술을 작게 적용해 보고 성공을 체험한 후 사업 전체로 확산하자는 전략을 선택했다. 빅데이터 기반의 머신러닝 알고리즘은 데이터가 가지고 있는 다양한 특성을 고려해 제품 수요를 예측할 수 있었다. 회사는 제품의 특성, 계절이나 요일, 점포별 유동인구, 날씨, 프로모션과 같은 수요에 영향을 미칠 수 있는 다양한 요소와 과거 수요 데이터를 활용해 미래 수요의 예측 정확도를 높일 수 있었다.

회사는 기존에 의존하고 있던 수작업 예측과 비교했을 때 파일럿 프로젝트의 수요 예측 정확도가 더 높고, 재고관리 비용도 절감되었음을 확인했다. 이를 토대로 회사는 AI 기반 수요 예측 기술을 다른 제품으로 확대하고, 예측에 필요한 새로운 요인들도 개발하여 알고리즘의 예측력을 지속적으로 높여가고 있다. 그뿐만 아니라 이를 회사의 기간 시스템인 ERP와 연계하여 수요예측 결과에 대응되는 구매 수량을 자동 발주하는 등 디지털 신기술의 비즈니스 활용도를 높여가고 있다.

사례 3: 전자제품 회사의 디지털 기술 적용

한 글로벌 전자제품 제조회사는 고객 대응을 위해 고객대응센터를 운영 중이다. 이 센터에서는 고객의 문의 전화를 받고 응대하는 수많은 상담원들이 근무하고 있다. 상담원은 고객이 전화를 걸어 이야기하는 불만 사항과 요구 사항을 듣고 상담하며, 제품의 고장 내용을 알려주고, 그것을 해결할 수 있는 다른 관련 부서를 연결해 주거나, 수리에 필요한 부품을 제시해 주는 업무를 하고 있다.

수많은 상담사들이 고객 대응과 관련한 업무를 진행하고 있었다. 회사가 제조하고 판매하는 제품 수가 매우 많고, 또 제품과 관련하여 발생할 수 있는 문제 상황도 너무나 다양했기 때문에 상담사들을 아무리 잘 교육하더라도 상담사 개인의 역량이나 자의적 판단에 따라 고객 응대가 달라지는 경우가 많았다. 그래서 고객 요청사항에 대해 정확한 대처가 이루어지지 못한 경우가 종종 발생했고, 고객대응센터에 대한 고객 불만도 종종 접수되었다.

회사는 이를 해결하기 위해 최근 발전하고 있는 디지털 신기술을 활용했다. 그들은 고객과의 대화 내용을 디지털화하고, 이렇게 디지털화된 정보에 담긴 고객의 요청과 불만 사항을 알고리즘을 통해 잘 분류하고 유형화함으로써, 고객 응대와 고장 분류를 표준화했다. 여기에는 사람이 말하는 음성 언어를 컴퓨터가 해석해 그 내용을 문자 데이터로 전환하는 기술(STT speech to text), 기계가 자연어를 이해하고 해석하여 처리할 수 있도록 하는 기술(NLP natural language processing), 챗봇chatbot과 같은 디지털 기술이 활용되었다.

회사는 이러한 혁신 과정을 통해 결과적으로 제품 수리에 필요한 부품 등의 추천 정확도와 고객만족도를 높일 수 있었다. 또 디지털 전환 활동을 통해 상담원들과 다른 구성원들의 업무 효율을 높일 수 있었을 뿐만 아니라 고객대응센터와 관련된 고객 경험도 개선하고 회사 제품과 브랜드에 대한 고객충성도를 높일 수 있었다. 회사는 고객대응센터의 디지털 전환으로 얻은 작은 성공 경험을 확산시키고자 알고리즘을 개선하여 고객응대 속도와 정확성을 높이고 있으며, 그 적용 범위와 대상을 넓혀가고 있다.

• •

이러한 구체적인 사례 이외에도 여러 가지 아이디어를 적용해 기업은 업무 효율을 높이고, 비용을 절감하는 것과 같은 다양한 효과를 경험하고 있다. 예를 들어 '프로세스 마이닝process mining' 기술을 통해 회사의 프로세스 비효율이나 컴플라이언스 위반 사항을 쉽게 파악할 수 있다. 머신러닝 및 데이터 분석을 통해서는 물류 이동 경로와 선적·하역 경로를 추적 및 최적화하여 비용을 절감하고, AR·VR과 같은 가상현실 기능을 활용함으로써 제조 현장 인력을 교육하고 효율적으로 협업할 수 있게 하는 등 다양한 영역으로 디지털 적용이 확대되고 있다.

CFO는 디지털 전환의 리더로서 다양한 사례들을 참조해 회사에 적용 가능하고 효과가 높은 디지털 전환 비즈니스 사례가 무엇일지 계속해서 고민해야 한다.

디지털 전환 체크 포인트

다음은 최근 몇 년간 디지털 전환을 추진하는 기업과 전문가들이 가이드로 삼고 있는 체크 포인트다. 리더로서 디지털 전환을 추진할 경우 이와 같은 사항을 반드시 검토해야 한다.

- **목표와 적용 시나리오**: 디지털 전환도 결국 기업의 성장과 효율화를 지원하는 경영 방법론 중 하나다. '어떤 고충을 해결하기 위한 것인가'라는 디지털 전환 목표와 비즈니스 적용 시나리오 선정이 가장 중요하다.
- **디지털 데이터**: 디지털 전환에서 가장 중요한 요소는 데이터다. 기업 내부·외부의 데이터를 잘 수집·관리하고 분석할 수 있는 체계를 만드는 것이 중요하다.[2]
- **조합과 활용에 초점**: 특정 기술에 종속되지 않으면서도 비즈니스 문제를 해결하기 위해 적절히 활용할 수 있는 다양한 기술을 조합해 적재적소에 사용하라.
- **작은 시작, 빠른 적용**: 작게 시작하라. 실패를 두려워하지 말고 '애자일 agile 접근법'을 사용해 업무에 신속하게 적용한 후, 전사적으로 적용할 최적의 방법을 찾아라.
- **디지털 역량**: 기업 구성원의 디지털 숙련도를 높여 디지털 역량과 문화를 내재화하는 것이 중요하다.

- **인프라**: 신기술 및 이를 활용할 수 있는 기반 인프라를 갖추는 것 또한 전사 확산 시 ROI와 운영 안정성 측면에서 고려해야 할 중요 요소다.

디지털 전환을 추진할 때 CFO나 경영진이 이들 체크 포인트를 중점적으로 검토해서 필요한 의사결정을 한다면 디지털 전환은 성공적으로 이루어질 수 있고 그 효과도 충분히 누릴 수 있을 것이다.

✱　　✱　　✱

자기평가

마지막 장에서는 저자들이 몇 가지 결론을 제시한다. 그러나 가장 가치 있는 기여는 CFO 스스로 해보도록 권고하는 자기평가 훈련self-assessment exercise 이다. 두 가지 버전이 있는데, 첫 번째는 공개질문 목록list of open questions으로, 이 책에서 제시한 CFO의 속성을 전반적으로 생각해 볼 수 있도록 도와준다. 두 번째는 척도가 포함된 짧은 자기평가 목록으로, 현재 상태를 점수로 평가해 볼 수 있다. 현재 점수를 알면 계속 발전하기 위해서 다음에 해야 할 일이 무엇인지 알 수 있다. 재무 분야에서 이제 막 경력을 쌓기 시작했든, 다음 역할이 CFO가 될 가능성이 높든, 아니면 CFO로서 경험이 풍부하든 간에 제시된 자기평가를 통해 생각해 볼 만한 내용을 발견할 수 있을 것이다. 그것이 경력의 다음 단계를 수행하는 데 도움이 될 것이다.

제8장

진단하고 질문하라

CFO의 최우선 과제는 가치가 어떻게 창출되고 파괴되는지 이해하는 것이다. 글로벌 금융위기가 발생한 이유는 은행의 리더들이 가치가 어떻게 창출되는지 볼 수 있는 안목을 상실했기 때문이다. 그들은 기업 활동을 통해 가치를 창출하고 있다고 생각했지만, 한 일이라고는 단지 리스크를 이리저리 퍼 나르는 것이 전부였다.

_ 앨리스터 윌슨,[1] 언스트앤영 파트너

기준이 너무 높은가?

지금까지 내용을 보면서, 기준을 너무 높게 설정하고 있다고 생각하지는 않았는가? 이런 기준을 달성한 모범적인 CFO는 있을 수 없는가? 그렇지 않다. 몇몇 CFO는 실제로 그렇게 한다. 바로 그들을 인터뷰해 이 책의 내용이 완성되었다. 하지만 그 기준은 얼마나 달성 가능한가?

구글의 CFO인 패트릭 피체트Patrick Pichette[2]는 이것을 재무 기능 전반에 걸쳐 달성할 수 있다고 생각한다.

구글은 매우 뛰어난 역량을 가진 인재를 지속적으로 확보하고 보유하고자 애쓴다. 그 결과, 그런 인재들은 구글에서 매우 흥미로운 업무를 하게 될 것이라고 기대한다. 그래서 자연스럽게 재무예측 업무를 하기 원하는 인재들을 확보한다. 그러면 그들은 이 일, 즉 재무예측 업무를 단 하루만 사용해 미친 듯이 할 것이다. 그리고 나서 그들은 나머지 4일은 핵심 비즈니스를 재창조하고, 사실 기반의 깊이 있는 분석을 통해 핵심 통찰을 찾는 데 미친 듯이 사용할 것이다.

흥미롭지 않은가? 재무조직 전체가 '숫자 다루는 일'을 미래가치 창출에 대부분의 시간을 보낼 수 있도록 하는 데 필요한 것으로 간주한다. 그것도

3영업일 만에 장부를 마감하고 결산할 수 있는 회사가 말이다. 또한 이들은 전담 인수합병 조직을 갖고 있으며, 인수를 통해 성장하기 때문에 대처해야 할 인수 회사의 기존 시스템도 상당히 많다. 그 회사들이 마주한 현실은 다른 회사들에게도 그렇게 먼 것이 아니다.

리버티아프리카의 CEO인 버나드 카톰파는 CFO 시절에 스스로에게 기대를 가졌었고, 회사의 현재 CFO에 대해서도 똑같은 기대를 갖고 있다. "CFO는 비즈니스 전체를 볼 수 있는 시야를 가져야 한다. 숫자 계산만 하지는 말라. 대신, 정보 관리자가 되어 그 숫자와 그 숫자가 어떻게 산출되는지 근본을 이해하라. 비즈니스 전체를 이해해 비즈니스를 운영하는 경영진이 더 효율적으로 일할 수 있도록 하라."

UBM의 CFO인 밥 그레이도 같은 생각이다. 그는 제1장에서 "CFO로서의 내 역할은 가치동인을 통해 숫자로 비즈니스를 추진하는 것이다"라고 말했다. 여러분은 CFO로서 얼마나 가치 지향적이고 비즈니스 전체를 보는 시야를 가지고 있는가? 다음은 첫 번째 자기평가 도구로, 스스로를 점검해 볼 수 있을 것이다.

CFO의 자기평가

가치 경영자가 되라

일정표와 달력을 보라. 어떻게 시간을 보내고 있는가? 전술적 긴급 업무는 얼마나 되는가? 재무의 다양한 측면을 예리하게 다듬는 데 얼마나 시간을 사용하고 있는가? 어떻게 가치를 더 잘 보호하고 창출할 수 있는지를 찾기 위해서 말이다. 회의에 참석하는 시간은 얼마이고, 관계 형성을 위해 보내는 시간은 얼마인지 그 둘을 비교해 보는가? 외부 동료들과 학습하고 공유하는 데 얼마나 많은 시간을 할애하고 있는가?

CFO로서 자신의 배경을 살펴보고, 부록에 제시된 다양한 재무 업무 스펙트럼과 비교해 측정해 보라.[3] 재무에서 처음 접하거나 경험하는 업무는 무엇인가? 현 세대에서 새롭게 배울 점이 있는가? 실무 경험은 고사하고 전혀 해보지도 못한 업무는 무엇인가? 이들 영역에서 통찰력 있는 예리한 질문을 할 수 있다고 얼마나 확신하는가? 모르는 것처럼 보이고 싶지 않아서 주요 리스크 영역을 간과하지 않도록 말이다. 지식 격차가 있는 경우 그 격차를 어떻게 해소할 것인가?

재무 영역 이외의 비즈니스 영역에 대해 CFO로서 얼마나 편하게 의견을 제시하고 개입하는가? 다른 경영진은 조직을 끊임없이 괴롭히는 난해하고 다루기 어려운 문제를 해결하기 위해 얼마나 CFO와 함께 일하며 도움을 주는가?

CFO에게 직접 보고하는 재무 구성원을 살펴보라. 그들은 일정한 전문 분야의 매우 뛰어난 특정 주제 전문가SME: subject matter experts인가, 아니면 다른 분야에서도 폭넓은 호기심을 발전시키고 있는가? 그들은 재무 이외의 영역에서 얼마나 의미 있는 성취를 이루었는가? 특히 다른 기능 영역과 일선 비즈니스 조직에서의 리더십 역할을 말이다. 격차가 보이면 그에 대해 어떻게 하고 있는가?

차세대 재무 리더를 개발·육성하기 위해 무엇을 하고 있는가? 그들을 '기능'이라는 폐쇄성 속에서만 일하도록 하는 데 만족하는가, 아니면 적극적인 개발 프로그램을 가지고 재무에 대한 깊은 기능적 전문 지식과 다른 기능 영역의 본질에 대한 폭넓은 관심 사이에 적정한 긴장을 유지하도록 관리하고 있는가? 재무 전반에 걸쳐 팀워크를 얼마나 적극적으로 촉진하고 있는가? 단지 말로만 하고 있는가, 아니면 적극적인 리더 역할을 하는가?

전략적 리더십을 발휘하라

리더로서의 모습은 어떻게 보여주는가? CFO로서 얼마나 경영진 리더십의 본보기가 되고, 다른 경영진이 더 공격적이라는 이유만으로 얼마나 양보하고 있는가? 다른 경영진이 마지못해 인정하는 것이 아니라, 그들의 신뢰와 존경을 불러일으킬 수 있는 역할 모델 특성을 발휘할 수 있는가? CFO로서 재무조직 구성원을 얼마나 지지·옹호하고 있는가, 혹시 문제를 해결해야 할 경우 그들이 희생양이 될 것이라고 느끼는가? 회사 전반에 걸쳐 CFO로서 존경 자본은 얼마나 높은가? 얼마나 영향력이 있는가? 사람들이 CFO의 개인적인 진실성 및 CFO가 산출해 제공하는 숫자의 무결성을 신뢰하는가?

CFO로서 소통 역량은 어떤가? 숫자와 써놓은 문자에만 집중하고 있는가, 아니면 사람들이 메시지가 전하고자 하는 더 깊은 의미를 이해할 수 있도록 설득력 있고 흥미진진하게 이야기할 수 있는가? 발표와 듣기 기술에 대해 교육을 받은 적이 있는가, 그렇지 않다면 그 이유는 무엇인가? 전달하기 어려운 메시지가 있을 때, 얼마나 절제하는가? 그 메시지로 인해 다른 경영진을 화나게 하고, 그 과정에서 모두를 혼란스럽지 않게 하기 위해서 말이다.

CFO로서 요구되는 독립성을 유지하는 동시에 전략적 비즈니스 파트너가 되려고 노력할 때 직면하는 세 가지 구체적인 딜레마를 고려하라. 무엇이 그것을 딜레마로 만드는가, 그리고 그 사이의 긴장에서 균형을 잡기 위해 무엇을 하고 있는가? 무엇이 가장 가슴앓이하게 만드는가? 스스로에게 솔직히 말한다면, CFO에게 가장 힘든 딜레마는 재무의 세부 사항과는 관련이 거의 없고, 대인관계와 관련이 더 있을 가능성이 높다. 만일 직면한 딜레마 중 그 어느 것도 매우 도전적이지 않다면, 리더가 되기 위해 충분히 노력하지 않고 있다는 의미일 것이다.

CFO로서 네트워크는 얼마나 건강한가? 네트워크를 구축하기 위해 얼마나 많은 시간을 할애하는가? 네트워크는 상당히 피상적인 관계인가, 아니면 문제와 고민을 정직하게 공유할 수 있을 만큼 깊이 신뢰하는 관계인가? CFO로서 동종 업계에서 같은 생각을 가진 사람들과만 소통하고 있는가, 아니면 도전적인 관계와도 소통하고 있는가? CFO로서 네트워크가 충분히 개발되지 않았다면, 이를 해결하기 위해 무엇을 하고 있는가?

CFO로서 잠재적인 이탈 요인을 알고 있는가? 실제로 의미가 있고, 조치를 취하는 데 도움을 준 건설적인 피드백을 마지막으로 받은 것은 언제인가? CFO로서 어떻게 하면 자신의 힘을 조절하고, 또 스스로 과신하지 않고 겸손하게 보임으로써 다른 사람을 짜증나지 않게 할 수 있는지를 아는가? 자신의 신체 언어나 다른 사람들의 언어적 지원이 부족해 이야기하고자 하는 논점에서 벗어난 경우가 있는가? 만일 이 중 어느 것도 실감나게 와닿지 않는다면, 이들 중요한 약점을 보이게 해줄 전문가에게 도움받는 것을 고려해 보았는가?

프로세스 관점으로 관리하라

프로세스 매핑과 관리에 대한 실제 경험이 얼마나 되는지 생각해 보라. 프로세스를 매핑하는 데 필요한 것이 무엇인지 구별할 수 있는가? 프로젝트를 계획하는 데 사용되는 간트 차트Gantt chart와는 다르다. 회사의 프로세스에 대해 어떻게 이야기하고 있는지 생각해 보라. '자동 실행'을 지원하고 있음에 대한 생색내기인가, 아니면 비즈니스의 본질에 대해 명확히 이해하고 헌신하는 것인가?

재무의 각 주요 기능 영역에서 하나 또는 두 가지 핵심 프로세스를 얼마나 알고 있는가? 이들 각 기능 영역의 리더는 자신의 프로세스에 대해 어떻게 이야기하는가? 각각의 리더는 자신의 프로세스를 모니터링하고 개선하기 위해 무엇을 준비하고 있는가? CFO로서 이러한 일에 대해 리더를 어떻게 인식하고 그들에게 보상하는가?

재무조직이나 다른 조직의 아웃소싱 서비스 제공업체와 상당한 시간을 보낸 적이 있는가? 아웃소싱 업체들에게 규모는 크고 다양성은 낮은 프로세스를 어떻게 관리하는지 알려달라고 요청했는가? 이들 아웃소싱 프로세스를 방해하는 요인은 무엇이고, 프로세스가 중단될 때 그것을 관리하기 위해 아웃소싱 업체들이 어떻게 일하는지, 또 그 프로세스를 어떻게 개선하는지와 관련해 무엇을 배웠는가? 이 영역에서 재무 구성원들에게 동기부여를 할 수 있는 방법이 무엇인지 아웃소싱 업체로부터 배울 수 있는가?

규모는 작고 다양성은 큰 프로세스 영역 중 하나를 선택하라. 이런 영역의 재무 리더들과 협력해 목표와 원하는 결과를 제대로 얻을 수 있는지, 얼마나 많은 부가가치를 원하는 만큼 창출하는지, 이 프로세스를 제대로 관리하는 데 필요한 리소스는 얼마나 되는지 결정할 수 있는가? 그것도 실제로 프로세스를 실행하고 모니터링하기 전에 말이다. 이 프로세스를 지속적으로 개선하기 위해 분기별 목표 설정 규칙을 적용할 수 있는가?

재무의 각 기능 리더에게 문제를 일으키는 프로세스를 파악하도록 요청하라. 각 리더들은 자신의 프로세스를 제품-프로세스 스펙트럼에 표시하고, 어떤 프로세스가 요구 사항에 비해 너무 경직되어 있거나 지나치게 유연한지 파악할 수 있는가? 프로세스 흐름을 얼마나 조정해야 하는지, 자동화가 더 많이 필요한지 아닌지, 프로세스에 관련된 작업은 제대로 정의되어 있는지를 논의하기 위해 그들과 함께 작업할 수 있는가?

통제 기능을 견고하게 구축하고 유지하라

통제에 대한 태도는 어떤가? 원하는 결과를 얻기 위해 시스템의 입력을 다룰 수 있을 만큼 깊은 지식과 전문 지식이 있는가, 아니면 통제가 상당히 재미없는 것이거나 비즈니스에서 성공하는 데 필요한 창의성을 제한하는 것이라고 보는가? 이러한 매우 개인적인 태도를 무의식적으로 다른 경영진과 재무조직 구성원에게 얼마나 전파하고 있는가? '통제가 중요하다'는 말 이상의 것을 할 수 있고, 이렇게 중요한 CFO의 역할에 대해 신뢰할 수 있는 지지자가 될 수 있는가?

실제로 얼마나 많은 개인 시간을 통제 피라미드의 기본인 내부통제, 시스템과 프로세스를 이해하면서 보냈는가? 이러한 영역의 취약점이 운영분석, 사업보고, 전략계획의 무결성을 어떻게 훼손하는지 경영진에게 설명할 수 있는가? 내부통제, 시스템과 프로세스 전문가는 전략계획 수립자와 동등하게 경영진의 관심과 인정을 받고 있는가?

경영진이 회사 전반에 걸쳐 통제 지지자가 되도록 얼마나 지원하는가? 경영진은 진실성의 롤모델인가, 아니면 말로만 그렇게 하고 실제로 자신이 관여할 때는 '나만의 예외적인 방법special approaches'을 사용하는가? CFO로서 기본적인 통제 실패로 인해 발생할 수 있는 자금세탁money laundering이나 테러자금 조달terrorist financing과 같은 외부 리스크에 경영진을 얼마나 노출시켰는가?

회사나 재무조직에서 모니터링 시스템과 개입 지점을 포함해 프로세스의 투입, 운영, 산출을 구성하는 단순한 통제 프로세스를 구축할 수 있는가? 책상을 벗어나 실제 현장에서 일상적으로 운영되는 프로세스를 모니터링하고 개입할 수 있도록 얼마나 준비되어 있는가? 주요 프로세스를 설계하고 모니터링하는 데 CFO로서 개인적으로 상당한 시간을 할애하고 있는가?

프로세스 관리에서 개발한 기술을 목표가 모호하거나 결과를 측정할 수 없는 활동에도 사용할 수 있는가? CFO로서 판단적 통제나 정치적 통제를 얼마나 자신 있게 발휘할 수 있는가?

리스크 관리를 심화하고 확산하라

시간이 지남에 따라 문제가 발생하는 통제 프로세스의 내재적 리스크를 파악할 수 있는가? 이러한 리스크 중 더 중요한 리스크에 대해 어떤 조치를 취했는가? 리스크 가능성을 줄이기 위한 예방 조치와 그 영향을 줄이기 위한 완화 계획이 있는가?

회사가 리스크를 파악하고 평가하는 프로세스의 특성을 평가해 보았는가? 그 프로세스가 완전히 상향식인가, 하향식인가, 아니면 둘 다 포괄하고 있는가? 회사와 업계 외부에서 발생한 리스크 사건에서 학습한 내용이 포함되어 있는가? 가능성은 낮으나 영향은 큰 리스크를 얼마나 잘 파악할 수 있는가?

리스크 관리 접근 방식을 뒷받침하는 기본 전제를 얼마나 깊게 검토했는가? 리스크 방지 계층이 어떻게 실패할 수 있는지, 리스크 완화 계획이 필요할 때 예상한 만큼 사용하지 못할 수도 있다는 것을 적극적으로 고려하는가?

재무 리스크 관리를 넘어 비즈니스 리스크 영역으로 얼마나 자신 있게 전환할 수 있는가? 직관적인 우려 사항을 날카로운 질문으로 바꿔서 리스크 노출의 핵심에 이르게 할 수 있는가? 그리고 비즈니스 리더와 논의를 계속할 수 있는가? 그가 세부 사항에 대해 더 잘 알고 있고 전반적으로 서열이 더 높을 수도 있지만 리스크에 대해서는 인식이 덜한 경우에 말이다.

리스크 예방과 완화 계획이 회사의 적절한 조직 수준으로 단계적으로 전파되고 있으며, 이들 활동의 효과를 모니터링할 수 있는 실제 프로세스가 있는가? 리스크 복구와 학습 프로세스가 얼마나 구축되어 있는가, 또한 이를 통해 회사는 시간이 지남에 따라 지속적으로 리스크 관리 역량을 구축할 수 있는가?

투자를 통해 가치가 성장하게 하라

CFO가 진정한 비즈니스 파트너로 평가받고 있는지, 아니면 CFO와 재무조직이 심판이나 치어리더와 같은 중요도가 덜한 역할에 머물고 있다고 평가받고 있는지 솔직한 평가를 하고 있는가? 이러한 파트너십에 의해 가치를 보호하고 창출하는 구체적인 예를 CFO와 회사가 설명할 수 있는가? 이 질문이 CFO가 관리해야 할 많은 이중성의 핵심이기 때문이다. 그렇다면 대략적이더라도 이 가치를 실제로 수치화할 수 있는가?

CFO로서 재무 전반에 걸쳐 비용과 투자를 관리하기 위한 전략이 있는가, 아니면 넉넉한 예산에 의존하거나 무분별한 비용절감의 희생양이 되고 있는가? 재무 관련 비용을 확실히 관리하고 있고, 재무가 제공하는 서비스 포트폴리오를 변경함으로써 비용과 서비스 관계를 어떻게 변화시킬 수 있는지 검토하는가? 비용 제약의 세상에서, 인플레이션을 이길 수 있는 방법과 최고의 벤치마크를 찾을 수 있는가? 전체는 아니더라도 주요 비용 영역 중 일부에서 말이다.

숫자를 넘어 다른 사람들이 지지하는 투자 프로젝트를 자세히 살펴보고, 회사가 이를 실현할 수 있는 역량을 갖추고 있는지 확인할 수 있는가? CFO로서 투자 프로젝트가 진정으로 회사의 전략을 발전시키는지 판단할 수 있고, 투자가 잘못될 경우 어떤 영향과 리스크가 있는지 설명할 수 있는가? 투자 제안에 실물옵션 가치real option value가 포함되어 있는 경우 회사 경영진이 이를 이해하도록 도와줄 수 있는가?

정말 중요하고 규모가 큰 투자 결정에 얼마나 적극적으로 참여하고 있는가, 진정한 이사회 구성원으로 행동하는가, 아니면 계산과 컴플라이언스에 더 집중하는가? 투자 목표를 추구하는 동시에 한 걸음 물러서서 목표가 추구할 만한 가치가 있는지 확인하는 역량을 개발했는가? 그리고 프로젝트나 거래가 성사된 후 투자 가치가 실제로 실현되도록 재무조직을 이끌 수 있는가? 재무조직을 위해 현명한 마케팅 접근 방식을 개발했는가, 아니면 회사의 다른 경영진이나 구성원들이 재무의 가치를 스스로 인식하기를 조용히 바라고 있는가? 다른 경영진에게 재무조직이 기여한 것과 관련해서 언급할 정말 중요한 서너 가지 내용은 무엇인지 생각해 놓았는가? 그리고 그 사실을 효과적으로 제시할 수 있는 방법을 찾았는가? 그래야 경영진이 정중한 척 묵인하고 넘어가는 대신 열광적으로 긍정할 수 있기 때문이다.

디지털 전환 리더가 되라*

최신 디지털 기술의 변화를 보라. CFO로서 '디지털 전환'이 경영에 미치는 영향을 평가하고 있는가? 최신 디지털 기술을 활용하여 회사의 비즈니스 혁신을 이끌며, 사업의 경쟁력이 향상될 수 있도록 영향력을 얼마나 발휘하고 있는가?

변화하고 있는 사업 환경에서 데이터, AI, 클라우드와 같은 최신 디지털 기술을 활용하여 비즈니스 프로세스를 혁신하고 있는가? 그것이 회사가 장기적으로 성장하면서도 수익성을 내고, 가치를 창출하며 유지하는 데 도움이 되는가? CFO로서 그것을 이끌고 있는가? 재무조직은 얼마나 많은 시간을 디지털 전환을 얼마나 수용하고, 그것을 활용하여 혁신하며, 성과를 창출하고 있는가? 거기에 시간을 얼마나 할애하고 있는가?

디지털 기술의 내재화하고 혁신에 적합한 플랫폼과 생태계를 구축해 회사에서 혁신이 신속하게 이루어질 수 있도록 하는가? 디지털 전환으로 환

---

* "디지털 전환 리더가 되라"는 원저자의 허락 아래 번역자들이 추가한 것이다.

경 변화를 민첩하게 인식하고 대응할 수 있는가? 다양한 디지털 기술과 데이터 분석을 활용하여 CEO와 경영진이 효율적으로 의사결정하고 실행할 수 있도록 하여 실행 결과가 효과적일 수 있도록 지원하고 있는가? 업무를 수행하는 조직, CIO 및 IT조직과 긴밀하게 협력과 협업을 하고 있는가? 디지털 전환에 맞춰 예산과 비용 집행 기준을 새롭게 정립하고 있는가? 디지털 전환과 관련하여 큰 그림과 상세한 계획은 충분히 검토하고 수립하는가? 디지털 전환 관련 조직과 R&R, 기술과 인프라, 거버넌스는 종합적으로 고려하는가? 디지털 전환에 참고하고 효과를 높일 수 있는 사례들을 조사하고 어떻게 적용할지 고민하고 있는가?

CFO를 위한 20가지 질문

위의 대화식 담론과 질문을 사용하는 것이 좋은데, 이는 의도적으로 자극받을 수 있고, 각각의 질문에 맥락적 의미를 추가할 수 있기 때문이다.

다음은 숫자를 좋아하는 사람들을 위해 마련한, 스스로 채점이 가능한 더 짧은 자기평가 도구다. 자신의 것을 완성해 보고, 재무 구성원 중 가장 재능 있는 한 명에 대해서도 평가해 보라. 즉, 이 질문들을 통해 확장된 역할에서 CFO가 얼마나 뛰어난 역량이 있는지뿐만 아니라 재무 구성원을 CFO만큼 뛰어난 역량을 갖출 수 있도록 개발·육성하고 있는지도 알 수 있다. 어떤 질문이든 3점 미만이라고 평가했다면 즉시 관심을 가져야 한다.

다음 질문에 대해 1(낮음)에서 5(높음)까지 점수를 매겨 평가하기

① 기본 업무를 수행하기 위해서 긴급 업무에 소요되는 시간을 최소화할 수 있는가?   1   2   3   4   5

② 부록에 제시된 재무의 책임 스펙트럼을 얼마나 잘 다루고 있는가?   1   2   3   4   5

③ 재무 내외부의 CFO에 대한 존경 자본은 얼마나 강력한가?   1   2   3   4   5

④ 파워포인트 없이도 훌륭한 소통가인가?   1   2   3   4   5

⑤ 씨름하고 있는 상위 3가지 딜레마가 무엇인지 [이름을] 말할 수 있는가?   1   2   3   4   5

⑥ 경영진으로서의 길에서 벗어나게 만드는 이탈 요인을 알고 있는가?   1   2   3   4   5

⑦ 재무의 상위 3개 프로세스를 알고 있고 그것을 그릴 수 있는가?   1   2   3   4   5

⑧ 핵심 프로세스를 규모-다양성 스펙트럼에 배치할 수 있는가?   1   2   3   4   5

⑨ 요구 사항에 비해 너무 경직되어 있거나 지나치게 유연한 프로세스를 파악해 필요한 조치를 할 수 있는가?   1   2   3   4   5

⑩ 회사의 통제 시스템과 프로세스를 얼마나 잘 이해하고 있는가?   1   2   3   4   5

⑪ 기본 통제에서 전략적 통제에 이르기까지 관리해야 하는 광범위한 통제 범위를 이해하고 있는가?   1   2   3   4   5

⑫ 견고한 통제를 통해 창출한 가치를 명확히 할 수 있는가?   1   2   3   4   5

⑬ 회사의 주요 리스크를 파악하기 위한 상향식·하향식 프로세스가 있는가?   1   2   3   4   5

⑭ 회사의 내외부에서 발생하는 리스크 사건에서 얼마나 잘 배우고 있는가?   1   2   3   4   5

⑮ 재무 리스크뿐만 아니라 비즈니스 리스크도 관리할 수 있는가?   1   2   3   4   5

⑯ 재무를 비즈니스처럼 운영하고 있는가?   1   2   3   4   5

⑰ 비즈니스 조직 경영진과 나란히 앉아서 회사가 실행해야 할 투자에 대해 동등한 목소리를 의견을 내고 있는가?	1	2	3	4	5
⑱ CFO로서 회사와 업계 외부의 네트워크는 얼마나 잘 구축되어 있는가?	1	2	3	4	5
⑲ 차세대 재무 리더를 얼마나 잘 개발·육성하고 있는가?	1	2	3	4	5
⑳ 디지털 전환을 얼마나 잘 준비·대응하고 있는가?	1	2	3	4	5

결론

CFO가 훈련하고 지적 능력을 쌓는 것이 경영정보에 대한 비즈니스 조직의 지속적인 요구 증가에 발맞추려고 안간힘을 쓰는 것보다는 경력에 더 도움이 되는 것은 분명하다. CFO가 그 역할을 막대기로 여러 개의 접시를 돌리는 것 같은 역할에서 전략적 비즈니스 파트너 역할로 전환하기를 기대한다.

최종적인 말은 CFO로부터 듣고 싶다. 제2장에서는 진실성의 중요성에 대해 이야기했다. 진실성은 언제나 리더들에게 중요했다. 재무 리더에게는 진실성이 그 어느 때보다 중요하다. 모두를 위해 숫자를 담당하는 사람들을 신뢰할 수 없다면, 미래에 대한 강력한 기반은 있을 수 없다.

CFO들에게 행운을 빈다.

UBM의 CFO인 밥 그레이는 이렇게 말했다. "가장 중요한 것은, 우리의 일은 우리의 원칙에 기초해야 한다는 것이다. 이는 옳고 그름의 문제다. IFRS 3을 준수하느냐의 문제가 아니다."

APPENDIX: 재무 스펙트럼

제1장에서는 CFO가 담당하는 재무책임의 범위에 대해 살펴보았다. 이러한 광범위한 책임을 재무 스펙트럼이라고 설명했다.

여기서는 재무 스펙트럼에 포함되는 직무의 포괄적인 내용[1]을 살펴본다. CFO가 책임지거나 CFO가 관여하는 활동 목록이다. CFO가 책임을 지는 경우, 이러한 업무 흐름은 CFO에게 보고된다. CFO가 관여하는 경우는, 일반적으로 재무조직 구성원들이 그 업무를 수행하기 때문이며, 그들의 경력이 발전한 때에도 재무조직으로 복귀하는 경우가 많기 때문이다.

모든 재무조직의 업무가 이와 같이 구성되는 것은 아니며, 재무조직마다 약간 업무 내용이 다를 것이다. 그럼에도 요점은 이것이 상당히 인상적인 재무 업무의 범위라는 것이다. 이는 21세기 CFO의 광범위한 재무책임 범위를 보여준다.

재무회계, 통제 및 보고	• 아웃소싱 서비스 관리
	• 셰어드서비스 관리
	• 회계 시스템 IT 관리
	• 총계정원장 회계
	• 연결회계
	• 재무 규제 준수를 위한 내부통제와 제도
	• 권한 위임 관리
	• 회계정책
	• 외부 보고를 위한 재무제표와 법정 신고서 작성

	• 외부 감사인과의 회의 및 설명 • 재무 규제 준수
경영·관리 회계 및 보고	• 비용·원가 통제회계 • 프로젝트 관리회계 • 성과단위 분석 및 보고 • 사업부LOB: Line of Business 분석 및 보고 • 조직별·지역별division 분석 및 보고 • 전사 수준의 분석 및 보고 • 예측 분석 및 보고
내부감사	• 전사적 리스크 관리ERM: enterprise risk management 프로세스 준비와 모니터링 • 자산과 전사 수준의 내부통제 평가
자금관리	• 전사 재무구조 • 현금의 조달과 사용 계획 • 전사 및 합작 투자에 대한 장단기 차입금 포트폴리오 관리 • 프로젝트와 구조화 금융structured financing • 지분 관리: 자사주 매입 및 신규 발행 • 현금관리: 수금, 지불, 단기투자 • 은행 관계 관리 • 신용 분석 • 연금 및 확정기여형 퇴직연금* 관리

....

• 　미국의 '근로자 퇴직소득보장법' 401조 K항에 규정된 확정기여형 기업연금으로, '401(k)'
　　라고도 불린다.

- 보험 및 대체위험전가ART: alternative risk transfer 관리

- 부동산 관리

- 통화 관리

- 리스 실행 및 관리

리스크 관리

- 리스크 관리 위원회의 조정과 운영

- 재무 리스크 관리 프로세스 및 내용 판단

- 경영진에게 주주의 리스크 관점을 분명하게 전달

- 전사 리스크 책임자의 권한과 경계 지정

- 시장, 신용, 운영, 재무 리스크 관리 도구와 수단의 무결성 보장

투자자와 미디어 관계 관리

- 분기 및 연간 실적 설명

- 주요 투자자와의 교류

- 연차보고서 작성

- 애널리스트 회의

- 무역, 산업, 다른 기관에 대한 공개 프레젠테이션

- 정부와의 회의 및 옹호 활동

세금 관리

- 세무회계

- 세금 보고

- 세금 계획 및 실제 세금 최적화

- 조세 옹호 및 분쟁 해결 활동

투자분석

- 프로젝트 평가

- 사업부 평가

- 자본 할당(배분)

전략계획	• 경쟁사 분석
	• 고객 분석
	• 제품/서비스 분석
	• 포트폴리오 분석
	• 시나리오 분석
	• 이사회, 투자자, 재무·금융 관련 언론에 프레젠테이션 및 커뮤니케이션

딜 성사	• 신사업 개발
	• 자금조달 및 세금 옵션 평가
	• 인수, 합작투자, 제휴, 매각 거래 등을 위한 협상
	• 딜 성사 후 변화 관리

합병, 인수 및 매각	• 대상 분석과 평가
	• 통합 및 분리

조정과 통합	• 재무 기능 간 협력(회계, 세무, 자금, 감사, 인수합병)
	• 전문 재무 인력의 배치 및 개발

감사의 글

저자인 우리는 수년 동안 다양한 조직의 CFO 및 재무 전문가들과 각자가 독립적으로 교류해 왔다. 2008년 한 팀으로 협력해 일하기 시작하면서부터 사업부와 사업단위 CFO 및 다른 재무 전문가들이 현재의 회사에서 그들의 폭넓고 보다 근본적인 역할을 이해할 수 있도록 지원하기 위해 경영진 교육 프로그램을 만들기 시작했다. 이 팀에 함께한 사람은 BP에서 여전히 경영진으로 일하고 있는 데이비드 네이글David C. Nagel, CFO였으며 현재는 재무와 전략에 대해 교육하고 자문하는 롭 리퍼트Rob Lippert, 워윅경영대학교 Warwick Business School의 오퍼레이션operations 교수인 나이절 슬랙Nigel Slack, 듀크CEDuke Corporate Education의 집행이사이며 25년 동안 리더십을 가르치고 있는 리즈 멜런Liz Mellon 이렇게 네 명이다.

2009년 어느 날 나이절 슬랙은 "재무 역량과 프로세스, 리더십 역량 통합이라는 매우 새로운 영역을 개척하고 있는데, 이와 관련해 책을 써보는 게 어떻겠는가?"라고 말했다. 이 질문은 좋은 질문이 얼마나 힘이 있는지 보여 주었으며, 그 결과가 바로 이 책이다.

우리는 이 작업이 올바른 길로 가고 있다는 것을 확인해 준, 또 우리의 아이디어가 풍성해지도록 자신들의 의견을 인용할 수 있게 허락해 준 CFO들과 재무 전문가들에게 감사를 전한다.

- 젠팩Genpact의 CFO 모힛 바티아Mohit Bhatia
- HSBC 회장이자 전 CFO 더글러스 플린트Douglas Flint
- UBM의 CFO 밥 그레이Bob Gray

- 리버티아프리카Liberty Africa의 CEO이자 전 CFO 버나드 카톰파Bernard Katompa

- 런던비즈니스스쿨London Business School의 학장이자 전 CFO 앤드류 리키어먼Andrew Likierman

- 언스트앤영Ernst & Young의 파트너 앨리스터 윌슨Allister Wilson

우리는 또한 대화를 자극해 우리의 사고에 도전하고 발전시켜 준 수백 명의 CFO와 재무 전문가에게 감사를 전한다.

BP의 두 동료인 앤드류 그랜트Andrew Grant와 셸리 이스턴리들리Shelley Easton-Leadley는 그 과정에서 내내 도움과 지원을 주었다. 뛰어난 듀크 네트워크의 구성원 중 한 명인 마틴 애서Maarten Asser와 사이먼 카터Simon Carter는 좋은 친구로, 특정 주제에 대해 우리의 사고를 확장할 수 있게 도와주었다. 마지막으로, 프라이스워터하우스쿠퍼스PricewaterhouseCoopers의 파트너이자 우리를 자린 파텔Zarin Patel에게 소개해 준 마크 도슨Mark Dawson은 BBC에서 CFO를 맡고 있다. 자린은 이 책의 서문을 써줄 만큼 배려심이 뛰어난 사람이다.

코건페이지출판사Kogan Page의 편집자 이안 홀스워스Ian Hallsworth는 놀라울 만큼 우리를 지지해 주었고, 도움을 아끼지 않았다. 그는 가장 점잖은 방식으로 우리가 제대로 갈 수 있도록 해주었다.

이 책을 쓰는 것은 즐거운 일이었다. 우리 네 사람은 아이디어에 대해 토론했고 걱정도 했으며, 결과적으로 여러 차례 '유레카eureka'를 외칠 순간들을 맛볼 수 있었다. 글 쓰는 여정 중에 우리 중 한 명은 뇌진탕을 겪기도 하고 자녀 중 하나가 성대한 결혼식을 하는 등 저술 작업에 영향을 주는 여러 어려움이 있었지만, 이 모든 것을 극복하고 마무리할 수 있었다. 우리는 이 저술 작업을 좋아하고 또 중요하다고 생각한다. 여러분도 그렇게 생각해 주길 기대한다.

역자의 글

경영을 통해 기업의 가치를 창출하고 보존하며 성장하게 하는 것은 기업 경영자의 책무라 할 수 있다. 경영은 조직을 통해 협력하여 가치를 더하는 일이기 때문이다. 그런데 횡령 같은 다양한 형태의 사고들이 기업과 공공기관에서 발생해 조직의 가치를 잠식하거나 무너뜨리는 일들이 최근 빈번하게 언론에 보도되고 있어, 기업 경영 최전선에서 치열하게 활동하고 있는 경영자들, CFO와 재무조직을 낙담시키고 힘들게 하는 것 같다. 이런 일들은 경영자들에게 기업 경영의 결과뿐만 아니라 그 과정과 목표를 돌아보게 하며, 특히 경영에서 가치관리를 담당하는 CFO에게는 큰 압박이 되고 있다.

기업 현장에서 다양한 경영진, CFO와 재무 구성원들을 만나 경영과 관련한 복잡한 여러 이슈들을 함께 고민하고 적합한 해결책을 찾아 적용하는 일을 오랫동안 해온 역자들은 경영자와 CFO가 느끼는 압박감을 충분히 공감한다. 그래서 보다 효과적인 조언과 큰 그림을 제공해 줄 수 있는 방법을 늘 고민한다. 비즈니스 현장 경영진과 구성원들이 기업 전체를 아우르는 시각을 갖고 비즈니스 활동을 수행할 수 있도록 효과적으로 지원하여 가치창출에 기여해야 하는 CFO와 재무조직에게는 특히 더 그러하다. 일선 비즈니스 현장의 경영진과 구성원들은 CFO와 재무조직이 감시자나 숫자만을 관리하는 귀찮은 사람과 조직이 아니라 회사 내부의 비즈니스 파트너가 되어 전사 차원에서 가치를 창출하고 높이는 협력자가 되기를 기대하기 때문이다. 따라서 CFO와 재무조직은 재무 본연의 역할을 수행할 뿐만 아니라, 비즈니스에 대한 통찰과 관련 역할을 효과적으로 수행해야 하고, 그에 필요한 역량을 개발하고 발휘해야 할 것이다.

이 책은 경영진, 리더로서 CFO에게 그런 역량을 어떻게 개발·발전시킬지 알려주고, 가치를 보존할 뿐만 아니라 창출할 수 있는 CFO로서 가치 경영자가 될 수 있게 하는 지침서가 될 것이다. 또한 이 책은 재무의 역할 중 리더십, 관계 설정, 커뮤니케이션과 같은 소프트 역량, 프로세스 관리, 통제 기능, 리스크 관리 및 투자 관리에 이르기까지 기업 내 재무 역할을 잘 수행할 수 있도록 하는 중요한 역량, 재무 전략부터 운영까지의 전반에 대해 체계적으로 접근할 수 있도록 내용이 구성되어 있다. 여덟 가지로 정리하여 다루고 있는 내용들, 즉 가치 경영자가 되는 것, 전략적 리더십을 발휘하는 것, 프로세스 관점으로 관리하는 것, 통제 기능을 견고하게 구축하고 유지하는 것, 리스크 관리를 심화하고 확산하는 것, 투자를 통해 가치가 성장하게 하는 것, 디지털 전환 리더가 되는 것, 리더로서 CFO와 재무업무에 대해 진단하고 질문하는 것은 결론적으로 'CFO는 가치 경영자가 되어야 한다'는 조언으로 축약할 수 있다. 저자들의 실제 경험과 더불어, 비즈니스 현장에서 오랫동안 CFO로서 역할을 하고 더 나아가 최고경영자와 회장의 자리에까지 오른 경영진이 이 책에서 밝히는 조언은 CFO가 그 역할을 가치 경영자로 확대하는 데 실질적인 도움이 될 것이다. 그러한 도움을 통해 기업이 더욱 성장하고 발전할 수 있도록 경영진과 비즈니스를 지원할 수 있고, CFO와 재무조직도 비즈니스의 지원자, 선도자, 견제자, 균형추로서 역할을 할 수 있을 것이다.

업무로 바쁜 와중에도 서로 협력하여 번역 작업을 마무리할 수 있었고, 저자와 협의하여 허락을 받아 디지털 전환digital transformation 관련 내용을 제7장에 추가했다.

독자가 CFO라면, 이 책은 일상적이고 장기적인 여러 상황에 대해 적용할 수 있는 지침서로 활용될 뿐만 아니라 재무조직을 발전시키는 통찰을 제공할 수 있도록 도와줄 것이다. 그리고 재무조직의 일원으로 향후 CFO로 성장하기를 바라는 사람이라면, 이 책이 지금까지 여러분이 쌓아온 다양한 기능적인 것 이상의 새로운 관점을 볼 수 있도록 도와줄 것이라 기대한다.

이 책이 치열한 경쟁 환경하에서 각 기업들의 생존 및 성장을 위해 노력하는 경영진, CFO와 재무조직 구성원들에게 조금이나마 도움이 되길 바란다.

2022년 10월

최준걸·송준달·최승옥·김유나

각 장의 주

서문

1 이 책에서는 타이코(Tyco)와 엔론(Enron) 같은 나쁜 사과와 여러분이 알고 있는 다른 이 야기들 중 일부를 인용한다.
2 정말로 이것이 중국의 속담인지 아닌지는 아무도 모른다. 이에 가장 가까운 중국 속담은 실제로는 '혼란의 시대에 사람이 되는 것보다 평화로운 시기에 개가 되는 것이 낫다'라고 이야기한다.

제1장 가치 경영자가 되라

1 이 책은 영국의 재무보고 이론과 실무를 다룬다. 회계기준 전체와 1995년 회사법 및 증 권 거래소의 관련 요구 사항에 대한 실질적인 분석과 해석을 제공한다.
2 Certified Public Accountant, Chartered Accountant and Master of Business Admin-istration.
3 Peter McLean and Carolyn Eadie, *The Global 50: Perspectives of leading CFOs*. 오래 전인 2003년에 조사기관 스펜서스튜어트(SpencerStuart)는 비평가이자 경찰이라는 수동 적인 CFO의 전통적 역할이 바뀌었다고 주장했다. 이들은 새로운 CFO는 재무, 회계, 자 본 구조 분야의 전문가로 활동하는 동시에 사업운영에 통찰과 지식을 제공하는 중요한 역할을 하면서 매우 영향력이 있어야 한다고 생각했다. 이들은 CFO가 재무 결과를 책임 지고 다른 최고경영진과 함께 있다는 것을 가정할 때, CFO는 기업의 탁월성을 위해 중 요한 조언자이자 적극적인 옹호자가 되어야 한다고 말했다.
4 Tibor Gedeon, Karel Pobuda, Andrzej Maciejewski and Robert Nowakowski. From *CFO to CEO: Route to the top*(Chicago, IL: SpencerStuart, 2009.12).
5 〈It Ain't What You Do(It's Way That You Do It)〉는 재즈 뮤지션 사이 올리버와 트루미 영이 작곡한 칼립소(Calypso) 곡이다. 1939년 지미 룬체포드(Jimmie Lunceford), 해리 제임스(Harry James), 엘라 피츠제럴드(Ella Fitzgerald)가 처음 녹음·발표했다.

제2장 전략적 리더십을 발휘하라

1 Marcus Buckingham and Curt Coffman, *First, Break All Rules: What's Great Managers Do Differently* (New York: Simon & Schuster business books, 1999).
2 Charles Hampden-Turner, *Corporate Culture: from Vicious to Virtuous Circles* (London: Hutchinson, 1990).

3   Bob Kaplan and Rob Kaiser, *The Versatile Leader: Make the Most of Your Strengths without Overdoing it(J-B US Non-Franchise Leadership)* (Hoboken, NJ: Wiley & Sons, 2006.5).

4   위키피디아(Wikipedia)는 블랙-숄스(Black-Scholes) 모형이 금융시장의 수학적 모델이라고 설명한다. 1973년 피셔 블랙(Fischer Black)과 마이런 숄스(Myron Scholes)가 옵션과 기업 부채 가격결정(The Pricing of Options and Corporate Liabilities)이라는 논문에서 이 모델을 처음 제시했다. 그들은 시간 경과에 따른 옵션의 가격을 결정하는 블랙-숄스 방정식을 도출했다. 파생상품의 핵심 아이디어는 기초자산을 올바른 방식으로 사고파는 것을 통해 옵션을 완벽하게 헤지함으로써 결과적으로 '리스크를 제거'하는 것이었다.

5   Jay A. Conger, *Winning 'Em Over: A new model for managing in the age of persuasion*(New York: Simon & Schuster, 1998).

6   미국의 전 대통령 로널드 레이건(Ronald Reagan)은 '위대한 커뮤니케이터(great communicator)'라고 불렸다. 그의 연설문 작가 중 한 명은 레이건은 전화번호부도 재미있게 읽을 수 있다고 이야기하기도 했다. 레이건은 사람들이 알 수 있는 은유를 사용했다. 예를 들어 그는 자신의 첫 시정연설에서 은유를 사용했는데, 엠파이어스테이트 빌딩 옆에 1조 달러 지폐를 쌓아두는 것으로 비교해 설명했다.

7   Chip Heath and Dan Heath, *Made to Stick: Why some ideas take hold and others come unstuck*(Charleston, SC: Arrow Books, 2008)[칩 히스·댄 히스, 『스틱: 1초 만에 착 달라붙는 메시지 그 안에 숨은 6가지 법칙』, 안진환·박슬라 옮김(서울: 엘도라도, 2009)].

8   Albert Mehrabian, *Nonverbal communication*(Il, Chicago: Aldine-Atherton, 1972). 물론 다른 좋은 이론과 마찬가지로 논거와 반론이 있다[Antonietta Trimboli and Michael B. Walker, "Nonverbal dominance in the communication of affect: A myth?" *Journal of Nonverbal Behavior*, Vol.11, No.3(1987), pp.180~190]. 직접 사용해 보라. '숫자는 옳다'와 같은 간단한 문장을 선택해서 먼저 미소 짓고 자신 있게 말하라. 그리고 나서 얼굴을 찌푸리고 떨리는 목소리로 말해보라. 어떻게 말하는 것이 가장 설득력이 있는가?

9   Liz Mellon, *Inside the Leader's Mind: Five Ways to Think Like a Leader*(Hoboken, NJ: FT Prentice Hall, 2011).

10 하버드 비즈니스 스쿨의 명예교수인 크리스 아지리스(Chris Argyris)는 '학습조직(learning organizations)' 분야에서 획기적인 연구 성과를 낸 것으로 알려져 있다. 그는 '추론의 사다리(ladder of inference)' 개념, 즉 사실을 받아들이고 해석하는 방법이라는 개념을 발명했다. 동일하거나 다른 사실에 접근할 때 우리의 해석은 다른 사람의 해석과 다를 것이기 때문에 우리는 서로 다른 그 해석을 기반으로 논쟁할 것이다. 호기심을 갖고 다른 사람의 해석과 그 해석이 어디에서 왔는지 궁금해 하는 것이 최종 합의에 이르는 바탕이다.

11 Robert M Sapolsky, *Why Zebras Don't Get Ulcers*(New York: W. H. Freeman, 1994).

12 Michael E. Porter, *Competitive Strategy: Techniques for Analyzing Industries and Competitors*(New York: The Free Press, 1980)[마이클 포터, 『마이클 포터의 경쟁전략: 경쟁우위에 서기 위한 분석과 전략』, 조동성 옮김(파주: 21세기북스, 2008)].

13 BRIC은 브라질, 러시아, 인도, 중국 4개국을 가리키는 약어다. 골드만삭스(Goldman

Sachs)의 짐 오닐(Jim O'Neill)이 2001년 "Building Better Global Economic BRICs"라는 논문에서 만든 용어로, 선진 7개국(G7)에서 경제력이 이동하는 상징으로 사용된다. 역사적으로 여러 차례 세계 강대국이었던 그들이 다시 부상하고 있다는 의미에서 '소위' 신흥 경제 강국(emerging economies)이다. 오늘날에는 N11(차기 신흥 경제 강국)에 대해 더 자주 이야기한다. 비즈니스 중심이 서구에서 동쪽으로 이동하고 있다는 것에는 보편적으로 동의한다.

14 1997년에 팬저(Panzar)와 윌링(Willing)은 범위의 경제(economies of scope)를 비용절감 수단으로 사업 범위를 늘려 제품 라인을 늘리는 것으로 설명했다. 이를테면 더 넓은 제품 범위에 걸쳐 마케팅 비용을 분산하는 것과 같다. 규모의 경제(economies of scale)는 하나의 제품 또는 서비스 라인에서 더 큰 규모로 생산이 증가할 때 비용을 절감하는 것이다.

15 마틴 애서(Maarten Asser)는 딜레마 해결의 과정에 대해 수년 동안 연구하고 그 과정에 대해 발표했다[Fons Trompenaars and Maarten Nijhoff Asser, *The Global M&A Tango* (Oxford, UK: Infinite Ideas, 2010)]. 그는 이 부분에 대해 조언해 주었다.

16 데이비드 메이스터 등이 어떻게 이러한 역할을 해낼 수 있는지에 대해 조언해 주었다. David H. Maister et al., *The Trusted Advisor*(New York: Simon & Schuster, 2000).

17 Frank Broer, Rainer Kiefer and Anish Melwani, "How finance departments are changing," *McKinsey Quarterly*(Seattle, WA: McKinsey & Company, 2009) https://www.mckinsey.com/business-functions/strategy-and-corporate-finance/our-insights/how-finance-departments-are-changing-mckinsey-global-survey-results(검색일: 2022.2.9).

18 David L. Dotlich and Peter C. Cairo, *Why CEOs Fail*(Hoboken, NJ: Jossey-Bass, 2003).

19 19a: Hogan, R. and J. Hogan, *Hogan Development Survey manual*(Tulsa, OK: Hogan Assessment Systems, 1997); 19b: Hogan, R., and Hogan, J. "Assessing leadership: A view of the dark side," *International Journal of Selection and Assessment*, No.9(2001), pp.40~51.

20 Jeremy Hope, *Reinventing the CFO* (Brighton, MA: Harvard Business School Press, 2006)[제러미 호프, 『CFO의 새로운 역할』, 조영균·문홍기·장형석 옮김(파주: 한울, 2011)].

21 히스 로빈슨(Heath Robinson)은 끈과 실링 왁스로 고정되어 기적적으로 작동하는 기이하고 멋진 기계를 묘사한 것으로 유명한 예술가였다.

22 Earnst & Young, *The DNA of the CFO: A study of what makes a chief financial officer* (London: Ernst & Young, 2010).

23 1990년 당시 대통령이었던 프레데릭 빌렘 드 클러크(Frederik Willem de Klerk)는 아파르트헤이트를 종식시키기 위한 협상을 시작했고, 협상은 1994년 다인종 민주주의 선거에서 최고조에 달했다. 이 선거에서 넬슨 만델라가 이끄는 아프리카민족회의(African National Congress)가 승리했다.

24 아랍의 봄(Arab Spring)은 아랍 세계에서 일어난 혁명적인 시위와 불복종 운동의 물결을 의미한다. 2010년 12월 18일부터 튀니지와 이집트에서 혁명이 일어났고, 내전으로 리비아 정권이 무너졌으며, 바레인과 시리아, 예멘에서는 시민 봉기가 일어났다. 이스라엘,

알제리, 이라크, 요르단, 모로코, 오만에서는 대규모 시위가 일어났으며, 쿠웨이트, 레바논, 모리타니, 사우디아라비아, 수단, 서사하라에서도 소규모 시위가 일어났다.

제3장. 프로세스 관점으로 관리하라

1   다음 문헌의 정의에 따른 것이다. N. Slack, Alistair Brandon-Jones, Robert Johnston and Alan Betts, *Operations and Process Managemenent*(3rd ed.)(London: Financial Times, Hoboken, NJ: Prentice Hall, 2012).

2   크레이그 위넷 P&G 부회장 겸 CLO(Chief Learning Officer)의 발언. 2011년 5월 9일 영국 런던에서 열린 성공을 위한 혁신(Innovate to Success) 컨퍼런스.

3   Tom Lester, "Understanding Shared Services," *Fianacial Times*, September 8, 2006.

4   해킷(Hackett).

5   Exult Inc., *Exult corporate report*(Irvine, CA: Exult, 2010).

6   위키피디아는 전사적자원관리 시스템(ERP: enterprise resource planning)이 조직 전체에 걸쳐 내부 및 외부 경영정보를 통합한다고 신뢰할 수 있게 제시한다. ERP 시스템은 통합 소프트웨어 애플리케이션을 통해 이 활동을 자동화한다. EFP 시스템의 목적은 조직의 경계 내에 있는 모든 비즈니스 기능 사이의 정보 흐름을 촉진하고 외부 이해관계자와의 연결을 관리하는 것이다.

7   제품-프로세스 매트릭스의 최초 아이디어는 헤이즈(Hayes)와 윌라이트(Wheelwright)가 1984년 와일리(Wiley)에서 출판한 *Restoring Our Competitive Edge: Competing Through Manufacturing*이라는 책에서 제시되었다. 이것은 그들이 제시한 아이디어의 최신 버전이다.

8   엔지니어들은 심리학자들이 구성원에게 동기부여하는 아이디어를 도입하기 훨씬 전에 조직이라는 주제에 손을 댔다. 프레더릭 테일러(Frederick Winslow Taylor)는 산업의 효율성을 향상시키고자 했던 미국의 기계 엔지니어였다. 테일러는 과학적 관리론의 아버지로 알려져 있으며, 최초의 엔지니어링 컨설턴트 중 한 명으로, 1800년대 후반 베들레헴 철강(Bethlehem Steel) 및 여러 기업에서 뛰어난 생산성 향상을 이루었다.

제4장. 통제 기능을 견고하게 구축하고 유지하라

1   그리스 신화에 나오는 물건인 이 상자는 사실 판도라에게 주어진 커다란 항아리였으며, 세상의 모든 악을 담고 있었다. 신이 주신 호기심이 너무 강해서 판도라는 상자를 열고 말았고, 세상에는 악이 퍼졌다.

2   Abraham H. Maslow, "A Theory of Human Motivation," *Psychological Review*, Vol. 50, No. 4(1943), pp. 370~396. 획기적인 이론을 제시한 심리학자 에이브러햄 매슬로(Abraham Maslow)는, 인간은 생존 욕구와 신체적 안전 욕구 같은 기본적인 욕구가 일단 충족되어야만 사회적 네트워크를 형성하고, 창의적이 되는 것과 같은 더 고차원적 욕구를 열망할 수 있다고 제안했다. 지금은 욕구의 계층 구조라는 개념이 일부 심리학자들에 의해 도전받고

있지만, 이는 인간의 다른 동기를 구별하는 단순한 수단으로서 여전히 인기가 있다.

3 더 자세한 내용은 인베스토피아 홈페이지(investopidia.com)를 참조하라.

4 메몰룩스(Memolux)의 임원이자 헝가리 내부감사인협회 회원인 여노시 이버뇨시(Janos Ivanyos)의 "ISO 15504 Conform Internal Financial Control Assessment"를 수정한 것이다.

5 이 표준화된 접근법의 중요성은 이 장의 앞부분에 열거된 SOA(Sarbanes-Oxley Act)와 다른 법률로 성문화되었다.

6 IIA(Institute of Internal Auditors)는 2008년 1월, 『SOA 섹션 404: 내부통제 실무자에 대한 관리 지침(SOA 404: A Guide for Management by Internal Controls Practitioners)』 제2판을 발간해 내부통제 프로세스에 대한 철저한 관리 방법을 제공했다.

7 핵심성과지표(key performance indicators).

8 사실, 이탈과 자칫하면 사고가 될 수도 있었던 실수에 주의를 기울이는 것은 정상 궤도로 돌아가 통제를 유지하는 데 중요한 부분이다. ≪하버드 비즈니스 리뷰(Harvard Business Review)≫ 2011년 4월호에 실린 캐롤라인 틴슬리(Caroline Tinsley), 로빈 딜런(Robin Dillon), 그리고 피터 매드슨(Peter Madsen)의 「재앙을 피하는 방법(How to Avoid Catastrophe)」을 참조하라.

9 2010년 로렌스(Lawrence), 미뉴티메짜(Minutti-Mezza), 그리고 비아스(Vyas)가 쓴 「재무보고에 대한 내부통제와 오퍼레이션에 대한 내부통제 사이의 관계: 개인정보 보호 위반의 증거(Relation between Internal Control over Financial Reporting and Internal Control over Operations: Evidence from Privacy Breaches)」. 이것은 데이터 침해와 오퍼레이션 및 재무 통제 부족이 야기하는 결과에 대한 탁월한 연구다.

10 2008년 4월 18일 UBS가 작성한 주주보고서는 UBS 홈페이지(www.ubs.com)에서 확인할 수 있다.

11 2008년 연차보고서의 주주 서한.

12 Bertil E., Chappuis, Aimee Kim and Paul J. Roche, "Starting up as CFO," *The McKinsey Quarterly*(2008.3), p.1, https://www.mckinsey.com/~/media/McKinsey/ Business% 20Functions/Strategy%20and%20Corporate%20Finance/Our%20Insights/Starting%20u p%20as%20CFO/Starting%20up%20as%20CFO.pdf(검색일: 2022.2.9).

13 Earnst & Young, *The DNA of the CFO: A study of what makes a chief financial officer* (London: Ernst & Young, 2010).

14 Anthony Goodman, "Why do so few CFOs become CEOs?" *Financial Times*, June 1, 2010, pp.13~20. https://www.ft.com/content/9f9e7758-6d5d-11df-bde2-00144feabdc0(검색일: 2022.2.9).

15 Gerard H. Hofstede, "Management Control of Public and Not-for-Profit Activities," *Accounting, Organizations and Society*, Vol.6, No.3(1981), pp.193~211.

16 ≪비즈니스 위크(Business Week)≫ 2002년 1월 14일 자.

17 www.pg.com에서 확인할 수 있다. Procter and Gamble. 2009. *Designed to Lead: P&G 2009 Annual Report*(Cincinnati, OH: Procter and Gamble), p.30, https://s1. q4cdn.com/695946674/files/doc_financials/2009/4e8e42a6-a038-965c-f6d1-f03e29054 d92.pdf(검색일: 2021.12.17).

18 2009년 프록터앤갬블의 연차보고서에는 CEO 밥 맥도널드(Bob McDonald)와 CFO J. R.

묄러(J. R. Moeller)가 서명한 「재무보고에 대한 경영진의 책임(Management's Respon-sibility for Financial Reporting)」이라는 섹션이 포함되어 있다.

제5장. 리스크 관리를 심화하고 확산하라

1 Earnst & Young, *The DNA of the CFO: A study of what makes a chief financial officer* (London: Ernst & Young, 2010).

2 Philip Babcock Gove(ed.), *Webster's New International Dictionary, Second Edition Unabridged*(Spring Field, MA: Merriam-Webster, 1935).

3 후쿠시마 제1 원자력 발전소 사고는 2011년 3월 11일 발생한 도호쿠(東北) 지진과 쓰나미에 이어 후쿠시마 제1 원자력 발전소에서 발생한 일련의 설비 고장, 노심 용융, 방사성 물질의 누출이다. 후쿠시마 원전 사고는 1986년 체르노빌(Chernobyl) 원전 사고 이후 가장 큰 규모의 원전 사고이지만, 다수의 원자로(reactors)와 사용 후 핵연료 저장고 (spent fuel pools)가 관련되어 있어 더욱 복잡하다. 지진 당시 원자로 4호기는 핵연료가 제거된 상태였으며, 5호기와 6호기는 계획 정비를 위해 정상저온정지(cold shutdown) 상태였다. 나머지 원자로는 지진 후 자동으로 정지되고, 비상 발전기가 가동되어 원자로 냉각에 필요한 전자 제어 장치와 물 펌프를 가동하기 시작했다. 원자로 지하실의 저상발전기(low-lying generators)와 전자 개폐기(electrical switchgear)와 외부의 냉각 해수 공급 펌프를 포함해 발전소 전체가 15m의 쓰나미에 잠겼다. 쓰나미로 송전선이 파괴되면서 전력망 연결은 끊어졌다. 냉각을 위한 모든 전력이 차단되어 원자로가 과열되기 시작했다. 그뿐만 아니라 홍수와 지진 피해는 외부 지원조차도 차단해 버렸다.

4 Allister Wilson is a partner at Ernst & Young. We also quoted him in Chapters 1, 2 and 4.

5 나심 니콜라스 탈레브(Nassim Nicholas Taleb)는 2007년 『블랙스완(The Black Swan)』 이라는 책을 저술했다. 탈레브는 인터넷과 제1차 세계대전과 같은 많은 주요 사건이 블랙스완처럼 방향이 없고 예측할 수 없다고 생각한다. 블랙스완은 존재하지 않는 것으로 추정되었고, 18세기까지는 서구에 보고되지 않았다.

6 〈퍼펙트스톰(Perfect Storm)〉은 볼프강 페테르젠(Wolfgang Petersen) 감독이 2000년에 제작한 재난 영화다. 이것은 1991년 미국 동부 해안을 강타한 퍼펙트스톰(두 개의 강력한 기상 전선과 허리케인)에 휘말린 안드레아 게일(Andrea Gail) 호의 승무원들이 겪은 실화를 바탕으로 세바스찬 융거(Sebastian Junger)가 1997년에 저술한 동명의 논픽션 책을 각색한 것이다.

7 Karen Christensen, "Risk Management 2.0: Reassessing Risk in an Interconnected World,"(interview with Erwann Michel-Kerjan Wharton), *Rotman Magazine*, Fall(2010), Toronto, Canada: University of Toronto..

8 제2장 각주 중 아랍의 봄에 관한 내용을 참조하라.

9 피터 셀러스(Peter Sellers)는 이 시리즈의 영화에서 갈팡질팡하는 프랑스인 탐정 역으로 나오는데, 몹시 우스꽝스러웠다. 한 줄거리는 무술 전문가인 그의 집 젊은 하인 카토 (Cato)와의 관계에 관한 것이었다. 카토가 클루조를 훌륭한 탐정이라고 생각하는지 아니

면 유머러스하다고 생각하는지는 명확하지 않다. 클루조의 전투력과 경계심을 날카롭게 하기 위해 불시에 탐정을 공격하라는 지시를 받았다고 카토는 농담조로 반복해서 이야 기한다. 클루조는 항상 경계한다. CFO가 리스크를 경계하는 것처럼 말이다.

10 "알고 있다고 알고 있는 것이 있다. 알고 있는 것들이 그것이다. 또한 모르고 있다고 알 고 있는 것이 있다. 알지 못하는 것이 있다는 것을 알고 있는 것이다. 그러나 또한 모르 고 있는데 모르는 것도 있다. 바로 모르고 있는지도 전혀 모르는 것이다." 전 미국 국방 장관 도널드 럼즈펠드가 2002년 2월 12일 국방부 기자 브리핑에서 이라크 정부와 테러 단체에 대한 대량 살상무기 공급을 연결해 주는 증거가 없는 것에 대해 이야기하면서 한 말이다.

11 투명고릴라(invisible gorilla) 영상을 본 적이 없다면, 라이브사이언스의 이 링크(www. livescience.com/6727-invisible-gorilla-test-shows-notice.html)를 찾아보거나 유튜브에 서 찾아보라. 관찰자들은 농구 위밍업에서 팀이 공을 패스한 횟수를 세어보도록 요청받 는다. 선수들이 경기를 하는 동안 고릴라 복장을 한 누군가가 화면을 가로질러 가며 손 을 흔든다. 대부분의 관찰자들은 농구공이 움직인 숫자를 알려줄 수는 있지만 고릴라는 전혀 보지 못한다. 이 주제에 대해 보다 더 학술적인 의견을 보고자 한다면 「시각적 표현 의 휘발성: 최근 처리된 정보의 변화를 감지하지 못함」이라는 제목의 마크 베커(Mark Becker)와 해롤드 패슬러(Harold Pashler)의 논문 및 관련 문헌을 검토해 보라. Mark W. Becker and Harold Pashler , "Volatile visual representations: failing to detect changes in recently processed information," *Psychonomic Bulletin and Review*, Vol.9, No.4(2002), pp.744~750.

12 우리에게는 이와 같은 흥미로운 주제를 제대로 다룰 만한 여백이 없다. 조나 레러(Jonah Lehrer)의 『뇌는 어떻게 결정하는가(How We Decide)』(Houghton Mifflin Harcourt, 2009)에서 시작할 수 있다. 결정은 순간적인 감정적 반응에 기초해 이루어지며, 이는 사 후에 사실로 정당화된다. 결정할 당시에 느끼는 감정조차도 판단에 영향을 미친다. 분노 는 더 낙관적으로 만들고 두려움은 더 비관적으로 만든다. Jennifer S. Lerner and Dacher Keltner, "Beyond valence: Toward a model of emotion-specific influences on judgement and choice," *Cognition and Emotion*, Vol.14, No.4(2000), pp.473~493.

13 '어처구니없는 실수'를 뜻하는 포카(ぼか)와 '피하다'라는 뜻을 지닌 요케루(除ける)에서 왔다.

14 존슨앤존슨(Johnson & Johnson)은 1982년 시카고 참사에 대응한 방식으로 유명하다. 당시 정체불명의 누군가가 타이레놀 캡슐 진통제에 독극물인 시안화칼륨을 넣어 상점에 풀어놓았는데, 7명의 사람들이 이것을 복용한 후 사망했다. 존슨앤존슨은 모든 타이레놀 생산과 광고를 중단하고, 모든 타이레놀 제품(약 3100만 병)에 대한 전국적인 리콜을 발 표했으며 범인에 대해 10만 달러의 현상금을 내걸었다. 범인은 오늘날까지 검거하지 못 했다.

제6장. 투자를 통해 가치가 성장하게 하라

1 Tibor Gedeon, Karel Pobuda, Andrzej Maciejewski and Robert Nowakowski, *From*

CFO to CEO: Route to the top(Chicago, IL: SpencerStuart, 2009.12), Chapter 1.

2 NPV = net present value, IRR = internal rate of return.

3 『해리포터』시리즈의 팬이 아닌 분들을 위해 설명한다. 디멘터는『해리포터』시리즈의 작가인 조앤 롤링(J. K. Rowling)이 악령에게 붙인 이름으로, 이 악령은 다른 사람들의 삶을 빨아들이고, 행복을 먹어치우고 또 파괴한다. 물론 이 표현은 좀 극단적이다. 다만, 때때로 사람들은 투자 아이디어에 찬물을 끼얹고 싶을 수도 있다는 뜻이다.

4 이것은 유명한 BCG 매트릭스의 단순 변형이다. '보스턴컨설팅그룹의 분석 포트폴리오 다이어그램(Boston Consulting Group analysis polio diagram)'은 브루스 핸더슨(Bruce Henderson)이 1968년 BCG를 위해 만든 것으로, 기업이 비즈니스 단위나 제품 라인을 분석하고 자원을 할당하는 데 도움을 준다. 사용자 친화적인 대안은 '맬컴 맥도날드의 매트릭스(Malcolm McDonald's matrix)'로, GE-매킨지의 산업매력도-사업경쟁력 매트릭스와 BCG의 시장점유율-시장성장율 매트릭스를 참조해 만든 것이다. Malcolm McDonald and Hugh Wilson, *Marketing Plans: How to Prepare Them, How to Use Them*(7th ed.)(Hoboken, NJ: Wiley, 2011).

5 젠팩의 CFO인 모힛 바티아는 CFO의 신뢰성을 이렇게 설명한다.

6 전사적자원관리 시스템은 조직 전체에 걸쳐 내외부 경영정보를 통합한다. ERP 시스템은 이 활동을 자동화한 통합 소프트웨어 애플리케이션이다. 그 목적은 조직 내부의 모든 비즈니스 기능 간 정보 흐름을 촉진하고, 외부 이해관계자와의 연결을 관리하는 것이다. 제3장에서도 사용한 용어다.

7 Garbage in, garbage out. '쓰레기 데이터를 투입하면 쓰레기 정보가 나온다'는 뜻이다. 결론짓는 숫자는 그것들이 기반으로 하는 데이터의 정확성과 가정만큼만 강력하다.

8 재무 분야에서 일하고 있다면 이 표현을 알 것이다. 재무 분야에서 일하지 않는 사람에게 말하자면, 이는 잘못된 옵션을 계속 추진해 이미 투자한 돈을 유지하려고 하지 말라는 뜻이다. 기존에 하던 투자에서 손을 떼라. 옵션이 잘못되었다면 계속해서 손해를 볼 것이기 때문이다.

9 이에 대해 참조할 수 있는 두 가지 훌륭한 텍스트가 있다. 그중 하나는 로저 피셔(Roger Fisher)와 윌리엄 유리(William Ury)가 쓴 고전인『Yes를 이끌어내는 협상법(Getting to Yes)』으로, 이 책은 너무 많은 판과 버전이 있다. 다른 하나는 허브 코언(Herb Cohen)과 라일 스튜어트(Lyle Stuart)의『협상의 법칙(You Can Negotiate Anything)』으로, 이 책도 1980년 출간 이래 여러 판본이 나왔으며, ≪뉴욕타임스≫의 베스트셀러에 오르기도 했다.

10 투명한 입찰(transparent bidding)에서는 모든 응찰 회사가 입찰가를 적어 봉투에 담아 봉인한 후 제출한다. 따라서 입찰가를 결정할 수 있는 기회는 단 한 번뿐이다. 예정된 시간에 봉인된 입찰가 봉투는 공개적인 환경에서 열어보므로 과정이 투명한데, 여기서 가장 높은 입찰가를 쓴 응찰자에게 낙찰된다. 동등한 양자 간 협상에서는 판매자가 잠재적으로 다르게 구조화된 입찰가를 평가하고, 누가 유리할지 결정할 수 있는 완전한 재량권을 갖는다.

제7장. 디지털 전환 리더가 되라

1 PricewaterhouseCoopers Consulting, *The Future of Finance* (London: Pricewaterhouse Coopers Consulting, 2021).

2 David L. Rogers, *The Digital Transformation Playbook: Rethink Your Business for the Digital Age*(Columbia Business School Publishing, 2016)[데이비드 로저스(David L. Rogers), 『디지털 트랜스포메이션 생존 전략: 빠르게 변하는 비즈니스 세계에서 살아남기』, Group IDD 옮김(서울: 에이콘, 2018), 34~35쪽.]

제8장. 진단하고 질문하라

1 앨리스터와 몇몇 사람들은 자본이익률, 주식시장, 성장 같은 가치와 관련된 보다 고전적인 다음의 재무관리 책을 추천했다. 앨리스터가 추천한다면 충분히 언급할 만한 가치가 있다. Tim Koller, Richard Dobbs and Bill Huyett, *Value: The Four Cornerstones of Corporate Finance*(Hoboken, NJ: Wiley).

2 ≪McKinsey Quarterly≫ 2011년 8월호에 실린 제임스 마니카(James Manyika)와의 인터뷰에서 발췌함. McKinsey & Co and James Manyika, "Google's CFO on growth, capital structure, and leadership," *McKinsey Quarterly*, August 1, 2011, https://www.mckinsey.com/business-functions/strategy-and-corporate-finance/our-insights/googles-cfo-on-growth-capital-structure-and-leadership(검색일: 2021.12.17).

3 많은 책과 논문에서 CFO 직무의 보다 기술적인 측면에 대한 기초적인 평가 내용을 제공하고 있다. 어디서 찾을 수 있는지 알고 있을 것이다. 미국의 회계감독 기구인 상장기업 회계감독위원회(PCAOB: Public Company Accounting Oversight Board)의 웹사이트(pcaobus.org), 증권 업무를 감독하는 최고 기구인 증권거래위원회(SEC: Securities and Exchange Commission)의 웹사이트(sec.gov), 영국의 금융시장 감독을 총괄하는 기구인 영국재정청(FSA: Financial Services Authority)의 웹사이트(fsa.gov.uk)가 도움이 된다. 도움이 될 수 있는 이 세 가지의 요약에 대해서는 다음 링크를 참조하라.
   • http://pcaobus.org/Standards/ Auditing/Pages/ Auditing_Standard_5.aspx
   • http://www.sec.gov/rules/interp/2007 /33-8810.pdf
   • http://www.fsa.gov.uk/pubs/policy/bnr_firm-framework.pdf

찾아보기

지은이

리즈 멜런(Liz Mellon)

런던 비즈니스 스쿨에서 MBA 및 박사 학위를 취득한 후 조직 행동 교수로 재직했다. 듀크 코퍼레이트 에듀케이션(Duke Corporate Education)의 전무이사 및 교수로 활동하고 있고, ≪다이얼로그(Dialogue)≫ 저널의 의장을 역임하고 있으며, 2000년에 듀크의 런던 사무실을 설립한 두 사람 중 한 명이기도 하다. 많은 FTSE100 기업의 CEO와 함께 일하고 있다.

데이비드 네이글(David C. Nagel)

아모코(Amoco)에서 자금담당 및 CFO로서 근무했으며, BP아메리카(BP America Inc.)에서 수석 부사장으로 근무하는 등 글로벌 에너지 산업에서 35년 이상의 경험을 가지고 있다. 위스콘신대학교 매디슨(University of Wisconsin-Madison)의 자문위원회 명예의장으로, 학생들의 글로벌 역량 확장과 대학의 글로벌 참여를 촉진하는 데 기여하고 있다.

로버트 리퍼트(Robert Lippert)

재무 및 전략 분야에서 기업 컨설팅 및 다양한 교육 활동을 수행하고 있는 금융경제학자다. 보험 관련 상장사의 CFO이자 전략 기획 부사장 역할 등 20년 이상의 비즈니스 경험을 가지고 있으며, 에머리대학교(Emory University), 조지아주립대학교(Georgia State University), 럿거스대학교(Rutgers University) 등에서 교수로 재직했다. 듀크 코퍼레이트 에듀케이션 산하 글로벌 러닝 리소스 네트워크(Global Learning Resource Network)의 회원이다.

나이절 슬랙(Nigel Slack)

영국 워윅비즈니스스쿨(Warwick Business School)의 오퍼레이션 매니지먼트(Operation Management) 및 전략 분야 교수이자 책임자다. 금융, 유틸리티, 소매, 항공, 제조 등 다양한 업종에서 컨설턴트로 활동하고 있다.

옮긴이

최준걸

서울대학교 국제경제학과를 졸업하고 한국공인회계사로 삼일회계법인에 입사해 여러 상장사에 대한 회계감사를 진행했다. 현재 PwC컨설팅에서 Partner로 재직하고 있으며, 다양한 재무/경영관리 혁신과 자동화 등 디지털 전환 업무를 담당하고 있다. PwC 뉴욕오피스(PwC New York Office)에서의 근무기간을 포함하여 22년 넘게 많은 글로벌 기업과 그룹들의 성장을 지원하고 있다.

송준달

서울대학교 경제학과를 졸업하고 한국공인회계사로 PwC컨설팅의 Partner로 재직중이다. 재무 혁신 및 디지털 전환과 관련해 21년의 업무 경험을 보유하고 있으며, 국내외 다수의 고객사에게 다양한 재무 컨설팅 서비스를 제공해 오고 있다. 또한 디지털 전환 관련하여 마스터플랜 수립, 자동화/지능화 프로세스 구현 및 운영 체계 수립 등의 서비스를 제공하고 있다.

최승옥

한양대학교 경제금융학과를 졸업하고, 미국공인회계사로 현재 PwC컨설팅 시니어매니저(Senior Manager)로 재직하며 경영관리 업무를 담당하고 있다. 많은 글로벌 한국 기업과 그룹을 대상으로 재무/원가/자금/PMI 등 CFO 어젠다에 대한 프로젝트를 수행하고 있다.

김유나

서강대학교 경영학과를 졸업하고 미국공인회계사로 PwC컨설팅에 입사해 국내 글로벌 대기업 및 그룹을 대상으로 재무/원가 컨설팅을 수행했으며, 이후 한화자산운용을 거쳐 현재 미래에셋자산운용에서 해외채권 운용 펀드 매니저로 일하고 있다.

CFO, 가치 경영자

CFO와 재무조직은 어떻게 비즈니스를 혁신할 것인가?

지은이 **리즈 멜런·데이비드 네이글·로버트 리퍼트·나이절 슬랙**
옮긴이 **최준걸·송준달·최승옥·김유나**

펴낸이 **김종수** ｜ 펴낸곳 **한울엠플러스(주)**
편집책임 **신순남** ｜ 편집 **임혜정**

초판 1쇄 인쇄 **2022년 11월 15일** ｜ 초판 1쇄 발행 **2022년 12월 5일**

주소 **10881 경기도 파주시 광인사길 153 한울시소빌딩 3층**
전화 **031-955-0655** ｜ 팩스 **031-955-0656** ｜ 홈페이지 **www.hanulmplus.kr**
등록번호 **제406-2015-000143호**

Printed in Korea.
ISBN **978-89-7308-174-5 03320**

* 가격은 겉표지에 표시되어 있습니다.